BERGREGION UND BARBAGIA
Seiten 94–111

OSTKÜSTE

BERGREGION UND BARBAGIA

WESTKÜSTE

CAGLIARI UND SÜDEN

Oristano

Cagliari

Isola di Mal di Ventre

Isola San Pietro

Isola di Sant'Antioco

CAGLIARI UND SÜDEN
Seiten 50–75

VIS à VIS
SARDINIEN

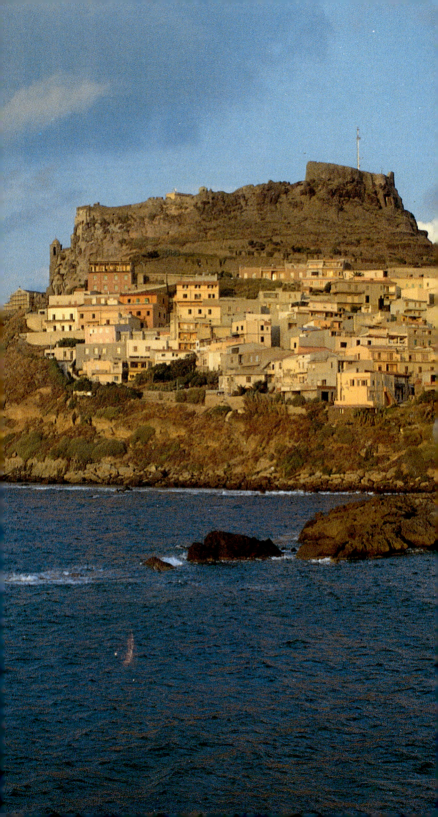

vis à vis

SARDINIEN

Hauptautor: FABRIZIO ARDITO

DK

DORLING KINDERSLEY
LONDON • NEW YORK • MÜNCHEN
MELBOURNE • DELHI
www.dk.com

EIN DORLING KINDERSLEY BUCH

www.travel.dk.com

PRODUKTION
Fabio Ratti Editoria srl, Mailand, Italien

TEXTE
Fabrizio Ardito, Patrizia Giovannetti, Raffaella Rizzo

ILLUSTRATIONEN
Giorgia Boli, Alberto Ipsilanti, Daniela Veluti, Nadia Viganò

KARTOGRAFIE Paul Stafford, Uma Bhattacharya

REDAKTION UND GESTALTUNG
Fabio Ratti Editoria srl, Mailand: Diana Geogiacodis, Anna Lia Deffenu, Giovanni Francesio, Renata Perego, Laura Recordati, Paolo Gonzato, Stefania Testa, Studio Matra
Dorling Kindersley Ltd., London: Fiona Wild, Francesca Machiavelli, Cooling Brown, Ingrid Vienings, Anna Freiberger, Conrad van Dyk, Gillian Allan, Samantha Borland, Michelle Crane, Vivien Crump, Fay Franklin, Vinod Harish, Helen Townsend, Douglas Amrine

•

© 1998 Dorling Kindersley Ltd., London
Titel der englischen Originalausgabe:
Eyewitness Travel Guide *Sardinia*
Zuerst erschienen 1998 in Großbritannien
bei Dorling Kindersley Ltd.
A Penguin Company

•

Für die deutsche Ausgabe:
© 1999, 2000 Dorling Kindersley Verlag GmbH, München

Aktualisierte Neuauflage 2010 / 2011

Alle Rechte vorbehalten, Reproduktionen, Speicherung in Datenverarbeitungsanlagen oder Netzwerken, Wiedergabe auf elektronischen, fotomechanischen oder ähnlichen Wegen, Funk und Vortrag – auch auszugsweise – nur mit schriftlicher Genehmigung des Copyright-Inhabers.

•

PROGRAMMLEITUNG Dr. Jörg Theilacker, Dorling Kindersley Verlag
ÜBERSETZUNG Pesch & Partner, Bremen
REDAKTION Matthias Liesendahl, Berlin; Bernhard Lück, Augsburg
SCHLUSSREDAKTION Philip Anton, Köln
SATZ UND PRODUKTION Dorling Kindersley Verlag, München
LITHOGRAFIE FGV, Milano, und Lineatre Service, Milano
DRUCK L. Rex Printing Co. Ltd., China

ISBN 978-3-8310-1542-9
9 10 11 12   12 11 10 09

Dieser Reiseführer wird regelmäßig aktualisiert. Angaben wie Telefonnummern, Öffnungszeiten, Adressen, Preise und Fahrpläne können sich jedoch ändern. Der Verlag kann für fehlerhafte oder veraltete Angaben nicht haftbar gemacht werden. Für Hinweise, Verbesserungsvorschläge und Korrekturen ist der Verlag dankbar. Bitte richten Sie Ihr Schreiben an:

Dorling Kindersley Verlag GmbH
Redaktion Reiseführer
Arnulfstraße 124 • 80636 München

◁ **Das Kap von Castelsardo an der Nordküste** *(siehe S. 164f)*
◁◁ **Umschlag:** Roccia dell'Elefante, Cala di Volpe, Costa Smeralda

INHALT

BENUTZER-
HINWEISE 6

Schafherde auf Frühlingswiese

SARDINIEN
STELLT SICH VOR

SARDINIEN
ENTDECKEN 10

SARDINIEN
AUF DER KARTE 12

EIN PORTRÄT
SARDINIENS 14

DAS JAHR AUF
SARDINIEN 26

DIE GESCHICHTE
SARDINIENS 30

**Prähistorischer Turm der Nuraghe
Santu Antine bei Torralba**

Strand bei Stintino *(siehe S. 120)* an der Spitze der Westküste

DIE REGIONEN SARDINIENS

Museumsdorf San Sperate: berühmt für seine Skulpturen *(siehe S. 62)*

SARDINIEN IM ÜBERBLICK *48*

CAGLIARI UND SÜDEN *50*

OSTKÜSTE *76*

BERGREGION UND BARBAGIA *94*

WESTKÜSTE *112*

NORDEN UND COSTA SMERALDA *138*

ZU GAST AUF SARDINIEN

ÜBERNACHTEN *168*

RESTAURANTS *178*

SHOPPING *188*

GRUND-INFORMATIONEN

PRAKTISCHE HINWEISE *194*

REISE-INFORMATIONEN *202*

TEXT-REGISTER *206*

In den Teichen und Sümpfen Sardiniens überwintern Flamingos

SPRACHFÜHRER *220*

BILDNACHWEIS *224*

STRASSENKARTE
Hintere Umschlaginnenseiten

Ritter zu Pferd beim Sa-Sartiglia-Festival in Oristano *(siehe S. 134)*

Die Stadt Alghero aus der Vogelperspektive *(siehe S. 116–119)*

BENUTZERHINWEISE

Dieser Reiseführer soll Ihren Sardinien-Besuch zu einem Erlebnis machen, das durch keinerlei praktische Probleme getrübt wird. Der Abschnitt *Sardinien stellt sich vor* zeigt die geografische Lage und stellt das moderne Sardinien in einen historischen Zusammenhang. Der Teil *Die Regionen Sardiniens* begleitet zu den interessantesten Sehenswürdigkeiten, erläutert anhand von Karten, Fotos und Illustrationen. *Zu Gast auf Sardinien* enthält alles über Shopping, Essen, Ausgehen und Übernachten, die *Grundinformationen* am Ende helfen bei der ersten Orientierung.

DIE REGIONEN SARDINIENS

Sardinien wurde in fünf Regionen unterteilt. Diese Gebiete finden Sie auf den vorderen Umschlaginnenseiten dargestellt. Die Sehenswürdigkeiten der einzelnen Regionen sind nummeriert und auf der *Regionalkarte* eingezeichnet.

Jede Region ist anhand der Farbcodierung leicht aufzufinden.

1 Einführung
Die Einführung zu jedem Kapitel beschreibt die Landschaft, die Geschichte und den Charakter jeder Region sowie die touristischen Höhepunkte und Attraktionen.

Die Orientierungskarte zeigt die Lage der besprochenen Region. Dieser Ausschnitt ist rot markiert.

2 Regionalkarte
Die Regionalkarte bietet eine Übersicht über das Gebiet und gibt Tipps zu Touren per Auto oder mit öffentlichen Verkehrsmitteln. Alle im Kapitel vorgestellten Sehenswürdigkeiten sind nummeriert.

Kästen beleuchten Wissenswertes einer Region oder eine Sehenswürdigkeit.

3 Detaillierte Informationen
Alle wichtigen Orte und Sehenswürdigkeiten der Region werden einzeln beschrieben. Die Reihenfolge entspricht der Nummerierung auf der Regionalkarte. Praktische Informationen ergänzen die Beschreibungen.

BENUTZERHINWEISE

4 Wichtige Städte
Alle wichtigen Städte sind einzeln beschrieben, mit Informationen zu wichtigen Gebäuden und anderen interessanten Stätten. Die Stadtteilkarte zeigt die Lage der Hauptsehenswürdigkeiten.

Die Infobox enthält Informationen über öffentliche Verkehrsmittel, Markttage, Festivals etc., die für einen Besuch hilfreich sind.

Die Zentrumskarte zeigt alle Haupt- und Nebenstraßen. Eingezeichnet sind die Hauptsehenswürdigkeiten, Bahn-, Busbahnhöfe, Parkplätze, Kirchen und Fremdenverkehrsbüros.

5 Detailkarte
Interessante Städte werden aus der Vogelperspektive gezeigt. Dazu kommen Fotos und Beschreibungen der Hauptsehenswürdigkeiten.

Die Routenempfehlung berücksichtigt die interessantesten Straßen eines Stadtteils.

Öffnungszeiten, Telefonnummern und Transportmöglichkeiten werden in der Infobox aufgeführt.

6 Hauptsehenswürdigkeiten
Den Highlights auf Sardinien sind zwei oder mehr Seiten gewidmet. Historische Gebäude werden im Aufriss dargestellt. Fotos zeigen die interessantesten Aspekte.

Sterne bezeichnen Sehenswürdigkeiten, die man nicht versäumen sollte.

Sardinien stellt sich vor

Sardinien entdecken 10-11

Sardinien auf der Karte 12-13

Ein Porträt Sardiniens 14-25

Das Jahr auf Sardinien 26-29

Die Geschichte Sardiniens 30-45

SARDINIEN ENTDECKEN

Azurblaues Wasser umspült die italienische Insel Sardinien. Die Perle im Mittelmeer zeichnet sich durch ungewöhnliche Kontraste aus. Die reizenden, quirligen Badeorte im mondänen Norden stehen im Gegensatz zum überraschend gebirgigen Landesinneren und dem deutlich ruhigeren Süden. Im Hinterland erwarten den Besucher zahlreiche monumentale Nuraghen, prähistorische Grabstätten und Festungen. Die folgenden Seiten sollen Ihnen bei der Urlaubsplanung helfen. Die wichtigsten Orte und Sehenswürdigkeiten der einzelnen Regionen werden kurz vorgestellt.

Traditionelle Barbagia-Kleidung

Flamingos über den Salzsümpfen außerhalb von Cagliari

CAGLIARI UND SÜDEN

- Vitale Hauptstadt: Cagliari
- Sümpfe für Vogelfreunde
- Sant'Antioco und San Pietro
- Ausgrabungsstätte Su Nuraxi

Cagliari *(siehe S. 54–61)* liegt im Süden der Insel. In der Küstenstadt geht es überaus entspannt zu. Die Restaurants sind preiswert, das Sightseeing gestaltet sich stressfrei. Bei einem Spaziergang zum spanischen Fort, dem Schloss oder durch den Stadtteil **Castello** *(siehe S. 56f)* kann man Handwerksläden und anmutige Kirchen entdecken, die noch aus der Regierungszeit der Pisaner stammen.

Links und rechts der Stadt erstrecken sich **Sümpfe und Salzseen** *(siehe S. 60f)*, ein Paradies für Vogelbeobachter, die vor allem im Herbst auf ihre Kosten kommen.

Vor der Westküste liegt die Insel **Sant'Antioco** *(siehe S. 72)*, die über einen Damm erreichbar ist. Hier gibt es mehrere Nekropolen, aber auch eine hübsche Stadt und verschwiegene Buchten. Mit der Fähre zu erreichen ist das schöne, hauptsächlich von Fischern bewohnte Eiland **San Pietro** *(siehe S. 70f)*.

Die größte und wohl beeindruckendste Nuraghe Sardiniens ist **Su Nuraxi** *(siehe S. 64f)* östlich von Barumini. Die Überreste der prähistorischen befestigten Siedlung hinterlassen bei jedem Besucher einen bleibenden Eindruck.

Herrliche Panoramen bietet die Zugstrecke Mandas–Arbatax

OSTKÜSTE

- **Nationalpark Gennargentu**
- **Strandidylle: Cala Luna**
- **Atemberaubend: Zugstrecke Mandas–Arbatax**
- **Weinregion Cannonau**

Zerklüftet und wild ragen die Gipfel im **Nationalpark Gennargentu** *(siehe S. 82f)* in den Himmel. Hier haben sich zahllebige Tiere angesiedelt. Wanderer lockt die raue Landschaft, wie sie sich entlang dem Weg zur Punta La Marmora, dem mit 1834 Metern höchsten Berg Sardiniens, eröffnet. Im Kontrast dazu steht die nordöstliche Ecke des Parks mit ihren Buchten und der **Cala Luna** *(siehe S. 85)* als Höhepunkt. Sie ist von Kalksteinfelsen umgeben und lässt sich zu Fuß von Cala Gonone oder auch per Boot erreichen.

Auf höchst originelle Weise kommt man im Sommer vom Landesinneren zur Küste: Der Trenino Verde bewältigt die abwechslungsreiche Zugstrecke **Mandas–Arbatax** *(siehe S. 92f)* in fünf Stunden.

In der sanften Hügellandschaft der Region **Jerzu** *(siehe S. 89)* kommen Weinliebhaber auf ihre Kosten. Hier reift der berühmte sardische Rotwein **Cannonau**.

BERGREGION UND BARBAGIA

- **Bergkette Supramonte**
- **Wanderparadies: Monte Tiscali**
- **Traditionen der Barbagia**

Wildnis und Einsamkeit sind die Charakteristika der Berglandschaft des **Supramonte**, die man am leichtesten mit dem Auto erkundet.

Geübte Wanderer mit richtigem Schuhwerk und genügend Trinkwasser im Gepäck können den 518 Meter hohen **Monte Tiscali** *(siehe S. 104f)* an einem Tag bezwingen. Sie werden dafür mit herrlicher Aussicht und den Überresten einer prähistorischen Siedlung belohnt, die sich in

◁ Capo Sandalo *(siehe S. 70)*, der westlichste Punkt der Insel, lädt zum Wandern ein

SARDINIEN ENTDECKEN

Eine Burgruine aus dem 12. Jahrhundert überragt das Dorf Burgos

NORDEN UND COSTA SMERALDA

- Strände der Costa Smeralda
- Maddalena-Archipel
- Romanische Kirchen um Sassari
- Aggius und Valle della Luna

Die beliebteste Urlaubsregion Sardiniens wartet mit einer Vielzahl von einladenden Stränden auf. Wenn Sie mit dem Jetset auf Tuchfühlung gehen wollen, sollten Sie die exklusiven Resorts an der **Costa Smeralda** aufsuchen, die der Aga Khan in den 1960er Jahren errichten ließ. Segelenthusiasten schätzen besonders die Anlagen und Rennen in **Porto Cervo** *(siehe S. 144)*.

Ein wenig ruhiger geht es am **Maddalena-Archipel** *(siehe S. 146–149)* zu, der Heimat des Nationalhelden Giuseppe Garibaldi. Das Eiland **Santo Stefano** *(siehe S. 149)* wird hoffentlich in absehbarer Zeit der Öffentlichkeit zugänglich gemacht, nachdem die US-Marine 2008 ihre Atom-U-Boot-Basis geräumt hat.

Kulturinteressierte sollten sich die wunderbar erhaltenen romanischen Kirchen im Distrikt Logudoro westlich von **Sassari** *(siehe S. 156f)* keinesfalls entgehen lassen. Highlight sind hier die Fresken von **Santissima Trinità di Saccargia** *(siehe S. 158f)*. Wer an ungewöhnlichen Granitformationen gefallen findet, muss die Gegend rund um das Dorf **Aggius** und das nahe gelegene **Valle della Luna** erkunden *(siehe S. 152)*.

einer natürlichen Höhle am Berggipfel versteckt.

Die Orte der Region **Barbagia** sind von dichten mediterranen Wäldern umgeben. Herrliche Handwerkskunst und bunte Feste lassen uralte Traditionen fortdauern. Die Burgruine bei **Burgos** *(siehe S. 100f)* erinnert an die einstigen Rivalitäten zwischen den Dörfern, die sich auch mit Waffengewalt bekämpften. **Orgosolo** *(siehe S. 106)* ist ein typisches Bergdorf. Aus **Bitti** *(siehe S. 100)* kommen berühmte Folklore-Gruppen. **Sarule** *(siehe S. 102)* ist für seine Teppichweber bekannt.

Wachturm bei Alghero mit Blick über das azurblaue Mittelmeer

WESTKÜSTE

- Capo Caccia
- Spanisch beeinflusst: Alghero
- Ruinenstädte: Tharros und San Giovanni di Sinis
- Flamingos in den Lagunen

Das **Capo Caccia** *(siehe S. 122f)* mit seinem schier endlosen Horizont, dem windgepeitschten Vorgebirge und der vielfältigen Vogelwelt lässt das Herz eines jeden Naturfreunds höherschlagen. Sehenswert ist auch die spektakuläre, auf Meereshöhe gelegene Grotta di Nettuno, die man mittels einer schwindelerregenden Treppe erreicht.

Südlich davon liegt das elegante, deutlich spanisch beeinflusste Städtchen **Alghero** *(siehe S. 116–119)*. Hier lohnt wegen der zahllosen alten Wachtürme ein Spaziergang am Strand. Werfen Sie auch einen Blick in die reizenden Handwerksläden, die häufig wunderbaren Korallenschmuck führen.

Im Süden der Halbinsel stößt man schließlich im gleichnamigen Ort auf die winzige Kirche **San Giovanni di Sinis** *(siehe S. 131)*. Unweit der Ortschaft sollten Sie die Überreste der phönizischen Stadt **Tharros** *(siehe S. 132f)* besichtigen. Hier können Sie zudem mit etwas Glück riesige **Flamingoschwärme** beobachten, die in den Lagunen, etwa im Schutzgebiet Sale Porcus, heimisch sind.

Die Costa Smeralda ist für ihre exklusiven Urlaubsorte bekannt

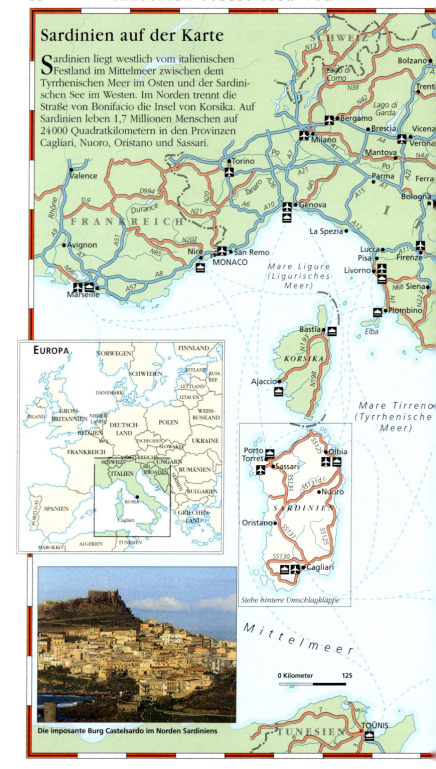

SARDINIEN AUF DER KARTE

Satellitenbild von Norditalien, Sardinien und Korsika

Legende

	Sardinien
	Fährhafen
	Internationaler Flughafen
	Autobahn
	Hauptstraße
	Fährverbindung
	Staatsgrenze

Ein Porträt Sardiniens

Seinen einzigartigen Charakter verdankt Sardinien seiner isolierten Lage im Mittelmeer. Seit Jahrtausenden bildet die Insel – von den wichtigen historischen Ereignissen im Mittelmeerraum relativ unberührt – eine Welt für sich. Selbst die Römer hatten Schwierigkeiten, Sardinien zu unterwerfen.

Die vielen Invasionen, die Sardinien im Lauf seiner Geschichte erlebte, hinterließen ein noch heute sichtbares Erbe. Die meisten Straßen folgen den Tälern ins Landesinnere, statt sich entlang der malerischen Küste zu schlängeln. Zwar gibt es Yacht- und Fischerhäfen, doch der Fischfang war nie ein bedeutender Wirtschaftsfaktor. Selbst in Friedenszeiten war Sardinien nie eine Seefahrernation. An den Küsten landeten die Phönizier, Römer und Genuesen und kämpften mit den Pisanern, Arabern, Spaniern und schließlich den Savoyern um die Vorherrschaft. Diese unterschiedlichen Kulturen prägen die Kunst, Architektur und Kultur Sardiniens nachhaltig. Über die ganze Insel verstreut finden sich prähistorische Behausungen und Festungen der frühesten Einwohner, alte, in Fels gehauene Gräber und beeindruckende romanische Kirchen, ähnlich denen von Pisa oder Lucca. Eingeführte Kunststile wurden oft übernommen und in einem charakteristischen sardischen Stil weiterentwickelt – so etwa die Altargemälde in der spanischen *Retablo*-Tradition. Nach dem Risorgimento wurde Sardinien Teil des neuen italienischen Staates.

Wandgemälde in Orgosolo

Im 20. Jahrhundert wurde auch Sardinien von der Industrialisierung und den Anfängen des Fremdenverkehrs ergriffen, der sich bis heute stetig weiterentwickelte. Die meisten Besucher kommen wegen der weißen Strände und der tiefblauen See. Dabei wird der eigentümliche Reiz der Insel leicht übersehen.

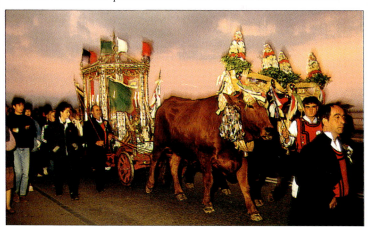

Prozession zu Ehren von Sant'Efisio durch die Straßen von Pula

◁ Zerklüftete Felsen an der Punta Cristallo

Zwar ist die Küste, abgesehen von einigen zugebauten Streifen, wunderschön. Aber auch das Hinterland ist bezaubernd. Es lohnt sich auf jeden Fall, es näher zu erforschen. Hier bietet die Natur völlig unterschiedliche Lebensräume für Pflanzen und Tiere.

In einigen Gebieten gibt es fruchtbare Schwemmebenen, in anderen steile Berge aus Granit und Kalkstein. Der Charakter der Landschaft wechselt dabei nicht selten innerhalb weniger Kilometer.

MENSCHEN, SPRACHE UND MUSIK

Seit Jahrtausenden ist das Landesinnere besiedelt. Überall auf Sardinien findet man Spuren alter bäuerlicher Kulturen – ein weiterer Beweis dafür, dass die Menschen es stets vorzogen, in der vergleichsweisen Sicherheit des bergigen Inneren statt an der Küste zu wohnen. Der Wechsel der Jahreszeiten wird noch immer durch Arbeitsabläufe im Landwirtschaftsjahr und die dazugehörigen Feste markiert. Alte Traditionen, die

Webstuhl im Museo Etnografico in Nuoro *(siehe S. 99)*

Fischer auf der Isola Rossa

Umfüllen der Schafsmilch nach dem Melken

die katholische Kirche übernahm, die aber aus weitaus älteren Kulten stammen, finden ihren Niederschlag in Festen, die oft auf der engen Beziehung der Inselbewohner zu ihrer natürlichen Umgebung basieren.

Im Landesinneren spricht man einige sehr unterschiedliche Dialekte. Die sardische Sprache wurzelt unverkennbar im Lateinischen. Für das Wort »Haus« wird z.B. das lateinische *domus* statt der italienischen *casa* verwendet. In Alghero an der Westküste hört man auf den Straßen sogar noch Katalanisch – eine Folge der spanischen Herrschaft. Auf der Insel Sant'Antioco im Südwesten hingegen zeugen Traditionen und Esskultur vom ligurischen Erbe.

Musik spielt im Leben der Sarden eine große Rolle. Festtage, Hochzeiten und andere Ereignisse werden besonders im Landesinneren stets mit Musik gefeiert. Musikwissenschaftler und Musiker wie etwa Peter Gabriel, der die Musik der Tenores de Bitti für seine Reihe *World Music* aufgenommen hat, beschreiben die traditionelle sardische Musik als einzigartig. Heute erfährt sie eine Art Renaissance. Die klangliche und stimmliche Vielfalt basiert auf dem Spiel der *launeddas*, einem dreirohrigen Instrument, und der polyfonen Musik für vier Stimmen. Bekannteste Vertreter dieser Kunst sind die Canto a Tenores.

Wirtschaftliche Entwicklung

Am Wendepunkt zwischen Tradition und Moderne kämpft die Wirtschaft Sardiniens mit zahlreichen Problemen. Früher waren Landwirtschaft und Schafzucht ihre Hauptsäulen. Zudem boomte nach dem Risorgimento *(siehe S. 42f)* in manchen Gebieten der Bergbau, so vor allem in der Sulcis mit ihren reichen Kohle- und Erzvorkommen. Nach dem Zweiten Weltkrieg verlor der Bergbau an Gewicht und wird sich wohl nicht mehr erholen. Andere Industrieförderprojekte zogen die Umwelt so sehr in Mitleidenschaft, dass man sie aufgab. In den 1950er Jahren gelang es, in den sumpfigen Gebieten durch den Einsatz von Pestiziden die Malaria auszurotten: Seitdem ist die Küste endlich bewohnbar.

Moderner Fremdenverkehr

Das Interesse, Einrichtungen für den Tourismus zu schaffen, war ursprünglich gering. Die allmähliche Entwicklung dieses Sektors machte die Insel

Traditionelles Brot aus der Region Sulcis

jedoch bekannt, öffnete sie für die Außenwelt und stärkte das Bewusstsein für Geschichte, Kultur, Kunst und Kunsthandwerk des Landes.

Um der Bedrohung der Tierwelt durch wachsende Besucherzahlen vorzubeugen, schuf man Naturschutzgebiete zur Bewahrung einzigartiger Lebensräume, ihrer Flora und Fauna. Auch das riesige, wilde Gennargentu-Massiv ist jetzt ein Nationalpark. In den letzten Jahren wurde die Mönchsrobbe, die man schon ausgestorben glaubte, wieder vor der Westküste gesichtet – ein Hinweis darauf, dass eine friedliche Koexistenz von Ökologie und Fremdenverkehr möglich ist. Sardinien bietet einige der unberührtesten Landschaften Europas und besitzt weitere einzigartige Qualitäten, die eine Reise auf die Insel zu einem besonderen Erlebnis machen.

Felseninseln an den Küsten von Masua und Nebida *(siehe S. 69)*

Meeresfauna und -flora

Garnele

Die Gewässer rings um Sardinien gelten als die saubersten Italiens. Sie sind reich an Tieren und Pflanzen. Der im Allgemeinen intakte Meeresgrund lockt Sporttaucher und Naturliebhaber an. Die steilen Klippen entlang der Küste sind Heimat Dutzender Arten von Nist- und Greifvögeln. Jahrelange Forschungen im Golfo di Orosei an der Ostküste bestätigten schließlich die Rückkehr der legendären Mönchsrobbe. Früher war sie hier so zahlreich, dass Höhlen und Meeresarme nach ihr benannt wurden. In den nordwestlichen Gewässern und der Meerenge von Bonifacio sieht man gelegentlich Delfine und andere Meeressäuger wie kleine Wale. In jüngster Zeit wurde dieses Gebiet zum internationalen Meeresschutzgebiet erklärt.

Neptungras (Posidonia oceanica), *eine Pflanze mit zottigen Blättern, wächst in bis zu 35 Metern Tiefe. Der Meerfaden, wie es auch genannt wird, hat Blüten – ungewöhnlich für eine Meerespflanze.*

Gestein vulkanischen Ursprungs

Der gestreifte *sarago*, der im Mittelmeer häufig vorkommt, sucht am Meeresboden nach Beute.

Algen, wie z. B. die *Cystoseira*, bedecken die Felsen.

Die sardische Koralle *mit ihren vielen Rot- und Weißtönen lebt auf felsigem Grund 15 bis 100 Meter unter dem Meeresspiegel.*

Die Languste *lebt vorwiegend im Bereich der felsigen Küsten. Man findet sie auch in Tiefen von bis zu 100 Metern. Das Fleisch ist eine beliebte Delikatesse.*

Die Seeanemone *haftet an Felsen in seichten Gewässern. Mit den Nesselzellen der vermeintlich zarten Tentakel fängt sie Fische und Schalentiere.*

Die Gorgonenkoralle *überlebt hier, weil das Wasser so rein ist. Ihre biegsamen Zweige können weiß, gelb oder rot sein und bis zu einen Meter lang werden.*

Vögel an der Küste

Die Klippen entlang der sardischen Küste bieten einen idealen Lebensraum für Vögel. Hier bauen Felsentauben sichere Nester und ziehen ungestört ihre Jungen auf. Auf den Felsen hocken Möwen und Kormorane und legen eine Fischfangpause ein. Nahe den Klippenrändern bauen Greifvögel wie der Wanderfalke, der Rote Milan und der seltene Gänsegeier ihre Nester.

Kormorane auf Felsvorsprüngen

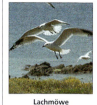
Lachmöwe

Heringsmöwe

Wanderfalke

Roter Milan

Unterwasserwelt

Warme Strömungen und sauberes Wasser förderten die Entwicklung eines reichen Ökosystems. Neben Korallen und Algen, unzähligen Fischarten, Schalen- und Weichtieren gibt es zur Freude der Sporttaucher und Schnorchler wunderschöne Felsformationen.

Felsspalten bieten einen idealen Lebensraum für Muränen.

Algenstöcke

Schattenfische bewegen sich am Tag zum Schutz vor Raubtieren in Schwärmen. Bei Nacht jagen sie Weichtiere, kleine Fische und Garnelen.

Delfine *reiten häufig in den warmen Gewässern um Sardinien auf den Wellen vor Booten, besonders in dem klaren Wasser am Maddalena-Archipel entlang der Nordküste.*

Muränen *haben kräftige Zähne und giftigen Schleim. Darüber hinaus können sie sich tarnen, wodurch sie zu den gefährlichsten Tierarten im Mittelmeer gehören.*

Mönchsrobben, *die man schon ausgestorben glaubte, sind zum Golfo di Orosei zurückgekehrt, wo sie in Grotten und Höhlen leben.*

Sardiniens Küste

Quarzkörner am Is Arutas

Das klare blaue Wasser des Mittelmeers formte eine Küste mit unzähligen Klippen und Buchten. Abgeschiedene Meeresarme wechseln sich ab mit goldenen Sanddünen, in denen Stolzlilien und Zistrosen blühen, und zerklüfteten, steilen Meeresklippen. Das bekannteste Urlaubsgebiet ist die weltberühmte Costa Smeralda mit ihren traumhaften Luxusvillen und schönen Sandstränden. Beliebt sind zudem die Küste südlich von Olbia mit der geschützten Cala Gonone und die südöstliche Spitze der Insel nahe Villasimius (von Cagliari aus leicht erreichbar). Küstenstreifen wie die abgeschiedenen Buchten zwischen Orosei und Arbatax und das südwestliche Gebiet zwischen Baia Chia und Oristano sind noch unberührt.

Am Capo Caccia *ragen 168 Meter hohe Kalksteinklippen steil aus dem Meer.*

Zwischen Bosa und Alghero *säumen Klippen vulkanischen Ursprungs die Küste.*

Die Küste bei Piscinas *ist für ihre vom Wind geformten Sanddünen bekannt. Der Sand ist ideal für Wacholder und Tamarisken.*

Die Klippen der Insel San Pietro, *ausgehöhlt von Wind und Meer, bestehen aus grauem und rosafarbenem Trachyt. Spalten bieten Vögeln wie dem Eleonoren-Falken Schutz.*

Die Costa Smeralda mit ihren von Wind und Wassererosion ausgehöhlten Granitklippen und Meeresarmen mit klarem Wasser ist ein Paradies für Sporttaucher, Schnorchler und Surfer.

Am Golfo di Orosei steigen die Kalksteinklippen steil aus dem Meer auf. Abgelegene Buchten sind nur per Boot oder durch eine lange Wanderung zu erreichen.

Die Arbatax-Küste zeichnet sich durch die rötliche Farbe ihrer Porphyrfelsen und die stahlgraue Farbe der älteren Granitfelsen aus, die aus dem Meer ragen.

Die zehn besten Strände Sardiniens

Der Belebteste ①
Il Poetto, direkt außerhalb von Cagliari, ist der größte und belebteste Strand und im Sommer und an Wochenenden voller Einheimischer.

Der Versteckteste ②
Die Cala Domestica schützt ein sarazenischer Turm. Sie ist vom Meer her nicht sichtbar und war im Zweiten Weltkrieg deutscher Militärstützpunkt.

Die besten Dünen ③
Bei Piscinas gibt es über eine Länge von neun Kilometern Sanddünen. Einige gehören mit Höhen von bis zu 50 Metern zu den höchsten Europas.

Der Tropischste ④
Bei Is Arutas besteht der Strand aus winzigen Quarzkörnern. Ein Kiefernwald bildet den Kontrast dazu.

Das sauberste Wasser ⑤
Der Strand von Bosa Marina, seit den 1950er Jahren unverändert, erhielt Auszeichnungen als sauberster Strand Italiens.

Bestes Windsurfen ⑥
Eine stetige Brise von der Mündung des Liscia-Flusses her macht Porto Pollo (*Porto Puddu* auf Sardisch) ideal fürs Windsurfen.

Die besten Korallen ⑦
Der Strand auf der Isola di Budelli besteht aus Korallenresten, Muschelteilen und Meeresmikroorganismen. Inzwischen ist das Betreten der Insel verboten.

Der beste Strand für junge Leute ⑧
Der einen Kilometer lange Strand La Cinta ist bei der jüngeren Generation beliebt. Er ist ideal zum Sonnenbaden und Surfen.

Der Entlegenste ⑨
Berchida mit seinem weißen Strand und den roten Felsen ist nur über einen langen Pfad durch die buschige Macchia erreichbar.

Der Unzugänglichste ⑩
Zur Cala Luna mit dem weißen Sand, dem rosa Oleander und den grünen Mastixsträuchern gelangt man nur per Boot oder zu Fuß.

Flora und Fauna

Sardinien bietet der Tierwelt viele Lebensräume – vom zerklüfteten Gennargentu-Massiv bis zur Campidano-Ebene, vom Nurra-Bergland bis zu den vom Wind ausgehöhlten Felsen der Gallura. In den Wäldern dominieren besonders im Norden Korkeichen, eine jahrhundertealte Rohstoffquelle. Der Duft von Zistrosen, Myrten und Erdbeerbäumen durchdringt die Macchia. Obwohl hier schon lange Ackerbau betrieben wird, ist die Fauna noch vielfältig und interessant. In den Wäldern leben Hirsche und Wildschweine, auf den Felsen ist der Mufflon zu Hause. In dem Naturschutzgebiet um den Monte Arcosu leben noch die seltenen Sardischen Hirsche, auf der Insel Asinara wilde Esel. Auf dem Hochplateau Giari di Gesturi grasen ungezähmte Pferde. Hier gibt es auch Reptilien, aber keine Schlangen.

Esel in Gesturi

Der Mufflon, *ein Ureinwohner der Insel, besitzt ein dickes Fell und beeindruckend geschwungene Hörner.*

Der Sardische Rothirsch *(hier ein Junghirsch) hat ein kleineres Geweih als die Festland-Hirsche.*

Füchse *findet man auf dem Monte Limbara und dem Gennargentu.*

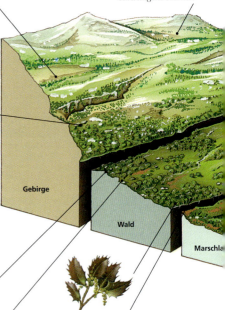

Gebirge

Wald

Marschla

Das kräftige Sardische Pferd *lebt vor allem auf dem Hochplateau Giara di Gesturi und an der Landspitze Capo Caccia.*

Die Kermeseiche (Quercus coccifera) *gedeiht vor allem an der Südküste.*

Die Korkeiche (Quercus suber), *ein sehr wichtiger Wirtschaftsfaktor, wächst überall in der Gallura (siehe S. 151).*

Das Sardische Wildschwein, *kleiner und stämmiger als sein Pendant auf dem Festland, lebt auf der ganzen Insel.*

FLORA UND FAUNA

Steineiche (Quercus ilex) wächst in fast allen Wäldern mittleren Höhen.

Der Rote Milan lebt in bewaldeten Hochlandtälern.

MACCHIA

Diese dichte, oft undurchdringliche Strauch-Vegetation gedeiht in den Küsten- und Bergregionen Sardiniens. Die Sträucher – einschließlich Myrte, Arbutus (Erdbeerbaum) und Pfefferstrauch – blühen im Frühling und im Herbst. Selbst im Winter wirkt die Insel grün, durchsetzt mit den Farbtupfern der Beeren. In jüngster Zeit hat sich die Macchia aufgrund von Waldbränden, die neues Wachstum anregen, ausgebreitet.

Blühende Myrte

Erdbeerbaum

Weiße Zistrosen

SARDINIENS LANDSCHAFT

Die Südwestspitze Sardiniens tauchte vor über 500 Millionen Jahren aus dem Meer auf.

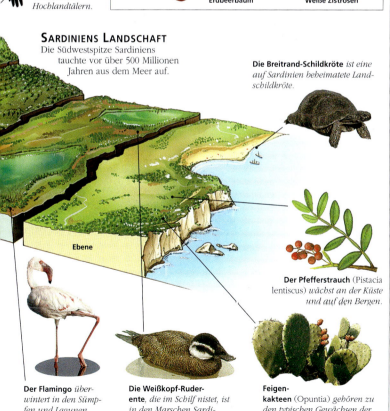

Die Breitrand-Schildkröte *ist eine auf Sardinien beheimatete Landschildkröte.*

Ebene

Der Pfefferstrauch (Pistacia lentiscus) *wächst an der Küste und auf den Bergen.*

Der Flamingo *überwintert in den Sümpfen und Lagunen Sardiniens.*

Die Weißkopf-Ruderente, *die im Schilf nistet, ist in den Marschen Sardiniens selten zu sehen.*

Feigenkakteen (Opuntia) *gehören zu den typischen Gewächsen der sardischen Küstengebiete.*

Nuraghen

Auf Sardinien gibt es über 7000 Nuraghen, deren stumpfe Kegel ein vertrauter Anblick sind. Man weiß wenig über ihre Erbauer, eine Zivilisation, deren Blütezeit zwischen 1800 und 500 v. Chr. lag (in einigen Gebieten widersetzten sich die Nuragher den Römern noch lange nach dieser Zeit). Zunächst bestand eine Nuraghe aus nur einem Turm aus hohen Steinblöcken, ohne jeden Mörtel. Später wurden weitere Türme hinzugefügt und durch Wälle verbunden. Beispiele hierfür sind die Losa-Nuraghe in Abbasanta, die Santu Antine in Torralba und die Su Nuraxi in Barumini. Nuraghen, oft von einem Dorf und einer Mauer umgeben, dienten als Wohnungen und Festungen. Es gibt keine Spuren einer Schriftsprache, doch in Gräbern und nahe bei heiligen Brunnen wurden über 1500 Bronzefiguren gefunden. Diese und andere Funde zeigt das Archäologische Museum Sardiniens.

Bronzeköcher

Stammeshäuptling
Diese Bronzefigur aus dem Nuragherdorf Santa Vittoria bei Serri, einem der größten Sardiniens, zeigt einen Fürsten beim Gebet.

Einfache Nuraghe
Dies ist die einfachste Form der Nuraghe. Sie besteht aus einem Turm mit einem runden Raum, der sich stufenweise verengt. Zuweilen hatten die Nuraghen mehr als ein Stockwerk.

Der zentrale Turm hat die Form eines stumpfen Kegels.

Der Wall schließt drei Verteidigungstürme mit ein.

Äußere Verteidigungsmauer

• Haupt-Nuraghen

Losa-Nuraghe in Abbasanta
Diese Nuraghe besteht aus drei Teilen und wird von einem Wall mit kleinen Türmen umgeben. Der älteste Turm stammt aus der Zeit vor 1500 v. Chr. Von der Plattform aus blickt man auf das Gennargentu-Massiv.

Maiori-Nuraghe in Tempio Pausania
Dieser Raum im Erdgeschoss der Maiori-Nuraghe in Nordsardinien wurde nur durch von außen eindringendes Licht beleuchtet.

BEGRÄBNISSE DER NURAGHER

Die Nuragher bauten riesige, als Tombe dei Giganti (Gigantengräber) bekannte Gräber zur Bestattung ihrer Toten. Jedes Grab bestand aus einem langen überdachten Gang, erbaut aus großen Steinplatten. Die Form repräsentierte das Horn des Stiergottes. Die Fassade bildete eine gewaltige ovale Stele mit einer Öffnung an der Basis. Zwei Steinreihen auf jeder Seite, die einen Bogen formen, vervollständigten die Grabkammer. Die gebogene Hauptstele war manchmal bis zu drei Meter hoch. Um ein typisches Gigantengrab herum fand man oft lange Reihen von Menhiren.

Gigantengrab bei Li Lolghi – eine berühmte prähistorische Stätte Sardiniens

Der Hauptturm hat drei übereinanderliegende Kammern.

Die Seitentürme stammen aus der frühen Eisenzeit.

Der Wall schuf ein solides Verteidigungssystem.

NURAGHE SANTU ANTINE

Den Hauptturm dieser dreieckigen Nuraghe umgibt eine dreiseitige Mauer mit drei Türmen. Die Anlage wurde in mehreren Etappen zwischen dem 9. und 8. Jahrhundert v. Chr. gebaut und später dem römischen Kaiser Konstantin gewidmet.

Diese Rekonstruktion *zeigt die ursprüngliche Anlage von Santu Antine. Der von Außentürmen geschützte zentrale Turm war Hauptfestung und Wohnung*

Arrubiu-Nuraghe
Sie besteht aus einer massiven Festung aus rotem Stein auf einer Fläche von etwa drei Hektar. Die Nuraghe liegt am Rande eines Plateaus, das das Flumendosa-Tal überragt. Imposante Außenwälle mit fünf Türmen schützten den Innenhof und die zentrale, 16 Meter hohe Nuraghen-Konstruktion.

DAS JAHR AUF SARDINIEN

Der Frühling ist bei Weitem die beste Jahreszeit für einen Sardinien-Besuch. Duftende Blumen blühen in den Macchia-Dickichten, Wälder und Wiesen sind noch grün. Obwohl es schon im Mai warm genug zum Schwimmen ist, herrschen noch nicht so glühend heiße Temperaturen wie im Sommer. Mit farbenprächtigen Prozessionen allerorts ist Ostern das wichtigste religiöse Fest auf der Insel. Während des restlichen Jahres organisieren Städte und Dörfer Feste zu Ehren der Schutzheiligen. In Kirchen und Klöstern finden Gedenkfeiern und Festessen statt. Während der Sommermonate hält man sich vorrangig an den Küsten auf und badet, segelt und surft. Im Landesinneren kann es drückend heiß werden, doch die höheren Bergregionen bieten angenehme Kühle und sind ideal für Wanderungen. Die Weinlese beginnt im Herbst. Im Frühwinter schneit es auf dem Gennargentu-Massiv heftig, bisweilen sogar in der niedrigeren Felslandschaft des Supramonte.

Maske aus Mamoiada

Blühende Narzisse, eine typische Blume des Mittelmeerraums

FRÜHLING

Sobald das warme Frühlingswetter einsetzt, werden die an den Hängen grasenden Schafe und Ziegen in höhere Regionen getrieben. Die aromatischen Pflanzen und stark duftenden Blumen der Macchia blühen und sind von Bienen umschwirrt. Sie produzieren einen ziemlich bitteren Honig, der viele traditionelle sardische Kuchen würzt.
 Im Flachland und auf den Hügeln von Anglona und Montiferru blühen die Obstbäume, auf dem Land sind die Artischocken fast reif. Sie werden zum italienischen Festland gebracht und sind traditionell die ersten, die auf den Markt kommen.

MÄRZ UND APRIL

Die **Karwoche** und **Ostern** (*März oder Apr*) sind die Zeit wichtiger religiöser Feste. Überall auf der Insel ziehen große Prozessionen durch die Straßen, beispielsweise am Karfreitag in Cagliari. In Iglesias werden die *Iscravamentu*- und *Incontru*-Mysterienspiele aufgeführt. In Oliena findet am Ostersonntag der Kostümumzug *S'Incontru* statt. In Santu Lussurgiu werden *Su Concordu*, vierstimmige, auf gregorianische Traditionen zurückgehende Gesänge aus dem 15. Jahrhundert, aufgeführt. Am Ostermontag feiert Castelsardo ein religiöses Fest spanischen Ursprungs, *Luni Santu*.
Sagra del Riccio di Mare (*Anfang März*). Seeigel-Fest in Alghero.
Festa Patronale (*2. Sa nach Ostern*). Die Insel Sant'Antioco feiert ihren Schutzheiligen.
Die **Viehmesse** (*25. Apr*) in Ollastra Simaxis findet zu Ehren des hl. Markus statt.

MAI

An **Sant'Efisio** (*1.– 4. Mai*) wird in Cagliari eine große Prozession zum Gedenken an das Ende der Pest von 1656 veranstaltet. Die Statue des Heiligen wird durch die Stadt getragen und dann auf einem Ochsenkarren nach Nora gebracht. Die Gläubigen werfen Blumen auf die Straße, sobald die Statue an ihnen vorbeizieht.
San Francescos Festtag (*2. So*). Die farbenprächtige Prozession in Lula ist eine der beliebtesten in der Umgebung von Baronie und Nuoro.
Festa dell'Annunziata (*3. So*), Bitti. Feier von Mariä Verkündigung.
San Bachisio (*29. Mai*). Drei Tage lang tanzt man in Onani *Ballu Tundu* (Rundtanz).

S'Incontru-Prozession in den Straßen von Oliena am Ostersonntag

DURCHSCHNITTLICHE TÄGLICHE SONNENSCHEINDAUER

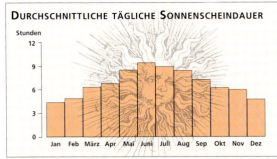

Sonnenschein
Der Sommer ist die sonnigste und heißeste Zeit. Im Juni gibt es die meisten Sonnenstunden pro Tag, im Januar die wenigsten. Generell unterscheidet sich das Wetter im Inland sehr von dem an der Küste, an der es im Allgemeinen freundlicher ist.

Ardia-Pferderennen vor der Kirche Santu Antine in Sedilo

Cavalcata Sarda *(Himmelfahrtstag).* Als eher neue Tradition ist der »sardische Ritt« zu einem der größten Volksfeste der Insel geworden. Überall in den Straßen der Altstadt Sassaris feiert man. Aus dem ganzen Land strömen die Menschen zu Pferd oder in farbenfrohen Trachten in die Stadt, um traditionellen Liedern und dem Vortrag von Gedichten aus den verschiedenen Städten und Regionen der Insel zu lauschen.

SOMMER

Der Sommer bringt auf Sardinien hohe Temperaturen. Dann zieht es Einheimische wie Besucher gleichermaßen an die Küste. Die Strände sind voller Menschen, die zum Baden oder Windsurfen, Schnorcheln und Sporttauchen hierherkommen. Yachten und Segelboote aus ganz Europa legen in den kleinen, hübschen Häfen an. Segel-, Windsurfing- und Sporttauchclubs veranstalten während der Sommermonate Kurse *(siehe S. 198f).*

Die kühleren Temperaturen machen die Gennargentu-Region zum idealen Wandergebiet. Beliebt ist der Abstieg durch die Schluchten des Su Gorroppu.

Der Sommer ist die Zeit der ländlichen Feste, wenn Pilger zu kleinen, zwischen Hügeln versteckten Kirchen ziehen.
Pani, Pisci, Pezza e Piricchittus (Brot, Fisch, Pizza und Mandelteig, *Juni–Sep*), ist ein Fest, das in den Restaurants von Quartu stattfindet. Cagliari bietet ein vielfältiges Musik-, Theater- und Kinoprogramm. In San Gavino Monreale gibt es Sportveranstaltungen, abends Konzerte und andere kulturelle Events.

JUNI

Pferdefestival *(2.–3. Juni).* Santa Lussurgiu veranstaltet ein Bauernfest mit Kunsthandwerksausstellung.
Sagra delle Ciliegie *(1. So im Monat).* Feier der Kirschernte in den Dörfern Villacidro, Bonarcado und Burcei.
San Leonardo *(11. Juni).* Ein Abend mit Musik, Tanz, Essen in Villanova Monteleone.

JULI

Ardia *(5.–8. Juli).* Dieses typische ländliche Fest findet in Sedilo vor der Kirche Santu Antine (oder San Costantino) statt. Ein feuriges Pferderennen begleitet die Feiern zu Ehren des Heiligen.
Sagra del Torrone *(2. So im Monat).* Die Festivitäten am Fuße des Gennargentu-Massivs bei Tonara enden mit der Zubereitung des berühmten Nougats *(torrone).*
Sagra delle Pesche *(17. Juli),* ist ein Pfirsichfest in San Sperate am Festtag des Schutzheiligen der Stadt.
Estate Musicale *(Juli, Aug),* in Alghero mit Konzerten im Chiostro di San Francesco.
Internationales Folklore-Festival *(Ende Juli)* in Tempio Pausania während des Sommer-Karnevals.
Teppichmesse *(zwei Wochen im Juli oder Aug)* in Mogoro. Eine der führenden Ausstellungen sardischer Handwerkskunst, besonders Teppiche, Wandteppiche und handgefertigte Möbel sind zu sehen.
Musik im Antas-Tal *(Juli, Aug).* Klassik-Konzerte im Tempel von Antas in Fluminimaggiore *(siehe S. 68).*

Segelstunden für Fortgeschrittene vor der Costa Smeralda

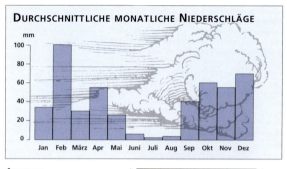

Niederschläge
In Sardinien fällt der meiste Niederschlag im Herbst und im Winter. In den bergigen Regionen des Landesinneren regnet es heftiger. Hier beträgt der Niederschlag bis zu 1000 Millimeter pro Jahr. Am trockensten ist es im Sommer, vor allem in den Küstenregionen.

AUGUST

Mauretanische Hochzeit *(1.–15. Aug)* in Santadi. Eine Zeremonie, die auf alte Traditionen der Nordafrikaner zurückgeht, die zur Römerzeit im Sulcis lebten.
Dieci Giorni Sulcitani *(1.–15. Aug)* in Sant'Antioco. Dieses Fest bietet zehn Tage traditioneller Unterhaltung mit Theaterstücken im Dialekt, dem Vortrag sardischer Gedichte, traditionellen Volkstänzen und Chormusik.
Teppichschau *(1. So im Aug)*. Ausstellung handgefertigter Teppiche und Decken in Aggius.
Madonna della Neve *(1. So im Aug)*. Die Härten des Winters werden in der Kultstätte Tascusi von Desulo ausgetrieben.
Sagra del Vino *(4. Aug)*. Weinfest in Jerzu mit Umzügen, Tänzen, traditionellen Liedern und Cannonau-Wein.
Sagra della Vernaccia *(1. So im Aug)*. Feier des heimischen Weins in Baratili San Pietro bei Oristano.
Sagra del Pomodoro *(11. Aug)*. Beim Tomatenfest werden in Zeddiani im Freien

Schlagzeuger beim Festival *Time in Jazz* in Berchidda

Tomatengerichte serviert. Es gibt auch eine Ausstellung heimischer Anbauprodukte.
Faradda di li candareri *(14. Aug)*. Mitglieder der alten Gilden in Sassari tragen Kerzen *(candelieri)*, die zwischen 200 und 300 Kilogramm wiegen. Jede Kerze ist mit dem Wappen der Gilde und ihres Schutzheiligen geschmückt.
Time in Jazz *(in der Mariä-Himmelfahrt-Woche)*. In Berchidda findet jährlich ein Jazz-Festival statt.
Processione del Redentore *(29. Aug)*. In Nuoro findet eine der beliebtesten Feiern zu Ehren des Erlösers mit

Prozessionen durch die Straßen und Folklore-Aufführungen statt.
Launeddas-Festival *(4. So)* in San Vito. Bei dem Festival treten bekannte Musiker mit ihren Blasinstrumenten auf *(siehe S. 90)*. Zur Musik wird der *Ballu Tundu*, ein alter Rundtanz, getanzt.
Rassegna di Musica Leggera *(Aug, Sep)*. Theater- und Volksmusikvorführungen auf der Piazza Peglia, Carloforte.
Regata Vela Latina *(Ende Aug)*. Eine Regatta für traditionelle sardische Fischerboote.
Mostra del Tappeto *(Mitte Aug–Ende Sep)*. In Nule findet eine sechswöchige Teppichmesse statt.

HERBST

Bis in den September hinein kann man im Meer baden, doch abends wird die Luft kühler. Im Oktober beginnen die Traubenernte und die Jagdsaison. Das beliebteste Wild ist das Wildschwein, dessen schmackhaftes Fleisch in der sardischen Küche gern verwendet wird. Die Kastanienernte in den Bergen endet oft mit großen Festen.

SEPTEMBER

Wallfahrt zur Madonna di Gonare *(8. und 16. Sep)*, einer Kirche auf einem Berggipfel. Sie beginnt abwechselnd im Zentrum von Sarule *(siehe S. 102)* oder in Orani.
Fiera del Bestiame *(3. So im Monat)* in Serri. Viehmesse am Festtag von Santa Lucia.
San Cosimo *(27. Sep)*. Mamuthones-Parade *(siehe S. 102)* in Schaffellen durch die Straßen von Mamoiada.

Traditionelle Kostüme beim Fest Madonna della Neve in Desulo

DAS JAHR AUF SARDINIEN

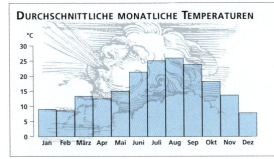

DURCHSCHNITTLICHE MONATLICHE TEMPERATUREN

Temperaturen

Die Sommermonate zwischen Juni und September sind heiß und trocken mit Temperaturen über 20 °C, manchmal bis 30 °C. Der Winter ist mild. Nur selten fallen die Temperaturen unter 5 °C. Im Januar gibt es gewöhnlich sonnige Tage und kühle Nächte.

Maskierte Sarden *(Boes)* mit Kuhglocken im Karneval in Ottana

OKTOBER

Santa-Vitalia-Festival *(1. Mo im Monat)*. Ein der Landwirtschaft gewidmetes Fest in Serrenti, bei dem auch Kunsthandwerk verkauft wird.
Sagra delle Castagne e delle Nocciole *(letztes Wochenende)*. Feier der Reife und Ernte von Kastanien und Haselnüssen in Aritzo. Daneben gibt es eine Kunsthandwerksmesse.

NOVEMBER

Festa della Madonna dello Schiavo *(15. Nov)*. In den Straßen von Carloforte beten die Menschen eine Madonnenstatue an. Sie soll von Bürgern aus Carloforte angefertigt worden sein, die einst von Piraten nach Tunis entführt wurden.
Santa Caterina *(25. Nov)*. Das Fest der Heiligen wird in Abbasanta gefeiert.

WINTER

Der Winter ist ziemlich kalt auf Sardinien. Das gebirgige Landesinnere ist mit Schnee bedeckt. Das Vieh wird in die Pferche im Tal getrieben. Der kalte Wind bedeutet das Ende des Fischfangs an der Küste bis zum Frühjahr. Neben dem **Weihnachtsfest** gibt es auf Sardinien viele Feiertage und lokale Feste im Karneval.

DEZEMBER

Sagra delle Salsicce *(1. So im Monat)*. Nach dem Schlachten der Schweine und der Zubereitung des Fleisches werden die Köstlichkeiten des neuen Jahres probiert.
Weihnachten wird zu Hause mit Geschenken und traditionellen Süßigkeiten gefeiert.

JANUAR UND FEBRUAR

Das **Fest des Sant'Antonio Abate** *(16.–17. Jan)* wird in Mamoiada und Flumminimaggiore *(siehe S. 68)* mit Freudenfeuern begangen.
Karneval *(zehn Tage vor Faschingsdienstag)* ist äußerst beliebt auf Sardinien, vor allem in der Barbagia. Kostümierte ziehen am Faschingsdienstag und am letzten Sonntag der Fastenzeit durch die Straßen. In Mamoiada treiben die *Issohadores (siehe S. 102)* die *Mamuthones*, in Schaffelle gehüllte Männer mit schweren, an den Rücken gebundenen Glocken, durch die Stadt. Ähnliche Feste sind *Thurpos* in Orotelli, *Merdules* und *Boes* in Ottana *(siehe S. 101)*. Beim *Sa Sartiglia* in Oristano spießen Reiter einen Stern, der von einem Baum hängt, mit einem Speer auf. In Iglesias gibt es Kuchen und Wein *(siehe S. 68f)*, auf dem Hauptplatz in Perfugas wird Essen serviert. In Tempio Pausania wird ein Bildnis »König Georgs« verbrannt, und in Santu Lussurgiu *(siehe S. 128)* findet das Pferderennen *Sa Carrela 'e Nanti* statt.
Processo a Su Conte *(Aschermittwoch)*. Auf Ovoddas Hauptplatz wird die Figur von »Su Conte« vor Gericht gestellt und verbrannt.

FEIERTAGE

Capodanno Neujahr *(1. Jan)*
Epifania Dreikönigsfest *(6. Jan)*
Domenica di Pasqua
  Ostersonntag *(März oder Apr)*
Anniversario della Liberazione
  Befreiungstag *(25. Apr)*
Festa del lavoro
  Tag der Arbeit *(1. Mai)*
Festa della Repubblica *(2. Juni)*
Ferragosto
  Mariä Himmelfahrt *(15. Aug)*
Ognissanti
  Allerheiligen *(1. Nov)*
Immacolata Concezione Unbefleckte Empfängnis *(8. Dez)*
Natale Weihnachten *(25. Dez)*
Santo Stefano *(26. Dez)*

Von Schnee bedeckte Berge des Gennargentu-Massivs

DIE GESCHICHTE SARDINIENS

Die Ursprünge der sardischen Geschichte reichen Jahrtausende zurück. Die ersten Siedler sollen die Insel schon vor 450 000 bis 150 000 Jahren über einen natürlichen Damm erreicht haben, der einst die Toskana mit Sardinien verband. Eine Reihe aufeinanderfolgender Kulturen ging in die Zivilisation der Nuragher auf. Diese Stämme von Schafhirten und Kriegern lebten in Nuraghen, runden Steinwohnungen, die von Festungsmauern umgeben waren. Über die Insel verstreut findet man 7000 Nuraghen, einige davon in ausgezeichnetem Zustand: die Siedlung Su Nuraxi in Barumini, der Komplex Santu Antine sowie die Nuraghe in Losa.

Die Phönizier drangen 1000 v. Chr. ins Land ein und ließen sich an den Küsten bei Tharros, Nora, Bithia und Cagliari nieder. Nach den Punischen Kriegen besetzten die Römer die Insel. Trotz des heftigen sardischen Widerstands hielt sich die römische Herrschaft, von der noch viele Ruinen zeugen, 700 Jahre. Nach dem Niedergang des Römischen Reiches wurde Sardinien erneut Opfer zahlreicher Eroberer. Jahrhundertelang kämpften Vandalen, Byzantiner und Araber um strategisch bedeutsame Häfen, bis die Republiken Pisa und Genua in die sardischen Gewässer vordrangen. Dies war der Beginn eines Goldenen Zeitalters der sardisch-romanischen Architektur, die mit der Eroberung der Insel durch das Haus Aragón der Gotik Platz machte. Nach 400 Jahren spanischer Herrschaft fiel die Kontrolle über die Insel an Österreich, das sie wiederum 1718 an die Savoyer abtrat.

Das Königreich Sardinien bestand bis zur Einigung Italiens. Lange wurde die Insel vernachlässigt. Doch nach dem Zweiten Weltkrieg rief man ein großes Projekt zur Trockenlegung der malariaverseuchten Sümpfe ins Leben, das den Weg für die Entwicklung eines autonomen, modernen Sardinien ebnete.

Venus von Macomer im Museo Archeologico in Cagliari

Auf dem im Jahr 1590 entstandenen Druck sind die massiven Stadtmauern und Stadttore von *Karalis* (»felsige Stadt«), dem heutigen Cagliari, zu erkennen

◁ **Der römische Tempel in Fluminimaggiore *(siehe S. 68)* entstand über einem Phönizier-Tempel (6.–5. Jh. v. Chr.)**

Prähistorisches Sardinien

Obwohl einige in Perfugas gefundene Steinwerkzeuge belegen, dass Sardinien in der Altsteinzeit (vor 150 000 Jahren) besiedelt war, ließen sich erst 9000 v. Chr. Gruppen aus Kleinasien, von den Küsten Afrikas, der Iberischen Halbinsel und aus Ligurien auf der Insel nieder. Das fruchtbare, mineralreiche Land und die Obsidian-Minen des Monte Arci trugen zum Reichtum der Insel bei. Um 3000 v. Chr. hatten sich die Sarden in Stämme aufgegliedert, lebten in Dörfern mit strohgedeckten Hütten und begruben ihre Toten in Felsgräbern, die sie *domus de janas* (Feenhaus) nannten. Um 800 v. Chr. hatte sich diese bäuerliche Gesellschaft zur Kriegernation der Nuragher entwickelt, die Tausende von runden Steintürmen (Nuraghen) baute. Viele dieser bemerkenswerten prähistorischen Bauten sind noch heute zu sehen.

Bronzefigur aus Teti-Abini

Halsschmuck mit Stoßzahn
Das Schmuckstück wurde in einem Grab aus der Zeit zwischen 2000 und 1800 v. Chr. gefunden.

Tonwaren
Diese Kannen und Vasen dienten zur Aufbewahrung von Wasser und Getreide.

Die Motive am Bug haben mehr mit dem Land als mit der See zu tun.

Ruinen am Monte d'Accoddi
Hier sieht man Überreste einer gestuften, terrassenförmigen Konstruktion, die wohl ein Tempel aus dem 3. Jahrtausend v. Chr. war. Sie sah den Zikkurrat-Tempeln aus Mesopotamien und den Azteken-Pyramiden sehr ähnlich.

ZEITSKALA

6000 v. Chr. Die Sarden fertigen Werkzeuge und Waffen aus dem am Monte Arci gefundenen Obsidian

Pfeilspitze aus Obsidian

Typisches Beispiel eines domus de janas

6000 v. Chr. — **4000 v. Chr.**

Stoßzahn eines Ebers, ein Schmuckstück aus dem frühen Neolithikum

4000–3000 v. Chr. Das Zeitalter der Bonu-Ighinu-Kultur – kleine Gemeinden leben von Schaf- und Ziegenzucht. Hochwertige graue, verzierte Töpferwaren werden produziert

Bronzeartefakte aus Abini

Die Speere waren Teil einer 100 Kilogramm schweren Sammlung von Objekten, die man in einem großen Tonkessel fand.

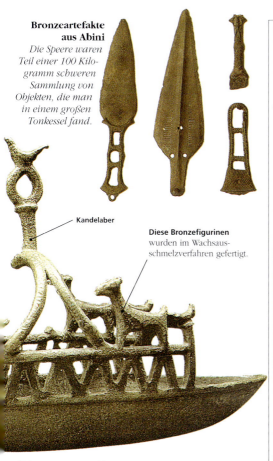

Kandelaber

Diese Bronzefigurinen wurden im Wachsausschmelzverfahren gefertigt.

WEIHGABE MIT HIRSCHMOTIV

Diese Votivlampe (8.–7. Jh. v. Chr.) in Form eines Schiffes ist eine von rund 70, die man in Is Argiolas bei Bultei fand. Sie steht nun im Museo Archeologico Nazionale in Cagliari. Im Zeitalter der Nuragher empfanden die Sarden eine Hassliebe zum Meer. Sie endete mit der Ankunft der Karthager, Römer und späterer Eroberer, die die Einheimischen zwangen, im Landesinneren zu leben.

PRÄHISTORISCHES SARDINIEN

Zu den pränuraghischen Ruinen gehören ein Zikkurrat-Tempel in Monte d'Accoddi und Felsgräber *(domus de janas)* in Pranu Muteddu (Goni). Nuraghen-Dörfer finden Sie in Su Nuraxi *(siehe S. 64f)*, Serra Orrios *(siehe S. 84)*, Tiscali *(siehe S. 104f)* und Abini. Grabkammern oder »Gigantengräber« sind in Sa Ena 'e Thomes zu sehen. Rituelle Heilquellen sind in Santa Cristina (Paulilàtino) und Santa Vittoria (Serri) erhalten.

Das Nuraghen-Dorf Serra Orrios *zählt zu den am besten erhaltenen auf Sardinien. Es bestand aus etwa 70 Behausungen (siehe S. 84).*

Die Nekropole Montessu *beherbergt domus de janas aus der pränuraghischen Ära.*

3000 v. Chr. Ära der Ozieri- oder San-Michele-Kultur. Auf der ganzen Insel werden Dörfer errichtet und die Toten in *domus de janas* begraben

Kopie der Göttin Mater Mediterranea von Senorbì

1800 v. Chr. Beginn der Nuragher-Kultur mit den typischen kegelförmigen Gebäuden an den Rändern der Hochebenen

1000 v. Chr. Phönizische Schiffe landen an der Küste

3000 v. Chr.	2000 v. Chr.	1000 v. Chr.

Dolmen in Luras

2000–1800 v. Chr. Zivilisation mit glockenförmigen Töpferwaren. Bau rechteckiger oder runder Wohnungen

1500 v. Chr. Erste einfache Formen der Nuraghe

Die Nuraghe Santa Barbara in Macomer

Phönizier, Karthager und Römer

Ölgefäß, 2. Jh. v. Chr.

Ab 1000 v. Chr. nutzten phönizische Seefahrer die Buchten der sardischen Küste als natürliche Häfen. Als 200 Jahre später der Handel intensiver wurde, gründeten sie die Städte Nora, Sulcis, Tharros, Olbia und später Bithia und Karalis (das heutige Cagliari). Doch die Beziehungen zu den ansässigen Häuptlingen verschlechterten sich bald. Die Nuragher griffen die phönizischen Siedlungen an. 509 v. Chr. ersuchten die Phönizier die Karthager um Hilfe. 238 v. Chr. traten die Karthager, die im Ersten Punischen Krieg besiegt worden waren, Sardinien an die Römer ab, die es zu ihrer Provinz machten. Über ein Jahrhundert leisteten die Sarden Widerstand, der 215 v. Chr. in der Schlacht von Cornus *(siehe S. 129)* gebrochen wurde. Den Römern gelang es nie, die ganze Insel zu unterwerfen, im Landesinneren gab es immer wieder Aufstände. Dennoch verdankt die Insel ihnen ein Straßennetz, Bäder, Tempel, Aquädukte und Amphitheater.

Goldarmband
Palmetten, Lotosblumen und ein Skarabäus zieren dieses Stück aus Tharros (siehe S. 132f).

Diese Nasenform findet sich oft bei phönizischen Darstellungen.

Glasvase und Parfümflasche
In der Römerzeit wurde Glas zur Herstellung von dekorativen Gefäßen und praktischen Gegenständen wie Tassen, Schüsseln und Flaschen verwendet. Viele Stücke aus Grabstätten sind im Museo Archeologico Nazionale in Cagliari zu sehen (siehe S. 58).

Linien im Gesicht imitieren Tätowierungen.

Karthagisches Halsband
Karthagischer Schmuck wie dieses Halsband mit Menschen- und Tiersymbolen als Anhänger war oft sehr kunstvoll.

Grinsende Maske
Diese Maske stammt aus dem 4. Jahrhundert v. Chr., der Zeit der Karthager. Man fand sie in der Siedlung unterhalb der Stadt San Sperate *(siehe S. 62)*. Masken wie diese sollten das Böse abwehren, Kinder schützen oder den Schlaf der Toten sichern.

ZEITSKALA

Phönizisches Schiff

900 v. Chr.	750 v. Chr.		500 v. Chr.
900 v. Chr. Nuraghen-Dörfer, Bronzefiguren und Steinskulpturen	**730–700 v. Chr.** Bau erster phönizischer Häfen: die späteren Nora, Tharros, Bithia und Karalis	**um 550 v. Chr.** Ankunft der Karthager; Gründung der ersten punischen Städte	**500–400 v. Chr.** Sarden fliehen nach verlorener Schlacht gegen Karthager in die Barbagia **509 v. Chr.** Die Nuragher greifen die Küstenstädte an, die Karthago um Hilfe bitten

PHÖNIZIER, KARTHAGER UND RÖMER

Statue von Drusus d.J. (13 v.Chr.–23 n.Chr.)
Das Porträt des römischen Konsuls, Sohn von Kaiser Tiberius, fand man in Sant'Antioco (siehe S.72) zusammen mit anderen Büsten aus dem Frühreich.

Die Ritzungen zeigen Lotosblumen und Rosetten.

Punische Inschrift
Diese Inschrift war auf dem Sockel einer Statuette aus dem 4. Jahrhundert v.Chr. im Tempel von Antas eingraviert.

Der Nasenring war ein beliebtes Schmuckstück.

PUNISCH-RÖMISCHES SARDINIEN

Die besterhaltenen punisch-römischen Städte auf der Insel Sardinien sind Nora *(siehe S.74f)* und Tharros *(siehe S.132f)*. Die Ruinen in Sulki, dem heutigen Sant'Antioco *(siehe S.72)*, sind punisch, römisch sind das Amphitheater in Cagliari *(siehe S.54)* nahe der Villa di Tigellio *(siehe S.59)* sowie Bäder in Fordongianus *(siehe S.136f)*.

Römisches Amphitheater in Cagliari, *2. Jh. v. Chr.*

Das römische Theater in Nora *wird im Sommer für kulturelle Veranstaltungen genutzt.*

Glasschüssel mit Christusfigur
Dieses wunderschöne frühchristliche Objekt fand man in einem Grab nahe Ittiri. Christus wird in der Rolle des Gesetzgebers und Herrschers gezeigt.

---

238 v. Chr. Die Karthager verlieren den Ersten Punischen Krieg

227 v. Chr. Sardinien und Korsika werden römische Provinz

In Nora gefundenes Mosaik

200–300 n. Chr. Das von Krankheiten heimgesuchte Sardinien wird Verbannungsort

250 v. Chr. | **0** | **250 n. Chr.**

Der Sardus Pater gewidmete Tempel von Antas

27 v. Chr. Sardinien wird von Korsika getrennt und senatorische Provinz

66 n. Chr. Das römische Sardinien wird Reichsprovinz und von Legionen besetzt

Mittelalter: Von den Vandalen zu den Aragoniern

Arboreas Wappen

Die Vandalen eroberten Sardinien im Jahr 456 n. Chr. Kurz danach wurde die Insel von Byzanz befreit und eine von sieben afrikanischen Provinzen des Oströmischen Reiches. Das folgende Machtvakuum, verstärkt durch Invasionen der Araber, führte zur Entstehung der vier autonomen *giudicati* (Fürstentümer) Torres, Gallura, Arborea und Cagliari. Um 1000 n. Chr. fielen Teile der Insel nach harten Kämpfen gegen die Araber an Pisa und Genua. Die Beziehung zu Aragón wurde 1295 formalisiert, als Bonifaz VIII. die päpstliche Bulle unterzeichnete, die Jakob II. von Aragón zum König von Korsika und Sardinien ernannte. Am 12. Juni 1323 landete der Infant Alfons mit seiner Armee auf Sardinien.

Castello-Viertel, Cagliari
Das unter der Herrschaft von Pisa erbaute Castello-Viertel in Cagliari war bis ins 19. Jahrhundert das Zentrum der Stadt.

Eleonore von Arborea
Die bemerkenswerte Frau erbte 1383 Arborea von ihrem Vater Mariano IV. Nach zwei Kriegen gegen die Aragonier gewann sie 1394 die Kontrolle über den größten Teil Sardiniens. Bekannt als Giudica, ist sie ein Symbol sardischer Unabhängigkeit.

Päpstliches Wappen

Benedetto Caetani war der bürgerliche Name von Papst Bonifaz.

Siegel Barisons I.
1038 halfen die Pisaner, nachdem sie Sardinien den Arabern entrissen hatten, Barison I. von Arborea, die vier giudicati in Besitz zu nehmen.

BONIFAZ VIII.

1295 unterzeichnete Papst Bonifaz VIII. (hier am Neujahrstag 1300 dargestellt) die päpstliche Bulle, die Jakob II. als Gegenleistung für den Verzicht auf Sizilien das *Regnum Sardiniae et Corsicae* übertrug. Die Aragonier ignorierten dieses Abkommen und versuchten weiterhin, Sizilien zu annektieren.

ZEITSKALA

534 Byzanz befreit Sardinien, das, zusammen mit Korsika, zu einer der sieben afrikanischen Provinzen wird

Papst Gregor der Große

500	600	700	800

Tonwaren aus Vandalengräbern

600 Papst Gregor der Große beginnt die Christianisierung Sardiniens

711 Beginn arabischer Invasionen

815 Sardische Diplomaten bitten Frankreich um Hilfe im Krieg gegen die Araber

Capo Falcone
Der Turm war Teil eines Verteidigungssystems, das im 16. Jahrhundert die Überfälle der Barbaren auf Sardinien beendete.

MITTELALTERLICHES SARDINIEN

Die Eroberer des Mittelalters veränderten die Architektur des Landes. San Saturnino in Cagliari *(siehe S. 59)* und San Gavino in Porto Torres *(siehe S. 120)* gelten als die ersten mittelalterlichen Kirchen der Insel. Vom nachhaltigen Einfluss des Festlands zeugen auch die romanischen Kirchen von Logudoro *(siehe S. 156f)* und die Kathedralen von Oristano *(siehe S. 134f)* und Santa Maria in Cagliari *(siehe S. 55)*. Einige Burgen sind erhalten, zum Beispiel das Castello in Castelsardo *(siehe S. 164)* und der Castello-Komplex in Cagliari *(siehe S. 56f)*.

Papst Bonifaz VIII.

Bonifaz VIII. war trotz seiner gelassenen Pose ein sehr umstrittener Papst.

Die Santissima Trinità di Saccargia *ist pisanisch-romanisch* (siehe S. 158f).

Stadtmauer in Alghero
Die mächtigen Mauern und Türme stammen aus der Zeit der katalanischen Herrschaft (14. Jh.).

Das Castello Malaspina *liegt oberhalb der Stadt Bosa* (siehe S. 126f).

Jakob II. von Aragón

1016 Papst Benedikt VIII. bittet Pisa und Genua, in Sardinien zu intervenieren

1087 Guglielmo di Massa wird erster nicht sardischer Herrscher in Cagliari

1164 Friedrich Barbarossa macht Sardinien zum Königreich

1257–59 Die letzten Jahre der Judikate Cagliari und Torres

| 1000 | 1100 | 1200 | 1300 |

Friedrich I. Barbarossa

1152 Friedrich I. Barbarossa wird zum deutschen König gewählt

1243 Friedrich II. krönt seinen Sohn zum König von Sardinien

1323 12. Juni: Alfons von Aragón landet auf Sardinien

Spanische Herrschaft

Aragonisches Wappen

Die Spanier konnten Sardinien nur langsam erobern: Die Herrscher von Arborea führten einen langen Krieg gegen die Invasoren. In Alghero gab es erbitterte Aufstände, und 1355 war die spanische Krone gezwungen, den sechs größten Städten eine Art Parlament zu gewähren. 1409 übernahmen die Aragonier nach der Schlacht von Sanluri endgültig die Macht. Das Fürstentum Arborea wurde aufgelöst und durch die Markgrafschaft Oristano ersetzt. 1479 wurde die spanische Herrschaft durch die Ehe von Ferdinand von Aragón mit Isabella I. von Kastilien und León untermauert. Unter Spaniens Herrschaft wurden die ersten Universitäten gegründet: 1562 in Sassari und 1620 in Cagliari. Nach dem Frieden von Utrecht 1714 fiel die Insel an Österreich, das sie nach dem Vertrag von London König Vittorio Amedeo II. von Savoyen übergab.

Der obere Teil zeigt Szenen aus dem Leben des hl. Petrus. Unten sind Heilige mit Petrus in der Mitte zu sehen.

Verzierte Umrahmung

Vittorio Amedeo II. von Savoyen
Vittorio Amedeo wurde 1718 König, als Österreich ihm Sardinien im Austausch für Sizilien gab. Am 2. August 1720 schwor das Parlament von Cagliari dem neuen König Treue.

Wappen mit vier Mauren
Das Wappen mit den vier Mauren ist katalanischen Ursprungs und tauchte in Sardinien 1323 nach der Ankunft Alfons' von Aragón auf. Es ist zu einem der Symbole der Insel geworden.

Die kunstvoll umrahmte Predella zeigt die vier Evangelisten. Sardische Künstler drückten dem katalanischen *Retablo*-Stil ihren eigenen Stempel auf.

ZEITSKALA

1350	1400		1500
	1355 Gründung des sardischen Parlaments	**1409** Schlacht von Sanluri; das Fürstentum Arborea wird aufgelöst	**1541** Karl V. m auf dem Weg r Tunis Zwisch station in Algl
	1402 *Anno de Sa Mortagia Manna*, das Jahr der großen Pest	*Ferdinand von Aragón und Isabella von Kastilien*	**1509–20** Wiederholte Überfälle arabischer Piraten auf Sardinien

Dom von Alghero

Das Innere der im 16. Jahrhundert begonnenen Kathedrale Santa Maria ist ein großartiges Beispiel für den katalanisch-gotischen Stil.

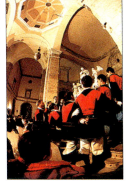

RETABLO DES HEILIGEN PETRUS

Der *retablo*, ein religiöses Tafelbild, wurde häufig als Altarbild verwendet. Er war eine der wichtigsten Kunstformen im Sardinien des 16. Jahrhunderts. Das Bild *Madonna und Kind mit den Heiligen Petrus, Paulus und Georg von Suelli* (1533–35) stammt von Pietro und Michele Cavaro. Es ist nun in der Kirche San Giorgio in Suelli (Cagliari) zu sehen. Der kunstvolle Rahmen und die dekorativen Elemente zeugen von flämischem Einfluss.

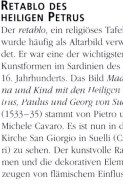

Retablos vereinigten oft Malerei, Skulptur und Schnitzereien.

Philipp V. (1683–1746)
Philipp musste auf Frankreich und Sardinien verzichten. 1717 versuchte er mithilfe seines Ministers Alberoni, Sardinien zurückzuerobern.

SARDINIEN UNTER SPANISCHER HERRSCHAFT

Das erste spanische Bauwerk auf Sardinien war die gotisch-aragonische Kapelle in der Kathedrale von Cagliari *(siehe S. 55)*. Es folgten San Francesco in Iglesias, San Giorgio in Perfugas sowie San Francesco und die Kathedrale in Alghero *(siehe S. 118f)*. Die Kathedrale in Sassari ist im sogenannten kolonialen Barock erbaut. Unter spanischer Herrschaft entwickelte sich die *Retablo*-Kunst. In der Kunstgalerie von Cagliari sind Gemälde aus dem 15. und 16. Jahrhundert zu sehen.

Aragonisches Haus *in Fordongianus, erbaut im 15. und 16. Jahrhundert.*

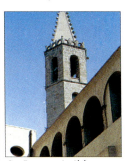

San Francesco *in Alghero (14. Jh.), im gotisch-aragonischen Stil wiedererbaut.*

Karl V.

1620 Gründung der Universität von Cagliari unter Philipp III.

1688 Unzufriedenheit und Aufstände: Der spanische Vizekönig wird ermordet

| 1600 | 1700 |

Kardinal Alberoni, erster Minister Philipps V.

1717 Philipp V. von Spanien versucht, Sardinien und Neapel zurückzuerobern

1718 Vertrag von London: Sardinien wird an die Savoyer abgetreten

Königreich Sardinien

Eine der ersten Amtshandlungen des savoyischen Parlaments war die Wiedereröffnung der Universitäten. Eine ernste wirtschaftliche und soziale Krise führte jedoch zu Unruhen und der Ausbreitung des Banditentums. Nach der Revolution von 1789 versuchte Frankreich vergeblich, Sardinien zu erobern, doch 1795 wurde die Insel selbst vom Geist der Revolution erfasst. In Cagliari kam es zur »sardischen Revolution«. 1799 suchten die Savoyer, die ihre Gebiete an Napoléon verloren hatten, Zuflucht auf der Insel. 1847 überzeugten Menschenmassen in Cagliari und Sassari die Savoyer von der *fusione perfetta* Sardiniens mit Piemont. 1861 wurden beide Teil des vereinigten Italien.

Hafen von Cagliari
Der Hafen wurde nach der Ankunft der savoyischen Herrscher angelegt. Neben Porto Torres war er der wichtigste Hafen der Insel.

Universität von Cagliari
Die Universität wurde als Teil der kulturellen Reorganisations- und Entwicklungspolitik von Carlo Emanuele III. (1730–1773) gegründet, der in Turin einen Ausschuss für sardische Angelegenheiten einsetzte.

Carlo Emanuele IV.
Der König von Sardinien (1796–1802) floh auf die Insel, nachdem er 1798 seine Gebiete auf dem Festland an Napoléon verloren hatte. Sein Bruder Vittorio Emanuele I. wurde König von Savoyen.

ABSOLUTISTISCHER VIZEKÖNIG
Carlo Felice, später König von Sardinien, der hier die Schlüssel von Cagliari erhält, war von 1799 bis 1821 Vizekönig. Auch in dieser Zeit regierte er die Insel unangefochten als absoluter Monarch.

ZEITSKALA

1720 Filippo Pallavicino wird erster savoyischer Vizekönig von Sardinien

Thron des Königreiches Sardinien in Turin

1793 Antisavoyischer Aufstand

1720	1740	1760	1780

1764–65 Wiedereröffnung der Universitäten Cagliari und Sassari

1788 Der savoyische Hof flieht aus Turin und bleibt bis 1815 in Cagliari

KÖNIGREICH SARDINIEN

Gedenktafel
Diese Gedenktafel im Palazzo Viceregio in Cagliari wurde Carlo Felice von seinem Bruder Vittorio Emanuele I. gewidmet, der 1821 zu seinen Gunsten abdankte.

SARDINIEN DER SAVOYER

Wichtige savoyische Bauten sind die Theater in Cagliari, Sassari und Alghero, die Gebäude der Provinzverwaltung und das Rathaus von Cagliari *(siehe S. 54)*. Viele Bahnlinien Sardiniens stammen aus dieser Zeit. Überall wurden Statuen prominenter Savoyer aufgestellt, wie die von Garibaldi auf Caprera. Die Villa Aymerich ist eines von vielen wiederaufgebauten Landhäusern.

Giuseppe Garibaldi
1857 kam Garibaldi nach Jahren des Exils nach Caprera. Nachdem er das Königreich der Zwei Sizilien mit seiner Armee von 1000 freiwilligen »Rothemden« für die Savoyer erobert hatte, ließ er sich in Caprera nieder (siehe S. 148f).

Die Galleria Comunale d'Arte di Cagliari, *die Kunstgalerie der Hauptstadt.*

Denkmal für Carlo Emanuele III. *in Carloforte, der von ihm gegründeten Stadt.*

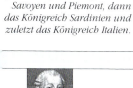

Wappen Savoyens
Die im 11. Jahrhundert begründete Dynastie regierte erst Savoyen und Piemont, dann das Königreich Sardinien und zuletzt das Königreich Italien.

Vittorio Amedeo III., König von Sardinien (1773–89)

1847 Sardinien und Piemont schließen sich zusammen

1857 Garibaldi lässt sich auf Caprera nieder und kauft einen Teil der Insel

1820	1840	1860

1826 Alberto La Marmoras *Reise nach Sardinien* veröffentlicht

Grab von Carlo Emanuele IV. von Savoyen, Cagliari

Alberto La Marmora

1861 Sardinien und Piemont werden Teil des Königreiches Italien

Sardinien im vereinten Italien

Asche von Grazia Deledda

Nach dem Risorgimento schritt die Industrialisierung Sardiniens voran: 1871 wurde die erste Bahnlinie gebaut. Die Bergwerke in Sulcis und Iglesiente nahmen den Betrieb auf. Tageszeitungen entstanden, Nuoro wurde zum Zentrum einer Kulturbewegung, der die Schriftstellerin und Nobelpreisträgerin Grazia Deledda angehörte. Im Ersten Weltkrieg wurde der Heldenmut der Brigata Sassari zum Symbol des neuen Selbstbewusstseins und führte 1921 zur Gründung des Partito Sardo d'Azione. Zwischen den Kriegen entwickelte sich der Bergbau weiter, was 1938 zur Gründung der Stadt Carbonia führte. Ein umfassendes Programm zur Landgewinnung und zur Schaffung künstlicher Seen wie des Lago Omodeo durch einen Damm über den Fluss Tirso trug wesentlich zur Verbesserung der Gesundheit in ehemaligen Malariagebieten bei. Am 31. Januar 1948 wurde Sardinien autonome Region Italiens.

Monteponi-Mine
Der Druck (19. Jh.) zeigt die riesige Anlage dieser wichtigen sardischen Blei- und Zinkmine.

Die einfachen Leute litten am meisten unter den hohen Lebenshaltungskosten.

Carbonia
1938 weihte Mussolini die neu gegründete Stadt Carbonia (siehe S. 71) ein. Sie sollte das führende Bergbauzentrum Sardiniens werden.

Brigata Sassari
Die Brigade bestand nur aus Sarden. Wegen ihres Heldenmutes im Ersten Weltkrieg erhielt sie zwei goldene Ehrenmedaillen.

Emilio Lussu (1890–1975)
Der Autor hielt seine Erfahrungen in der Brigata Sassari in Un anno sull'altopiano (Ein Jahr auf der Hochebene) fest.

ZEITSKALA

1871 Geburt der Schriftstellerin Grazia Deledda

1889–99 Ankunft der Armee-Sondereinheit zur Bekämpfung des Banditentums

1897 Auf Sardinien werden die ersten restriktiven Sondergesetze verabschiedet

| 1870 | 1880 | 1890 | 1900 |

Quintino Sella, Finanzminister von 1862, 1865 und 1869–73

1889 Gründung der *Unione Sarda*, der ersten Tageszeitung Sardiniens

1891 Antonio Gramsci, politischer Schriftsteller, wird in Ales geboren

Antonio Gramsci

SARDINIEN IM VEREINTEN ITALIEN

Zugstrecke Cagliari–Arbatax
Als Teil des vereinigten Italien widmete sich Sardinien der Modernisierung des Landes. Die ersten Bahnlinien wurden 1871 verlegt. 1881 war Cagliari mit Sassari verbunden. Die Linie zwischen Cagliari und Arbatax führt durch eine reizvolle Landschaft und ist nun eine attraktive Touristenroute (siehe S. 92f).

Streikende greifen aus Protest gegen die Brotsteuer das Zoll- und Steueramt an.

Damm am Fluss Tirso
Der 70 Meter hohe Damm mit einer Fallhöhe von 40 Metern wurde 1918 begonnen. Es entstand der 20 Kilometer lange Lago Omodeo, damals der größte künstliche See Europas.

Cabras-Marsch
Die Marsch, die sich über 20 Hektar ausdehnt, ist ein Beispiel der umfassenden Landgewinnungsprojekte, die auf Sardinien durchgeführt wurden. Sie befreiten Sardinien von der Malaria und ebneten den Weg für die Entwicklung des Fremdenverkehrs.

STREIK IN CAGLIARI
Um 1900 führten soziale Konflikte zum Erlass der ersten restriktiven Sondergesetze. Die Unruhen der Bergarbeiter der Buggerru-Mine am 3. September 1904 mündeten in den ersten Generalstreik Italiens. 1906 führte die Empörung über die hohen Lebenshaltungskosten zu Aufständen in Cagliari, die brutal unterdrückt wurden. Das Ergebnis waren zehn Tote und viele Verletzte.

Flagge der Region Sardinien

- **1915–18** Die Sarden leisten einen wesentlichen Beitrag im Krieg
- **1921** Gründung des Partito Sardo d'Azione
- **1924** Das »Milliarden-Lire-Programm« schafft Arbeitsplätze auf Sardinien
- **1926** Die Schriftstellerin Grazia Deledda erhält den Nobelpreis
- **1938** Mussolini gründet die Bergarbeiterstadt Carbonia
- **1943** Schwere Bombenangriffe der Alliierten auf Cagliari
- **1948** Sardinien wird autonome Region

| 1920 | 1930 | 1940 |

Modernes Sardinien

Wimpel des Costa-Smeralda-Yachtclubs

Die Trockenlegung der sardischen Sümpfe war für die Entwicklung der Insel entscheidend. Nun kam die wunderschöne, jahrtausendelang gemiedene Küste zu ihrem Recht. Erholungsorte, neue Luxusvillen und Feriendörfer entstanden. Schnell wurde die Costa Smeralda oder Smaragdküste als exklusives Urlaubsgebiet weltberühmt. Erstmals konnte urbar gemachtes Land auch für die Landwirtschaft, für Gärtnereien und Obstplantagen genutzt werden. In der Folge hat sich die Wirtschaft deutlich verändert. Während die Schafzucht rückläufig ist, entwickeln sich Industrie und Dienstleistungssektor, zuweilen zum Nachteil der Umwelt. Heute scheint Sardinien am Scheideweg zu stehen: Das moderne Leben konkurriert mit der wertvollsten Ressource: einer unverdorbenen Natur und der Vielfalt der Lebensräume.

1972 Die erste Minen werden schlossen, Zei für die Krise d sardischen Be bauindustrie.

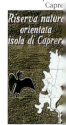

1980 Gründu des Nationalparks Capre

1971 Die Fußballmannschaft Cagliaris mit Spitzenstürmer Gigi Riva gewinnt erstmals die italienische Meisterschaft.

1962 Antonio Segni, Christdemokrat aus Sassari, wird zum Präsidenten der italienischen Republik gewählt.

1979 Revolte von Terroristen im Hochsicherheitsgefängnis der Insel Asinara.

1950	1960	1970
1950	1960	1970

1956 Beginn von Fernsehübertragungen durch RAI, das italienische Staatsfernsehen.

1970 Papst Paul VI. besucht Sardinien.

1971 Zum ersten Mal gibt es mehr Industriearbeiter als Landwirte.

1974 Die Ölkrise im Nahen Osten wirkt sich nachteilig auf die petrochemische Industrie aus.

1979 Entführungsfälle mehren sich. Der bekannte italienische Sänger und Liedermacher Fabrizio De André und seine Frau werden verschleppt.

1953 Entführungen, eines der größten Nachkriegsprobleme Sardiniens, werden erst in jüngster Zeit seltener. Vittorio de Setas Film *Banditi a Orgosolo* gewinnt einen Preis bei den Filmfestspielen von Venedig 1961.

1962 Karim Aga Khan fördert Schaffung des Costa-Smeralda-Verbandes zur Erschließung der Costa Smeralda. Im Nordosten Sardiniens setzt ein Urlaubsboom ein. Im selben Jahr wird ein Gesetz verabschiedet mit dem Ziel, die Wirtschaft in allen Bereichen anzukurbeln.

1950 Erstmals keine Malariafälle auf Sardinien. Ausrottung der Stechmücke *Anopheles maculipennis*, die die Krankheit überträgt, durch das Gesundheitsprogramm der Rockefeller Foundation.

1972 Enrico Berlinguer aus Sassari (Mitte) wird Vorsitzender der Kommunistischen Partei Italiens. Bis zu seinem Tod 1983 setzt er sich für einen »dritten Weg zum Sozialismus« und den »historischen Kompromiss« zwischen Kommunisten und Christdemokraten ein.

MODERNES SARDINIEN

2000 Viehwirtschaft (Rinderzucht, Molkereien, Gerbereien) ist neben dem Fremdenverkehr Hauptsäule der sardischen Wirtschaft.

2004 Renato Soru, Gründer der erfolgreichen ISP Tiscali SpA, wird zum Präsidenten von Sardiniens gewählt.

1989 Bei zumeist gelegten Bränden sterben zehn Urlauber an der Nordostküste.

1990 Sardinien wird von einer schweren Dürre heimgesucht.

2005 Der erste Windenergiepark Sardiniens in Sardeolica geht ans Netz.

2009 Der Mitte-Rechts-Politiker Ugo Cappellacci wird Präsident der Region Sardinien.

1990	2000	2010
1990	2000	2010

1995 Die Krise in der Bergbauindustrie verschärft sich. Die Kohleminen von Sulcis werden zum Verkauf angeboten.

2008 Die US-Marine löst ihre Atom-U-Boot-Basis auf der Insel La Maddalena auf.

2002 Der Euro ersetzt die Lira und wird gesetzliches Zahlungsmittel in Italien.

1985 Francesco Cossiga aus Sassari, ehemaliger Premier- und Innenminister, wird zum Präsidenten der italienischen Republik gewählt.

2001 Sardische Goldminen und die Homestake Mining Company of California vereinbaren die gemeinsame Erschließung der Goldreserven in Sardinien. Spuren des Metalls wurden in den 1980er Jahren erstmals in Flüssen entdeckt.

2000 Die Yachthäfen der Insel, besonders die bei Porto Cervo, zählen zu den besten im gesamten Mittelmeerraum.

1983 Der Costa-Smeralda-Yachtclub fördert die erste Teilnahme Italiens am America's Cup mit der Yacht *Azzurra*.

Die Regionen Sardiniens

Sardinien im Überblick 48-49

Cagliari und Süden 50-75

Ostküste 76-93

Bergregion und Barbagia 94-111

Westküste 112-137

Norden und Costa Smeralda 138-165

Sardinien im Überblick

Meer und Küste locken Besucher nach Sardinien, doch die Insel bietet auch atemberaubende Landschaften und archäologische Stätten. Auf der ganzen Insel stehen von Su Naraxi bis Orroli, Santu Antine und Silanus prähistorische Nuraghen. Im Norden gibt es neben der Costa Smeralda viele romanische Kirchen in den Regionen Logudoro und Gallura. Der große Nationalpark Gennargentu *(siehe S. 82f)* beherrscht die Barbagia und die Ostküste. In diesen Regionen gedeiht die Macchia-Vegetation in abgeschiedenen Tälern und auf unzugänglichen Bergen. Im Süden und Westen findet man punische Ruinen (Nora, Sant'Antioco, Tharros). Sardiniens Westküste ist relativ wild und unerschlossen.

Ardaras romanische Kirche Santa Maria del Regno *(siehe S. 156)*

Flamingos überwintern in den Marschen um Oristano *(siehe S. 134f)*

Ruinen von Tharros *(siehe S. 132f)*

WESTKÜSTE
Seiten 112–137

Zerklüftete Küste bei Buggerru *(siehe S. 68)*

CAGLIARI UND SÜDEN
Seiten 50–75

◁ **Costa Smeralda** *(siehe S. 138–144)*: vielfarbig schimmerndes Meer und Granitklippen

Leuchtturm am Capo Testa bei Santa Teresa di Gallura, Nordküste *(siehe S. 144f)*

Wilder Mufflon in den Wäldern der Bergregion *(siehe S. 22f)*

Schmalspurzug Trenino Verde auf der Strecke *(siehe S. 92f)*

Blick auf Cagliari, die alte Phönizierstadt Karalis, Hauptstadt der Region Sardinien *(siehe S. 54–59)*

CAGLIARI UND SÜDEN

Sardiniens Süden ist äußerst abwechslungsreich: hohe Sanddünen an der Küste, Marschland, in dem Flamingos nisten, und die Macchia, in der noch der seltene Sardische Hirsch lebt. Darüber hinaus liegen im einstigen Zentrum der Bergbauindustrie interessante prähistorische Stätten wie Nora und Su Nuraxi.

Bereits vor 7000 Jahren begann die Geschichte des Bergbaus auf Sardinien, als die Bewohner lernten, Kupfer und Silber zu gewinnen und zu schmelzen. Die Phönizier nutzten das Gebiet als Handelsbasis und verschifften Erz über das Mittelmeer. Im Mittelalter verhalfen die Pisaner der Region mit der Erweiterung der Silberminen zu Reichtum. In der faschistischen Ära ließ Mussolini das Kohlevorkommen ausbeuten, um Italien autark zu machen. Heute werden verfallene Industriegebäude im Gebiet von Sulcis und Iglesiente in Touristenattraktionen umgewandelt. Die natürliche Schönheit des Gebietes kontrastiert mit den Industriegebäuden aus dem 19. Jahrhundert, die in der Macchia wie mittelalterliche Burgen wirken.

Phönizische Seeleute gründeten die Inselhauptstadt Cagliari, geprägt aber wurde sie von den Aragoniern. Die spanische Festungsanlage, das Castello-Viertel, dominiert bis heute das Stadtbild.

Nördlich von Cagliari säumen Eukalyptusbäume und Feigenkakteen die Ebene von Campidano. Sie war lange Sardiniens »Brotkorb«. Besonders um Cagliari lebt man neben der Landwirtschaft nun auch von der Industrie. Im östlichen Hochland überragen die Ruinen von Su Nuraxi, Sardiniens größter prähistorischer Stätte, die umliegenden Ebenen.

Die Inseln San Pietro und Sant'Antioco sind kulturell und geografisch vom Festland getrennt: In den Städten Calasetta und Carloforte leben die Nachfahren ligurischer Korallenfischer, die in Nordafrika Geiseln muslimischer Piraten waren. Nach ihrer Befreiung bot man ihnen auf den Inseln eine Heimat. Bis heute haben sich ihre Küche, ihr Dialekt und ihre Traditionen kaum verändert.

Schroffes Vulkangestein rahmt die Cala Fico ein

◁ Cagliaris eleganter Boulevard Via Roma *(siehe S. 54)* mit seinen schmucken Häusern des 19. Jahrhunderts

Überblick: Cagliari und Süden

Die Südwestküste ist eine der unberührtesten der Insel mit stillen Buchten und Stränden. Da nur wenige Straßen an der Küste entlangführen, erforscht man sie am besten per Boot oder zu Fuß. Im Landesinneren kontrastiert die wilde Macchia des zerklüfteten Gebietes von Sulcis und Iglesiente mit den Bergbauruinen aus dem 19. Jahrhundert. Cagliari bietet zahlreiche Sehenswürdigkeiten und ein Tierschutzgebiet in der Salztonebene sowie eine gute Verbindung zum antiken Nora.

Mauern (18. Jh.) in Carloforte auf der Insel San Pietro

Sehenswürdigkeiten auf einen Blick

- Antas-Tempel ⑪
- Arbus ⑩
- Baia Chia ㉑
- Buggerru ⑫
- *Cagliari S. 54–59* ❶
- Calasetta ⑰
- Carbonia ⑯
- Costa di Masua ⑭
- Guspini ⑨
- Iglesias ⑬
- Isola di San Pietro ⑮
- Nora ㉒
- Piscinas-Dünen ⑧
- Quartu Sant'Elena ㉓
- Sanluri ❸
- Santadi ⑳
- Sant'Antioco ⑱
- Sardara ❺
- Serri ❹
- *Su Nuraxi S. 64f* ❼
- Tratalias ⑲
- Uta ❷
- Villanovaforru ❻

Legende

- Schnellstraße
- Hauptstraße
- Nebenstraße
- Panoramastraße
- Eisenbahn (Hauptstrecke)
- Eisenbahn (Nebenstrecke)
- △ Gipfel

Weitere Zeichenerklärungen *siehe hintere Umschlagklappe*

CAGLIARI UND SÜDEN

Der Hügel Las Plassas mit Burgruine

Cagliaris Yachthafen für Urlauber in Poetto, am Fuße der Sella del diavolo (Teufelssattel)

IN CAGLIARI UND IM SÜDEN UNTERWEGS

Die staatliche Eisenbahn (Ferrovie dello Stato) verbindet die Städte der Ebene von Campidano über die Linie Cagliari–Oristano. Die Regionalbahn, Ferrovie Complementari della Sardegna, verbindet Cagliari mit Mandas. Busse fahren fast überallhin. Die Straßen sind, von denen in der Campidano-Ebene und den Schnellstraßen *(strade statali)* SS130 und SS131 abgesehen, meist kurvenreich.

SIEHE AUCH

- Übernachten S. 174
- Restaurants S. 184

Kilometer 10

Cagliari ❶

Löwe auf der Kanzel in der Kathedrale

Seine geschützte Lage machte Cagliari schon früh zu einem wichtigen Hafen. Vom 8. bis 6. Jahrhundert v. Chr. nutzten die Phönizier die Ostküste der Santa-Gilla-Lagune als Zwischenstation für Handelsschiffe auf ihrer Route vom Libanon zur Iberischen Halbinsel. Schon bald wurde Karalis (»felsige Stadt«) ein führendes Handelszentrum am Mittelmeer. Sein heutiges Aussehen verdankt Cagliari den Pisanern, die das aragonische Viertel Castello erweiterten. Einheimische, die die Stadt nur am Tag betreten durften, lebten in den ummauerten Dörfern Stampace und Villanova. 1862 wurden diese Festungsanlagen zerstört, seither sind die Dörfer Teil der Stadt. Meer und Marschen flankieren das moderne Cagliari, die Hauptstadt der Region, auf drei Seiten. So hat sie sich nur nach Norden ausgedehnt.

Sala del Consiglio Comunale, Palazzo Comunale

Häuser mit Arkaden (19. Jh.) auf der Via Roma

Überblick: Cagliari

Reist man per Schiff nach Cagliari, ist die Via Roma mit ihren langen Arkaden und den Gebäuden aus dem 19. Jahrhundert das Erste, was man von der Stadt sieht. Am Tag wimmelt es in der Geschäftsstraße und ihren Cafés von Menschen. Hinter der Via Roma liegt das alte Hafenviertel mit engen Straßen und Gassen. In diesem ehemals von Fischern und Kaufleuten bewohnten Gebiet findet man nun traditionelle Trattorien, rustikale Tavernen sowie Spezialitäten-, Antiquitäten- und Kunsthandwerksläden. Nordwestlich der Via Roma verläuft die breite Allee Largo Carlo Felice aus der Mitte des 18. Jahrhunderts mit einer Statue von Carlo Felice, dem Vizekönig Sardiniens *(siehe S. 40f)*.

Stadtwappen von Cagliari

🏛 Palazzo Comunale
Via Roma. ☎ 070-67 71. telef. vereinbaren unter 070-677 72 35/6.
In der Via Roma, Ecke Largo Carlo Felice, steht der neugotische Palazzo Comunale (Rathaus). Er wurde im frühen 20. Jahrhundert erbaut und nach dem Zweiten Weltkrieg restauriert. Seine Fassade zieren Spitzbogenfenster und Türmchen. In der Sala della Rappresentanza hängen Gemälde von Filippo Figari und Giovanni Marghinotti, die Sala del Consiglio Comunale zieren Darstellungen von Schlüsselereignissen der sardischen Geschichte.

🏛 Bastione San Remy
Terrazza Umberto I.
Die im späten 19. Jahrhundert auf den spanischen Schutzwällen gebauten Bastionen erreicht man von der Piazza Costituzione über eine Treppe zur Terrazza Umberto I. (oder über die Porta dei Leoni, wenn die Treppe geschlossen ist). Von dort hat man einen herrlichen Blick über die Küste und die Marschen.

🏛 Römisches Amphitheater
Viale Fra Ignazio. ☎ 070-65 29 56.
🕘 Apr–Okt: Di–So 9.30–13.30 Uhr, 15.30–17.30 Uhr; Nov–März: Di–Sa 9.30–13.30 Uhr, So 10–13 Uhr.
www.anfiteatroromano.it
Im Nordwesten der Stadt steht der bedeutendste Bau aus der Römerzeit. Das Amphitheater aus dem 2. Jahrhundert v. Chr. wurde im Stil griechischer Theater aus dem Fels gehauen. Hier gab es Zirkusveranstaltungen mit wilden Tieren wie auch *naumachiae*, Nachstellungen von Seeschlachten. Durch ein Kanalsystem konnte man die Arena fluten. Ein Großteil des Mauerwerks stürzte im Mittelalter ein, die Steine wurden zum Bau des Castello-Viertels verwendet. Noch zu sehen sind die *cavea*, die Grube, in der man die Tiere hielt, sowie Gänge hinter den Reihen, unterirdische Passagen und einige Zuschauerränge.

Die Ruinen des römischen Amphitheaters (2. Jh. v. Chr.)

Hotels und Restaurants in Cagliari und im Süden *siehe Seiten 174 und 184*

CAGLIARI

Orto Botanico

Viale Fra Ignazio 13. 070-675 35 12. Apr–Okt: tägl. 8–13.30 Uhr, 15–19 Uhr; Nov–März: tägl. 8–13.30 Uhr. (070-675 35 22).

Südlich des Amphitheaters erstreckt sich über ein Gebiet von rund fünf Hektar der 1865 gegründete Botanische Garten mit charakteristischer Flora des Mittelmeerraums und insgesamt über 500 Arten tropischer Pflanzen aus Amerika, Afrika, Asien und der pazifischen Inselwelt.

In vielen kleinen Höhlen wie der Grotta Gennari wird Farn kultiviert, der Wärme und viel Feuchtigkeit braucht. Hier findet man auch Reste römischer Tunnel, durch die Wasser in die Gärten geleitet wurde, eine römische Galerie und mehrere Brunnen.

Kathedrale

Piazza Palazzo. tägl. 8–12 Uhr, 16–19 Uhr.
Museo Capitolare
070-66 38 37.
nach Vereinbarung.

Detail des Weihwasserbeckens

Barocke Marmorpracht im Dom Santa Maria

Cagliaris Kathedrale Santa Maria bauten die Pisaner im 11. und 12. Jahrhundert. Die heutige Fassade, die im Lauf der Zeit, vor allem im 17. Jahrhundert, ständig verändert wurde, ist das Ergebnis einer vollständigen Restaurierung in den 1930er Jahren, um den ursprünglichen romanischen Stil wiederherzustellen. Die vier Löwen am Eingang stammen aus dieser Zeit. Im Inneren findet man viele barocke Verzierungen, aber auch einige Originaldetails. Nahe dem Eingang stehen zwei Kanzeln. Mastro Guglielmo baute sie 1162 für den Dom von Pisa, die toskanische Stadt überließ sie aber Cagliari. Ein Marmorbecken für Weihwasser ist mit einem Engel geschmückt. In der Krypta unter dem Altar befinden sich die Gräber der Fürsten von Savoyen. Zur Gemäldesammlung im Kapitelsaal gehört die Guido Reni zugeschriebene *Geißelung Christi*. Im **Museo Capitolare** (Schatzkammer) sind prächtige Kirchenschätze wie Kelche, Amphoren und ein großes Silberkreuz ausgestellt.

INFOBOX

Straßenkarte C6. 177 000.
Piazza Matteotti 9
(070-66 92 55); Piazza Deffenu 9
(070-60 42 41). Sant'Elia-Viertel (So). Sant'Efisio
(1. Mai).
www.comune.cagliari.it

ZENTRUM VON CAGLIARI

Bastione San Remy ④
Cittadella dei Musei ⑥
Exma ⑧
Kathedrale ⑤
Orto Botanico ②
Palazzo Comunale ⑩
Römisches Amphitheater ①
San Saturnino ⑨
Torre dell'Elefante ⑦
Villa di Tigellio ③

LEGENDE

Detailkarte *siehe S. 56f*

Zeichenerklärung
siehe hintere Umschlagklappe

Im Detail: Castello

Torre dell'Elefante, Detail

Castello, das älteste Viertel Cagliaris, wurde von Pisanern und Aragoniern auf einem Berg erbaut. Seine prächtigen Patrizierhäuser und die Kathedrale schützte eine massive Stadtmauer. Als Cagliaris Funktion als Machtzentrum im Lauf der Zeit schwand, verfielen die eleganten Gebäude. Das Zentrum des Viertels bildet die Piazza Palazzo mit dem Palazzo Arcivescoville (Palast des Erzbischofs) und dem Dom. Den Eingang der alten Zitadelle dominieren imposante Wachtürme. Teile der Festungsanlage wurden in einen Museumskomplex und eine Promenade verwandelt.

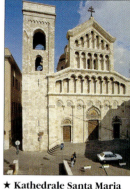

★ **Kathedrale Santa Maria**
Die oft umgebaute Kathedrale vereint pisanische, aragonische und barocke Elemente. Das mit mehrfarbigem Marmor ausgestattete Innere zieren schöne Skulpturen (siehe S. 55).

★ **Cittadella dei Musei**
Dieser moderne Komplex, ehemals Waffenlager der Savoyer, beherbergt die wichtigsten Museen der Stadt (siehe S. 58).

Palazzo Arcivescovile

Torre di San Pancrazio
Das Nordtor des Castello-Viertels wurde 1305 von Giovanni Capula gebaut. Es ist an drei Seiten mit Kalkstein verziert, während die Innenseite den Blick auf die Treppen und die Holzbalustraden freigibt.

Via La Marmora
Zahlreiche Kunsthandwerks- und Antiquitätenläden säumen die Via La Marmora.

Hotels und Restaurants in Cagliari und im Süden *siehe Seiten 174 und 184*

★ Bastione San Remy
Anfang des 20. Jahrhunderts entstand auf den spanischen Festungsmauern die Bastione San Remy. Von dort hat man einen fantastischen Ausblick.

Porta dei Leoni
Das Tor zum unteren Hafenviertel verdankt seinen Namen zwei romanischen Köpfen von Löwen (leoni) über dem Torbogen.

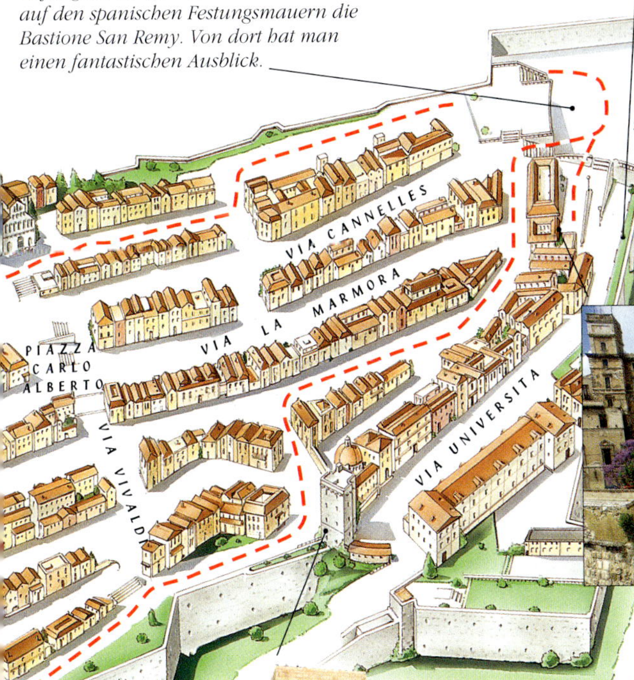

Palazzo Boyl
Der Palazzo bei der Bastione San Remy wurde 1840 erbaut. Er umfasst die Überreste der Torre dell'Aquila (Adlerturm), eines der großen pisanischen Türme über den Eingangstoren der Altstadt.

Torre dell'Elefante
Der »Elefantenturm« wurde 1307 von Cagliaris Architekt Giovanni Capula gebaut. Der Toröffnungsmechanismus sowie die Elefantenfigur an der Fassade, dem der Turm seinen Namen verdankt, sind noch heute zu sehen.

LEGENDE
- - - Routenempfehlung

0 Meter 50

NICHT VERSÄUMEN

★ Bastione San Remy

★ Cittadella dei Musei

★ Kathedrale Santa Maria

Cittadella dei Musei, der moderne Komplex im Castello-Viertel

Cittadella dei Musei
Piazza Arsenale.
Zum modernen Museumskomplex im Norden des Castello-Viertels, früher das königliche Waffenlager auf dem Gelände der spanischen Zitadelle, gehören das Museo Archeologico Nazionale, Museo Civico d'Arte Orientale Stefano Cardu und die Pinacoteca Nazionale.

⌂ Museo Archeologico Nazionale
Cittadella dei Musei, Piazza Arsenale. ☏ 070-65 59 11. ☐ Di–So 9–19 Uhr.
Das Nationalmuseum zur sardischen Geschichte präsentiert die Artefakte im Erdgeschoss chronologisch von der Jungsteinzeit bis zum Mittelalter. Auf den übrigen Stockwerken sind die Objekte nach Fundstätten geordnet. Im neolithischen Saal stehen schöne Alabasterstatuen weiblicher Gottheiten, darunter eine kreuzförmige aus Senorbi. Aus der späten Bronzezeit stammen Schlachtäxte. Außergewöhnlich sind die nuraghischen Bronzefigurinen *(siehe S. 32f)* aus dem Tempio di Teti in Abini. Zur Sammlung gehören auch mit Köpfen von Hirschen, Stammeshäuptlingen oder Kriegern verzierte Votivschwerter. Im dritten Saal steht die Statuette eines Musikers mit der typisch sardischen Flöte *launeddas (siehe S. 90).*

Von der Herrschaft der Phönizier und Römer zeugen Objekte, die vor allem bei Cagliari, Tharros und Nora gefunden wurden: Amulette und Schmuck, kleine bunte Glasköpfe und Terrakotta-Votivstatuetten. Besonders schön sind ein Goldarmband und Goldohrringe aus Tharros.

Frühchristliche Objekte wie Krüge, Lampen und Goldschmuck bieten Einblick in die mittelalterliche Kultur der Insel und zeigen den Einfluss byzantinischer, vandalischer und maurischer Invasoren.

⌂ Museo Civico d'Arte Orientale Stefano Cardu
Cittadella dei Musei. ☏ 070-65 16 88. ☐ Di–So 9–19.30 Uhr.
Das Museum zeigt einen Großteil der 1300 Objekte, die der Sarde Stefano Cardu, der am Hof des Königs von Siam diente, der Stadt 1917 schenkte. Die Gold- und Silberarbeiten, Elfenbeinstatuen und Vasen stammen meist aus dem 11. Jahrhundert.

⌂ Pinacoteca Nazionale
Cittadella dei Musei. ☏ 070-67 40 54. ☐ Di–So 9–20 Uhr. Eintrittskarten im Museo Archeologico.
Der Eingang zur dreistöckigen Pinacoteca befindet sich auf der oberen Etage. Dort hängen Gemälde des 15. und 16. Jahrhunderts, darunter katalanische und sardische Altarbilder wie die *Verkündigung* von Juan Mates (1391–1431), *Sant'Eligio* des Maestro di Sanluri (frühes 16. Jh.) und Michele Cavaros *Nostra Signora della Neve* (1568).

Die mittlere Etage beherbergt eine Gemäldesammlung aus dem 17. und 18. Jahrhundert. Dort sieht man die alten Mauern der spanischen Festung (1552–63), auf denen das Museum errichtet wurde. Im Erdgeschoss hängt das restaurierte *Retablo di San Cristoforo* eines anonymen manieristischen Malers, das aus der 1871 von einem Blitz getroffenen Kirche San Francesco di Stampace gerettet wurde.

⌂ Galleria Comunale d'Arte
Giardini Pubblici, Viale Regina Elena. ☏ 070-49 07 27. ☐ Mo, Mi–So 9–13 Uhr, 17–19 Uhr (Okt–Apr: 15.30–19.30 Uhr).
Die städtische Kunstgalerie zeigt wichtige Arbeiten sardischer Künstler vom späten 19. Jahrhundert bis in die 1970er Jahre. Im Erdgeschoss sind Werke von Francesco Ciusa zu sehen, in der ersten Etage zeitgenössische Kunst.

⌂ Necropoli Tuvixeddu
Via Falzarego. ☐ März–Sep: 8 Uhr bis Sonnenuntergang.
Die unzähligen unterirdischen Grabkammern der punischen Nekropole westlich des Botanischen Gartens sind von Brombeeren überwuchert. Doch die Gräber mit ihren Wandmalereien lohnen einen Besuch, vor allem die *Tomba del Guerriero* (Kriegergrab) und die *Tomba dell'Ureo*.

⌂ Grotta della Vipera
Viale Sant'Avendrace. ☏ 070-411 08. ☐ Di–So 9–17 Uhr.
Zur Nekropole gehört das Grab von Atilia Pomptilla, Gattin des Cassius Philippus, die im 1. Jahrhundert hierher verbannt wurde. Schlangen

Marmorsarkophag (4. Jh. n. Chr.) aus dem archäologischen Museum

Die frühchristliche Kirche San Saturnino ist dem Schutzheiligen von Cagliari geweiht

zieren die Fassade der Höhle, lateinische und griechische Inschriften die Wände.

Unterirdisches Cagliari

Viale Fra Ignazio. 070-66 30 52. für die Öffentlichkeit.
Nordöstlich des Zentrums finden sich im Gebiet unterhalb des römischen Amphitheaters, des Krankenhauses und des Botanischen Gartens von den Phöniziern aus dem Fels gehauene unterirdische Gänge und Kammern. Die spektakulärste wurde nach König Vittorio Emanuele II. benannt. Von der Casa di Riposo in der Viale Fra Ignazio steigt man über eine alte Treppe hinab in diesen unheimlichen Raum. Die Wände mit einer Fläche von rund 2500 Quadratmetern sind zum Schutz vor Feuchtigkeit mit Verblendungen versehen.

Villa di Tigellio

Via Tigellio. für die Öffentlichkeit.
Südöstlich des Botanischen Gartens liegt die Villa di Tigellio, drei Römervillen und Bäder aus der Kaiserzeit. Das erste Haus besitzt einen Empfangsraum (tablinum), der ins Atrium hinausführt.

Exma

Via San Lucifero 71. 070-66 63 99 Di-So 10-13 Uhr, 17-22 Uhr (Okt-Apr: 9-13 Uhr, 16-20 Uhr). Mo.
Der ehemalige städtische Schlachthof im Osten des Castello-Viertels wurde Mitte des 19. Jahrhunderts erbaut und 1964 geschlossen. Das dunkelrote, mit steinernen Kuhköpfen verzierte Gebäude dient heute als Kunstzentrum der Stadt.

Hier finden regelmäßig Wechselausstellungen von Fotos, Gemälden und Skulpturen sowie Kurse für Kinder und Erwachsene statt. Im Sommer werden klassische Konzerte im Hof, im Winter im Auditorium veranstaltet.

San Saturnino

Piazza San Cosimo. 070-201 01. Di-Sa 9-13 Uhr. Feiertage.
Die Kirche San Saturnino östlich des Exma-Gebäudes wird auch Santi Cosma e Damiano genannt. Das schlichte Gotteshaus, das nach 18-jähriger Restaurierung jetzt erstmals wieder geöffnet ist, gehört zu den ältesten christlichen Bauwerken der Insel. Mit dem Bau begann man im 5. Jahrhundert zum Gedenken an den Märtyrertod von Saturno, dem Schutzheiligen der Stadt.

Im Mittelalter stiegen San Saturnino und das angrenzende Kloster zum wichtigen religiösen und kulturellen Zentrum auf. San Saturnino, deren Grundriss die Form eines griechischen Kreuzes hatte, wurde im 11. Jahrhundert von Mönchen aus Marseille durch drei Seitenschiffe mit Tonnengewölben erweitert. Im Inneren zeigt eine Votivtafel aus Marmor das ursprüngliche Aussehen der Kirche. Zum Schutz vor weiterem Schaden und Verfall durch Feuchtigkeit wurden Glasfenster in den Kalktuff gesetzt, die die Kirche modern wirken lassen. Doch ein Besuch lohnt sich auch heute.

Kuhkopf am Exma-Gebäude

Die phönizische unterirdische Kammer »Vittorio Emanuele II«

Marschen und Salzebenen

Der Scheibenzüngler lebt in den Marschen

Rund um die Außengebiete von Cagliari erstreckt sich entlang dem Westufer der Bucht ein Netz von Marschen und Seen. Die riesige Lagune des Stagno di Santa Gilla erreicht gemeinsam mit der alten Macchiareddu-Salztonebene eine beeindruckende Ausdehnung von 4000 Hektar. Die Salinen sind als einzige in diesem Gebiet noch in Betrieb. Nach jahrelanger Vernachlässigung wurde nun das Marschland um Cagliari zum Schutzgebiet erklärt. Seither gibt es wieder eine artenreiche und vielfältige Fauna. Der Stagno di Molentargius östlich der Stadt ist ein beliebter Zwischenstopp für Zugvögel. Mindestens 170 Arten – das ist ein Drittel der gesamten Vogelpopulation Europas – wurden hier gesichtet. Zwischen August und März locken die Flamingos zahlreiche Naturliebhaber an. Seit 1933 nisten die farbenprächtigen Vögel erneut an der Rändern der Molentargius-Marsch.

Naturparadies
Im Herbst wimmelt es in den Marschen von Zugvögeln, die viele Vogelbeobachter anlocken.

Salinen
Von den vielen Salinen rund um Cagliari sind nur noch die im Industriegebiet von Macchiareddu in Betrieb.

Macchiareddu-Salztonebene

Fischerhafen von Giorgino

GOLFO CAGLIA

Stagno di Santa Gilla

INFOBOX

Straßenkarte C6. *P von der Via Roma nach Poetto; 8 nach Santa Gilla.* Piazza Matteotti (070-66 92 55). *Beste Zeit zur Vogelbeobachtung: Aug – März.*

Nistplätze
In jüngster Zeit nisten wieder Flamingos in den Marschen.

Hotels und Restaurants in Cagliari und im Süden *siehe Seiten 174 und 184*

Tierwelt der Marschen und Salzebenen

Viele Zugvögel und einheimische Vogelarten bevölkern die Marschen um Cagliari. Sie ernähren sich von kleinen Tieren wie der Salzwassergarnele *(Artemia salina)*, die hier gedeiht. Neben der großen Flamingopopulation, die manchmal 10 000 Tiere überschreitet, sieht man viele andere Wasservogelarten wie Stelzenläufer, Säbelschnäbler, Kormorane und Krickenten. In den Gewässern der Macchiareddu-Salztonebene leben Stockenten und Blesshühner, die friedlich zwischen Inselchen und Flussarmen Nahrung suchen.

Flamingo · Stelzenläufer · Säbelschnäbler

Kormoran · Krickente · Rohrkolben

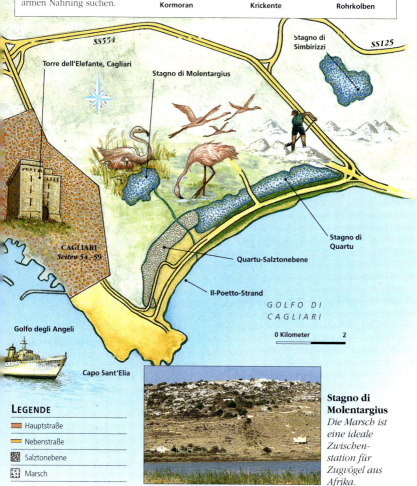

Stagno di Molentargius
Die Marsch ist eine ideale Zwischenstation für Zugvögel aus Afrika.

Legende
- Hauptstraße
- Nebenstraße
- Salztonebene
- Marsch

Romanische Kirche Santa Maria in Uta

Uta ❷

Straßenkarte C6. 🚶 *7000.* 🚌 🚂
ℹ️ *Via Umberto I (070-96 66 02 01).*
🎉 *Santa Lucia (26.–31. Aug).*

Die Bauernstadt Uta liegt am Rande der Campidano-Ebene, einem fruchtbaren Korridor, der sich von Cagliari aus nördlich nach Oristano erstreckt. Am Stadtrand steht die 1140 von französischen Mönchen aus Marseille erbaute, schlichte Kirche **Santa Maria**. Ihre Fassade aus hellem Stein mit Blöcken in einer dunkleren Schattierung zieren Blendbogen und ein kleiner Glockengiebel. Menschen-, Hirsch- und Kalbsköpfe sowie geometrische Muster schmücken die Bogen.

Umgebung: Das Dorf **San Sperate**, acht Kilometer nordöstlich von Uta, ist ein lebendes Museum mit Gemälden und Skulpturen des hiesigen Künstlers Pinuccio Sciola.

🏛️ **Santa Maria**
Via Santa Maria. 📞 *070-96 81 57.*
⏰ *nur nach Vereinbarung.*

Sanluri ❸

Straßenkarte C5. 🚶 *9000.* 🚌 🚂
ℹ️ *Piazza Mazzini 74 (070-937 05 05).* 🎉 *San Lorenzo (10. Aug).*
www.prolocosanluri.it

Sanluri, eine wichtige Stadt in der Campidano-Ebene, entstand im 14. Jahrhundert rund um die Burg von Eleonora von Arborea *(siehe S. 36)*. Aragonier nahmen die Festung 1709 ein. Die massive quadratische Anlage ist mit einem kunstvollen schmiedeeisernen Tor und Türmen an allen vier Ecken versehen.

Heute beherbergt sie das **Museo Risorgimentale Duca d'Aosta** mit historischen Objekten wie einem Bett aus dem 16. Jahrhundert. In der Eingangshalle steht eine Skulptur des hl. Michael. Im oberen Stockwerk zeigt das **Museo della Ceroplastiche** 343 Wachsexponate aus den Jahren 1500 bis 1800.

Das **Museo Storico Etnografico** im restaurierten, noch heute betriebenen Convento dei Cappuccini, einem Kapuzinerkloster aus dem 16. Jahrhundert auf einem Hügel über der Stadt, präsentiert Werkzeuge und archäologische Funde.

Wachsstatue in Sanluris Museo della Ceroplastiche

🏛️ **Museo Risorgimentale Duca d'Aosta**
Castello di Eleonora d'Arborea.
📞 *070-930 71 05.* ⏰ *So 9.45–13 Uhr, 15–19 Uhr; Ostermontag, 25. Apr, 1. Mai, 1. Juli–20. Sep: Di, Mi, Fr 16.30–21 Uhr, So 9.45–13 Uhr.*

🏛️ **Museo Storico Etnografico**
Via San Rocco 6. 📞 *070-930 71 07.*
⏰ *tägl. 8–12 Uhr, 15–19 Uhr.*

Serri ❹

Straßenkarte C4. 🚶 *810.* 🚌 🚂
ℹ️ *Via Municipio 1 (0782-80 50 09); Pro Loco, Via Roma 36 (0782-80 61 93).* 🎉 *Santa Lucia (3. So im Sep).*

Das Zentrum der Schafzucht liegt am Rande eines großen Felsplateaus der Trexenta-Berge. Direkt am Felsvorsprung befindet sich der **Santuario Nuragico di Santa Vittoria**, eine der faszinierendsten Nuragher-Stätten Sardiniens. In den Ruinen fand man Bronze-Votivstatuetten, die nun im Museo Archeologico Nazionale in Cagliari *(siehe S. 58)* stehen. Hier betete man am heiligen Brunnen zum Gott des Wassers. Der gut erhaltene Tempelbrunnen ist über 13 erstaunlich gleich große Basaltstufen erreichbar. Nach einem kurzen Marsch erreicht man den *Recinto delle Feste* (Fest-Bereich). Der elliptische Bau hat einen von den Räumen der Pilger umgebenen Säulenhof. Vielleicht handelt es sich hier um einen Vorläufer der ländlichen Heiligtümer *(cumbessias* oder *muristeni)*, die man heute in vielen sardischen Landkirchen findet.

🏛️ **Santuario Nuragico di Santa Vittoria**
7 km nordwestl. 📞 *0782-80 51 42/43.* ⏰ *nur nach Vereinbarung.*

Moderne Wandmalerei im Dorf San Sperate

Hotels und Restaurants in Cagliari und im Süden siehe Seiten 174 und 184

CAGLIARI UND SÜDEN

Pfarrkirche Beata Vergine Assunta (16. Jh.) in Sardara

Sardara ❺

Straßenkarte C5. 🚶 5000. 🚌
ℹ️ *Rathaus (079-93 45 02).*
🎉 *Santa Maria is Acquas (22. Sep).*

Sardara liegt am Rand der Campidano-Ebene zwischen den mittelalterlichen Fürstentümern Arborea und Cagliari *(siehe S. 36f)*. Aus dieser Zeit stammen gut erhaltene Steinhäuser mit großen gewölbten Eingängen rund um **San Gregorio**. Die romanische Kirche wurde im 6. Jahrhundert begonnen. Ihre hohe, schmale Fassade zeugt jedoch vom Einfluss gotischer Architektur. Am Westrand der Stadt steht die Pfarrkirche **Beata Vergine Assunta** aus dem 16. Jahrhundert mit interessanten Säulen und Bogen sowie einem mit Sternen gemusterten Gewölbe.

Nahe der Kirche befinden sich die Überreste eines nuraghischen Brunnentempels. Diese überkuppelte, unterirdische Kammer aus dem 9./10. Jahrhundert v. Chr. hat Basalt- und Kalksteinwände. Zu diesem auch als *Funtana de is Dolus* (Brunnen des Schmerzes) bekannten Tempel kamen die Gläubigen wegen des heilenden Quellwassers. Die Quelle des Tempelwassers war ein alter unterirdischer Brunnen, und ein Kanal leitete das Wasser zum Tempel. Dort gefundene verzierte Votivobjekte aus Ton befinden sich nun im Museo Archeologico Nazionale in Cagliari *(siehe S. 58)*.

Sardara ist auch für Teppichweberei und Wandteppiche aus Wolle oder Baumwolle mit den typischen farbenfrohen Motiven aus Flora und Fauna bekannt.

Umgebung: Die Ruinen der mittelalterlichen Festung **Castello di Monreale** des Fürstentums Arborea thronen auf einem Hügel südwestlich der Stadt. Etwas weiter westlich stehen die Ruinen der **Aquae Neapolitanae**, römischer Bäder, und in der Nähe die gotische Kirche **Santa Maria is Acquas**, in der im September ein Festival stattfindet.

Villanovaforru ❻

Straßenkarte C5. 🚶 730. 🚌
ℹ️ *Piazza Costituzione (070-93 45 11).*
🎉 *Santa Marina (15. Juli).*
www.comune.villanovaforru.ca.it

Das kleine Bauerndorf, eine spanische Gründung des 17. Jahrhunderts, hat viel von seinem ursprünglichen Aussehen bewahrt. Viele Häuser besitzen noch Original-Zierelemente. Im Gebäude Monte Granatico (früher ein Getreidelager) am Hauptplatz zeigt das kleine **Museo Archeologico** Funde aus dem nahen Nuragher-Dorf Genna Maria, unter anderem in Erdgeschoss Gegenstände aus Bronze, Eisen und Keramik (9. Jh. v. Chr.). Im ersten Stock sind Demeter und Persephone geweihte Votivobjekte aus der Römerzeit zu sehen.

Umgebung: An der Straße nach Collinas liegt einen Kilometer westlich der Stadt auf einem Hügel das Nuragher-Dorf **Genna Maria**. Die typische Nuraghe *(siehe S. 24f)* wurde 1977 entdeckt, die Ausgrabungen dauern noch heute an. Dicke Mauern mit drei Türmen bilden ein Dreieck, das einen Turm und einen Hof mit Brunnen umschließt. Eine weitere Mauer mit sechs Ecktürmen umgibt den gesamten Dorfbereich.

🏛️ **Museo Archeologico**
Piazza Costituzione.
📞 070-930 00 50. 🕒 Di–So 9.30–13 Uhr, 15.30–18 Uhr (Apr–Sep: bis 19 Uhr).

🏛️ **Genna Maria**
1 km westl. 📞 070-930 00 48/50.
🕒 Di–So 9.30–13 Uhr, 15.30–19 Uhr (Okt–März: 18 Uhr).
nur nach Vereinbarung.

SARDISCHER SAFRAN

Safranfäden

Der in ganz Europa geschätzte sardische Safran wird rund um San Gavino in der Ebene von Campidano produziert. Safran wird aus den dunkelroten, getrockneten Stempelfäden des violett blühenden *Crocus sativus* gewonnen, der im Herbst die brachliegenden Felder überzieht. Die Stempelfäden müssen an dem Tag, an dem die Blüten aufblühen, gesammelt werden. Safran war früher so wertvoll wie Gold, diente als Farbstoff für Stoffe, Teppiche und Süßigkeiten sowie als Gewürz. Mit seinem unverwechselbaren Aroma ist er nach wie vor in vielen Küchen beliebt *(siehe S. 180f)*.

Krokusblüten

Su Nuraxi ❼

Ausgrabungen östlich von Barumini brachten diese größte nuraghische Festung Sardiniens ans Licht. Die ursprüngliche Siedlung stammt aus der Mittleren Bronzezeit (1500 v. Chr.). Die 19 Meter hohe Anlage auf einem Hügel überragt die umliegenden Ebenen. Im 7. Jahrhundert v. Chr. wurde der Hauptteil der Festung, ein mit vier externen Nuraghen verbundener Turm, aus Angst vor einer karthagischen Invasion durch eine dicke Außenmauer mit Türmen und einem Wehrgang für die Wache verstärkt. Das Dorf entwickelte sich nach und nach außerhalb der Hauptfestungsanlage mit Ein- und Mehrraum-Behausungen, einer Kornmühle und einer Bäckerei. Das Gebiet war nahezu 2000 Jahre lang bewohnt, obwohl die oberen Teile der Anlage nach der Eroberung durch die Karthager zerstört wurden und die Stätte so ihre strategische Bedeutung verlor.

Einzelzimmer
Die ältesten Wohnbereiche waren rund und hatten nur einen Raum.

Verteidigungsanlage
Um sich vor den karthagischen Invasoren zu schützen, bauten die Nuragher ein äußeres Bollwerk. Es bestand aus sieben Türmen, verbunden durch eine Mauer mit einem Wehrgang für die Wachen.

Die runde Versammlungshalle wurde vor der Außenmauer gebaut. Die Ältesten saßen an der Innenwand auf einer Steinbank. Hier gefundene Objekte sind nun im Archäologischen Museum in Cagliari ausgestellt *(siehe S. 58).*

Mehrraum-Behausungen
Diese Wohnbereiche bestanden aus sieben oder acht quadratischen oder trapezförmigen Räumen, die zu einem Hof oder einer Vorhalle, oft mit einem Brunnen, führten.

Hotels und Restaurants in Cagliari und im Süden *siehe Seiten 174 und 184*

SU NURAXI

Nordöstlicher Turm
Die äußeren Ecktürme der Anlage waren mit einer Doppelreihe strahlenförmig angeordneter Spalten versehen, durch die Licht dringen konnte.

INFOBOX

Straßenkarte C4. 1 km östl. Barumini. 🚍 nach Barumini, dann 1 km zu Fuß.
📞 070-936 81 28. ⏰ tägl. 9–19.30 Uhr (im Winter bis 16 Uhr)
Museum ⏰ tägl. 10–13 Uhr, 15–20.30 Uhr (im Winter bis 17 Uhr). 📷 🎫 ♿

Bautechniken
Zum Bau der Nuraghen wurden riesige Steinblöcke ohne Mörtel zusammengefügt. Häufig verstärkte eine zusätzliche Steinmauer die Turminnenmauer.

Der äußere Wall kam im 7. Jahrhundert v. Chr. hinzu.

Der »Bergfried« oder Zentralbereich war der höchstgelegene Teil und das Zentrum militärischer Operationen.

Die vier Haupttürme waren durch einen zentralen Hof verbunden.

ang für die Wachen

Dorf
Die Behausungen wurden zwischen dem 8. und 6. Jahrhundert v. Chr. außerhalb der Mauern gebaut – rund 200 Rundhäuser mit Dächern aus Holzbalken und Ästen.

Piscinas-Dünen ❽

Die Sandhügel von Piscinas und Is Arenas (auf Sardisch »der Sand«) sind bis zu 50 Meter hohe Wanderdünen an der Mündung des Flusses Piscinas. Die durch den Mistral, den kalten Nordwind aus Frankreich, verursachte Erosion verändert die Landschaft ständig, und fest verwurzelte Pionierpflanzen breiten sich auf dem Sand aus. Die robusten Wurzeln des Strandhafers (Ammophila arenaria) stabilisieren die Sandhänge, die dann von anderen salzresistenten Pflanzen wie Wacholder und Zaunwicke überwuchert werden. Diese einzigartige ökologische Nische ist auch Lebensraum vieler Tiere: Spuren von Füchsen, Wildkatzen, Rebhühnern und Kaninchen sind hier keine Seltenheit. Noch zu sehen sind auch die Ruinen der Minen aus dem 19. Jahrhundert, einst wichtigster Wirtschaftsfaktor der Sulcis.

Strand von Piscinas
Der Sandstrand am Piscinas ist neun Kilometer lang. Da er im Winter heftigem Mistral ausgesetzt ist, verändert er ständig seine Form.

Seeschildkröten
Piscinas' isolierte Lage macht es zu einem idealen Eiablageplatz für Unechte Karettschildkröten.

Das sardische Rebhuhn bevorzugt sonnige Lebensräume. Es wurde von den Römern aus Nordafrika eingeführt.

Hotel Le Dune
Das Hotel mit Blick aufs Meer war früher ein Bergwerksgebäude (siehe S. 174).

Der vom Wind geformte Sand bildet eine sich ständig ändernde Landschaft.

Die schlanke, zarte Stolzlilie überlebt und blüht sogar unter kargen Bedingungen.

Spuren wild lebender Tiere im Sand sind keine Seltenhe[it]

Hotels und Restaurants in Cagliari und im Süden *siehe Seiten 174 und 184*

INFOBOX

Straßenkarte B6.
🚌 nach Arbus, dann mit privatem Pkw auf holprigen Straßen via Ingurtosu.
Beste Besuchszeit: Frühling und Herbst.

Bergbaubahn
Ein Teil der Schmalspurbahn des 19. Jahrhunderts, die zum Transport von Material von den Minen zum Hafen diente, wurde in Strandnähe wiedereröffnet.

Strandhafer
Diese stark verwurzelte mehrjährige Pflanze, Ammophila arenaria, *gedeiht in sandigen Gebieten.*

Wildkaninchen kann man häufig in den Dünen entdecken. Auch Füchse und Eidechsen trifft man hier des Öfteren.

Sanddünen
Dichte Macchia bedeckt einzelne Dünenbereiche.

San Nicola di Mira in Guspini

Guspini ❾

Straßenkarte B5. 👥 14 000. 🚌
ℹ️ *Rathaus, Via Don Minzoni 10 (070-976 01).* 🎉 *Santa Maria (15.–31. Aug).*
www.comune.guspini.ca.it

Guspini liegt inmitten von Olivenhainen in der fruchtbaren Campidano-Ebene vor der Kulisse des Monte Arcuentu. Am Hauptplatz ist die Kirche **San Nicola di Mira** (16. Jh.) mit der prächtigen Fensterrose das Zentrum des regionalen Lebens. Eine Prozession und ein Pferderennen finden am Festtag der heiligen Maria statt.

Die **Montevecchio-Mine**, acht Kilometer westlich, war bis in die 1950er Jahre eine der größten Europas. Obwohl sie verlassen ist, lohnt sich ein Besuch: Arbeiterhäuser, Kirche, Schule und Krankenhaus können besichtigt werden. Führungen stellen die Mine und das Verwaltungsgebäude vor, eine Ausstellung illustriert das Leben der Bergarbeiter.

Fensterrose in San Nicola di Mira

🏭 Montevecchio-Mine
8 km westlich von Guspini. 📞 335 531 41 98. 🗓 Ostern–Okt.
Touren alle 30 Minuten, Ausgangspunkt: Piazzetta di Montevecchio.

Arbus ❿

Straßenkarte B5. 👥 8000. 🚌 ℹ️
Rathaus, Via XX Settembre (070-975 94 44). 🎉 *Sant'Antonio (13. Juni); Santo Lussorio Palio (Pferderennen), 21. Aug).* www.arbus.it

Granithäuser prägen das Dorf an den Hängen des Monte Linas. In Arbus werden die berühmten *arrasoias*, traditionelle Messer mit gebogener Klinge, gefertigt.

Folgt man der SS126 sieben Kilometer gen Südwesten und dann einer kurvigen Bergstraße nach Westen, gelangt man zu dem von dem französischen Unternehmen Pertusola erbaute Bergarbeiterdorf **Ingurtosu**. Das Bürogebäude, die Kirche und die einst von 1000 Bergarbeitern bewohnten Häuser sind heute verlassen. Den Kiefernwald rund um die verfallenen Häuser pflanzten die Arbeiter.

Zwischen den alten Minen, verlassenen Gebäuden und ehemaligen Abraumhalden führt eine Schotterstraße nach Naracauli mit den Ruinen eines moderneren Minenkomplexes, der kurz nach dem Ersten Weltkrieg entstand. Früher brachte ein Zug das gewonnene Blei und Zink zum Meer, wo es verschifft wurde. Abschnitte der Schmalspurbahn sind am Strand von Piscinas zu sehen.

Vom Dünenstrand Piscinas erstreckt sich die mit Macchia bedeckte Costa Verde Richtung Norden. Die ruhige, malerische Panoramastraße an der Küste führt bis zum Urlaubsort Marina di Arbus mit seinen bequem erreichbaren Sandstränden.

Sehenswertes Stück Zeitgeschichte: Montevecchio-Mine

Antas-Tempel ⓫

Straßenkarte B5. 🚌 nach Fluminimaggiore (0781-58 09 90).

Der antike Antas-Tempel wurde erst 1966 entdeckt. Er war vermutlich eine Kultstätte der Nuragher. Im 4. Jahrhundert v. Chr. übernahmen die Karthager diesen Tempel und weihten ihn der Gottheit Sid Addir Babài. Ein Jahrhundert später fügten sie ein Atrium und eine Hauptkammer hinzu. Ägyptisches und ionisches Dekor schmückte den Tempel.

Im 3. Jahrhundert v. Chr. bauten die Römer den Tempel um. Sie verwendeten Teile des Materials wie die ionischen Kapitelle der Säulen und weihten ihn dem Sardus Pater (eine Anspielung auf den karthagischen Namen), dem Gott und »Schöpfer« Sardiniens. Obwohl nur noch sechs Säulen existieren, lohnt sich ein Besuch.

Umgebung: Neun Kilometer nördlich liegt das im 18. Jahrhundert gegründete Dorf **Fluminimaggiore** im fruchtbaren Mannu-Tal. Fährt man dann weitere neun Kilometer westlich in Richtung Meer, gelangt man zu dem von ausladenden Sanddünen geschützten **Portixeddu-Strand**. Die Landspitze des Capo Pecora bietet einen herrlichen Blick auf das azurblaue Meer und die Küste.

Die alte Bergarbeitergemeinde Buggerru, nun ein Ferienort

Buggerru ⓬

Straßenkarte B5. 👥 1500. 🚌 0781-540 23/93.

Buggerru liegt in einem zum Meer hin offenen Tal. Der im 18. Jahrhundert in einem erzreichen Gebiet gegründete Ort wurde schnell zu einer blühenden Bergarbeiterstadt mit regem kulturellem Leben. Hier befand sich der Sitz der französischen *Société Anonyme des Mines de Malfidano*. Die Minen sind nun geschlossen, die Stadt umgeben Schlackeberge. Im unteren Teil ist eine Skulptur von Pinuccio Sciola (siehe S. 62) den Bergarbeitern gewidmet, die bei der blutigen Niederschlagung des Streiks von 1904 ums Leben kamen.

Heute bietet Buggerru den einzigen Hafen für Vergnügungsboote zwischen Carloforte und Oristano. Die Docks, in denen früher Frachtschiffe mit Erz beladen wurden, dienen nun als Hafen für Besucher der Westküste mit ihren geschützten Sandstränden. Im Süden liegt die abgeschiedene **Cala Domestica**, eine felsige, von einem spanischen Wachturm überragte Bucht.

Iglesias ⓭

Straßenkarte B5. 👥 30 000. 🚌 🚆 0781-417 95. 🎭 Osterwoche. **www.comune.iglesias.ca.it**

Graf Ugolino della Gherardesca (erwähnt in Dantes *Inferno*, XXXIII. Gesang) gründete im 13. Jahrhundert Iglesias oder Villa Ecclesiae. 1275 eroberten die Pisaner das Gebiet und öffneten die von Römern geschlossenen Silberminen wieder. Die Stadt erhielt das Recht, ihre eigenen

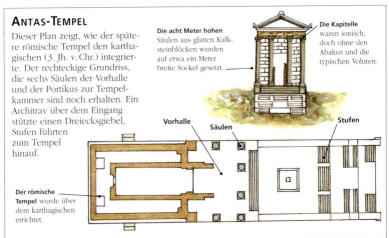

ANTAS-TEMPEL

Dieser Plan zeigt, wie der spätere römische Tempel den karthagischen (3. Jh. v. Chr.) integrierte. Der rechteckige Grundriss, die sechs Säulen der Vorhalle und der Portikus zur Tempelkammer sind noch erhalten. Ein Architrav über dem Eingang stützte den Dreiecksgiebel, Stufen führten zum Tempel hinauf.

Die acht Meter hohen Säulen aus glatten Kalksteinblöcken wurden auf etwa ein Meter breite Sockel gesetzt.

Die Kapitelle waren ionisch, doch ohne den Abakus und die typischen Voluten.

Vorhalle **Säulen** **Stufen**

Der römische Tempel wurde über dem karthagischen errichtet.

Hotels und Restaurants in Cagliari und im Süden *siehe Seiten 174 und 184*

Prozession während der Osterwoche in Iglesias

Minen des Sulcis

Die Geschichte der Minen Sardiniens ist untrennbar mit der wirtschaftlichen Entwicklung der Insel verbunden. Besonders in der südwestlichen Region Sulcis bergen alte Felsformationen viel Silber, Kupfer, Blei, Eisen und Zink. Schon die Nuragher konnten Metall verarbeiten. Es gibt Hinweise auf phönizische und römische Minen. Während des kurzen Industrialisierungsbooms im 19. Jahrhundert ragten die Minen wie Zitadellen aus einer vorrangig von der Landwirtschaft bestimmten Region empor. Heute ist der Traum vom Reichtum durch den Bergbau ausgeträumt. Geblieben ist ein reiches Erbe an Bergbauarchitektur und -kultur.

Eingang zu einer verlassenen Mine

Das Gebiet um Iglesias ist Sardiniens Herzstück des Bergbaus, der hier tiefe Narben hinterließ. Die Industrieanlagen, Minenschächte und Arbeiterwohnungen in Monteponi sehen aus, als seien sie erst kürzlich verlassen worden. In Masua gibt es noch Tunnel und Gleise. Der Ausgang der Malfidano-Mine in Buggerru, die acht Jahrhunderte ausgebeutet wurde, öffnet sich zum Meer hin.

Münzen zu prägen. Mitte des 19. Jahrhunderts wurde Iglesias zu einem wichtigen, florierenden Bergbauzentrum.

Heute bilden die Ruinen der meist verlassenen Gebäude einen harten Kontrast zu dem gut erhaltenen historischen Zentrum. Die vornehme Einkaufsstraße Corso Matteotti führt zur Piazza del Municipio und dem 1785 erbauten Palazzo Vescovile (Bischofspalast). An der Westseite steht der Palazzo del Comune (Rathaus, 19. Jh.), gegenüber dem Dom **Santa Chiara**. Die Fassade des im 17. Jahrhundert fertiggestellten Doms stammt bereits von 1288.

Die engen Straßen um den Dom werden von zweistöckigen Häusern mit schmiedeeisernen Balkonen gesäumt. Die Kirche **San Francesco** an der Via Don Minzoni entstand zwischen dem 14. und 16. Jahrhundert. Ihre Seitenkapellen sind Adelsfamilien geweiht. Ein halbstündiger Spaziergang führt von der Piazza Sella zum **Castello di Salvaterra**, das 1283 als Teil der Festung entstand. Einen Teil der Anlage kann man auch in der Via Eleonora d'Arborea sehen.

In der Osterwoche finden in der Stadt eindrucksvolle, gut besuchte Prozessionen und Aufführungen von Mysterienspielen statt *(siehe S. 26)*.

Romanisches Portal von Santa Chiara, Iglesias

Umgebung: Zehn Kilometer nordöstlich von Iglesias und unweit von Case Marganai präsentiert sich der einladende **Giardino Montano Linasia** auf neun Quadratkilometern verschiedenste Gewächse der Macchia. Das **Museo Casa Natura** zeigt heimische Pflanzen und Überreste aus diversen lokalen Minen. Die **Società Igea** organisiert Führungen durch die Minen, darunter die Blei- und Zinkmine Monteponi mit dem eleganten Bellavista-Gebäude sowie dem Sella-Schacht. Sehenswert ist auch der Schacht Santa Barbara mit den ungewöhnlichen Zinnenmauern, die ihn fast wie eine mittelalterliche Burg aussehen lassen.

🌿 **Giardino Montano Linasia**
Località Marganai. ☎ 0781-200 61. ☐ Okt–Apr: Sa, So 9.30–13 Uhr; Mai–Sep: Di, Do, Sa, So 9–12 Uhr, 16.30–19.30 Uhr. 📷 🎫
Museo Casa Natura nach Vereinbarung.

🏛 **Società Igea**
Località Campo Pisano.
☎ 0781-49 13 00, 348 154 95 56.
📷 🎫 nach Vereinbarung.
www.igeaminiere.it

Costa di Masua ⑭

Straßenkarte B5. ℹ 0781-468 01.

Die Straße von Fontanamare nach Masua, zwölf Kilometer nördlich, folgt der wild-bezaubernden Küste. Masuas kleine Bucht Porto Flavia überragen Kalksteinsäulen, und vor der Küste sieht man das unverwechselbare Profil der Insel Pan di Zucchero (»Zuckerbrot«). Der steile Fels erhebt sich 132 Meter aus dem Meer. In Nebida sind verlassene Minen echte Industriedenkmäler.

Ein Küstenpfad mit herrlichem Panoramablick führt zu den Ruinen der verlassenen Gebäude und Schächte der La-Marmora-Mine.

Die Insel Pan di Zucchero, das »Zuckerbrot«, ragt aus dem Meer

Isola di San Pietro ⓯

Die Insel San Pietro ist benannt nach dem Apostel Petrus, der hier bei einem Sturm Zuflucht gesucht haben soll. Bis 1736 war sie praktisch unbewohnt. In jenem Jahr bot Carlo Emanuele VIII. sie einer Gemeinde ligurischer Korallenfischer an, deren Vorfahren auf die Insel Tabarca vor Tunesiens Küste verbannt worden waren. Die ligurischen Ursprünge San Pietros sind in der Architektur, dem Dialekt und der Küche erkennbar. Die zerklüftete Küste, an der der seltene Eleonorenfalke lebt, hat wunderschöne Buchten, die nur per Boot erreichbar sind. Die Insel bedeckt dichte Macchia.

La Punta
Im September öffnen manche Fischer für einige Tage ihre Häuser und bewirten die Besucher.

Cala Fico
Felsklippen aus silbrigem und braunem Gestein flankieren diese geschützte Bucht.

Cala Vinagra

Montagna di Ravenna

Carloforte

Capo Sandalo
Der westlichste Punkt der Insel mit seinem Leuchtturm ist häufig dem Mistral ausgesetzt.

Der Eleonorenfalke heißt nach Eleonora von Arborea *(siehe S. 36)*, die per Gesetz die Falkenjagd verbot. Er lebt sicher in diesem Naturschutzgebiet mit Beobachtungspunkten und markierten Fußwegen.

Monte di Gasparro

La Caletta

Stagno dello Vivagna

0 Kilometer   2

Die Salztonebenen in den Außenbezirken von Carloforte locken Zugvögel an.

Legende

— Hauptstraße
= Nebenstraße
▦ Salztonebene
— Fluss

La Caletta
Die vor der rauen See durch die Punta Spalmatore geschützte Bucht besitzt einen weißen Sandstrand.

Hotels und Restaurants in Cagliari und im Süden *siehe Seiten 174 und 184*

INFOBOX

Straßenkarte B6. 7000.
Corso Tagliafico 1, Carloforte (07 81-85 40 09). Saremar (0781-85 40 05) von Calasetta oder Portovesme. Im August Fährplätze reservieren. Die Motorboote Laguna und Sir Lawrence in Carloforte bieten Fahrten um die Insel. Sagra del Couscous (Ende April); San Pietro (29. Juni).

Isola Piana

Carloforte

Carloforte, die einzige Stadt der Insel, liegt rund um den Hafen. Die Gassen und Treppen führen zum Wasser. Zentrum des gesellschaftlichen Lebens ist die Piazza Carlo Emanuele III. Am San-Pietro-Tag findet eine sehenswerte Bootsprozession statt.

Punta delle Colonne

Der Name Säulenkap weist auf die vorgelagerten Trachyt-Felssäulen hin.

Carbonias Piazza Roma, ein typisches Beispiel faschistischer Architektur

Carbonia

Straßenkarte B6. 34000.
Pro Loco Via Marconi 12 (0781-67 16 27). www.comune.carbonia.ca.it

Mussolini gründete Carbonia 1936 in der Bergbauregion Sulcis. Die Stadt trägt noch viele Züge faschistischer Städteplanung und Architektur. An der zentralen Piazza Roma stehen das Rathaus, die Torre Civica und die Kirche San Ponziano.

In der Villa Sulcis, der ehemaligen Residenz des Grubendirektors, zeigt das **Museo Archeologico** Schmuck aus regionalen *domus de janas*, Tongeschirr, Bronzestatuetten und Funde vom Monte Sirai. Das **Museo Martel** besitzt eine Sammlung von bis zu 600 Millionen Jahre alten Fossilien.

Im Zentrum von Carbonia weisen Schilder zum Bergwerk Grande Miniera di Serbariu. Im dortigen **Museo del Carbone** kann man u. a. den Stollen und den Windesaal besichtigen.

Umgebung: Westlich von Carbonia führt eine Straße von der SS216 zu dem Hügel mit der archäologischen Siedlung Monte Sirai. Allein der Blick auf die Inseln Sant'Antioco und San Pietro lohnt einen Besuch. Die befestigte Akropolis im **Parco Archeologico Monte Sirai** bauten die Phönizier 750 v. Chr. Die dicke Außenmauer schützte die Akropolis und die umliegende Garnisonsstadt, die 500 Fuß- und 100 berittene Soldaten beherbergen konnte. Die Ruinen des alten Militärlagers wurden 1963 entdeckt.

Die Nekropole nordwestlich der Hauptzitadelle ist vorwiegend karthagisch. Man sieht aber auch phönizische Gräber und unterirdische punische Grabkammern.

Museo Archeologico
Villa Sulcis, Via Napoli 4. 0781-69 11 31. tägl. 9–13, 15–19 Uhr (Juni–Sep: 16–20 Uhr).

Museo Martel
Via Campania 61. 0781-69 10 06. Di–So 9–13, 15–18.30 Uhr.

Museo del Carbone
Grande Miniera di Serbariu. 0781-67 05 91. tägl. 10–19 Uhr (Sep–Juni: Di–So 10–18 Uhr).

Parco Archeologico Monte Sirai
3 km südl. von Carbonia. tägl. 9–17 Uhr (Juni–Sep: 9–13, 16–20 Uhr). obligatorisch.

Unterirdische Grabkammern in der Nekropole von Monte Sirai

Calasetta

Straßenkarte B6. 2800.
0781-885 34.

Das zweitgrößte Dorf auf Sant'Antioco *(siehe S. 72)* und Handelshafen für Carloforte wurde 1769 zur Unterbringung ligurischer Fischer gegründet, die von der tunesischen Insel Tabarca kamen. Die geraden Straßen mit den zweistöckigen Häusern führen zum Hauptplatz, wo die Pfarrkirche mit dem arabisch anmutenden Glockenturm steht. Die Straße entlang der Westküste nach Süden bietet einen Panoramablick auf Klippen, Buchten und Strände.

Säuglingsurnen in der Tophet-Nekropole bei Sant'Antioco

Sant'Antioco ⓲

Straßenkarte B6. 🚗 13 000. 🚌
ℹ️ *Rathaus (0781-803 01); Pro Loco, Piazza Repubblica 41 (0781-820 31).*
🎉 *Sant'Antioco (2. Mo nach Ostern); San Pietro (29. Juni).*
www.comune.santantioco.ca.it

Sant'Antioco ist die größte Stadt der gleichnamigen Insel, die ein Damm mit Sardinien verbindet. Von der Straße aus sieht man Ruinen einer römischen Brücke. Dort stehen auch die *faraglioni*, zwei große Menhire. Der Legende nach handelt es sich um die Versteinerungen einer Nonne und eines Mönchs, die sich bei ihrem Ausreißversuch, um zu heiraten, in Stein verwandelten.

Phönizier gründeten die Stadt im 8. Jahrhundert v. Chr. und nannten sie Sulki. Der Handel mit Mineralien und Gold aus der Region machte sie zu einem wichtigen Hafen im Mittelmeer. Der griechische Astronom Ptolemäus nannte die Insel *insula plumbaria* (Bleiinsel). Im Zweiten Punischen Krieg *(siehe S. 34)* nutzten die Karthager den Hafen, doch die siegreichen Römer bestraften diese Allianz hart. Unter römischer Herrschaft florierte die Stadt, im Mittelalter führten Piratenüberfälle zum Niedergang.

Die typischen Häuser des malerischen Stadtzentrums mit der von Bäumen gesäumten Hauptstraße **Corso Vittorio Emanuele** zieren schmiedeeiserne Balkone. Oberhalb der Stadt steht die Kirche **Sant'Antioco** (6. Jh.). Sie hatte eine zentrale Kuppel und den Grundriss eines griechischen Kreuzes, wurde aber im 11. Jahrhundert umgebaut.

Angeblich ist der Insel-Schutzheilige Sant'Antioco in den Katakomben begraben, zu denen man durch das Querschiff gelangt. Die Leiche des Märtyrers, der von römischen Soldaten in Afrika ermordet wurde, soll an diesem Ort angetrieben worden sein. Einige Katakomben sind Besuchern zugänglich. Die Kammern sind knapp zwei Meter hoch und teilweise mit Fresken geschmückt.

Das **Museo Archeologico** präsentiert phönizische und römische Tonarbeiten, Schmuck und weitere in der Region gefundene Objekte wie Urnen aus der Nekropole Tophet.

Das **Museo Etnografico** in einer ehemaligen Weinkellerei zeigt im Hauptsaal Geräte zur Käseherstellung und zum Weinbau. Die Webabteilung präsentiert Spindeln und Webstühle, die der Verarbeitung von Wolle und *byssus* dienten, einem feinen Staubfaden der *Pinna nobilis*, des größten zweischaligen Weichtiers im Mittelmeer. Unter der Arkade sind Geräte zur Weinherstellung und Utensilien zur Viehzucht ausgestellt.

Die Stadt wird vom **Castello Sabaudo** aus rotem Stein beherrscht, das die Aragonier im 16. Jahrhundert wieder aufbauten. Direkt vor der Stadt liegt auf einem Felsen am Meer die **Tophet**, eine Kultstätte der Phönizier und Begräbnisstätte für tot geborene oder kurz nach der Geburt verstorbene Säuglinge. In der Nähe liegt die karthagische **Nekropole** mit über 40 unterirdischen Familiengräbern. Sie

Fresko in der Katakombe von Sant'Antioco

diente später den Römern als Begräbnisstätte. Die Gräber nehmen den oberen Teil der Stadt ein und wurden in der frühchristlichen Zeit als Katakomben genutzt.

🔒 **Sant'Antioco**
Via Necropoli. ☎ 0781-830 44.
Katakomben ⏰ tägl. 9–12 Uhr, 15–18 Uhr.
www.basilicasantantioco.org

Cala Domestica nördlich von Sant'Antioco *(siehe S. 68)*

Hotels und Restaurants in Cagliari und im Süden *siehe Seiten 174 und 184*

🏛 Museo Archeologico
Via Regina Margherita 113.
⏰ tägl. 9.30–13 Uhr, 15.30–19 Uhr.

🏛 Museo Etnografico
Via Necropoli.
⏰ tägl. 9.30–13 Uhr, 15.30–19 Uhr (Sommer: 9–20 Uhr).

⛩ Tophet
Via Castello. Archeotour (0781-835 90). ⏰ tägl. 9.30–13 Uhr, 15.30–19 Uhr.

Tratalias

Straßenkarte B6. 1100.

Das Dorf in der Region Sulcis war bis 1513 Sitz der Diözese. Die Fassade der 1213 geweihten pisanisch-romanischen Kathedrale **Santa Maria** wird horizontal durch eine Reihe kleiner Bogen gegliedert und von einer Fensterrose gekrönt. Das Tympanon ist eigenartig, da der letzte Teil einer Treppe aus ihm ragt.

Die Seiten und die Apsis der Kirche schmücken Pilaster und Blendbogen. Im Innenraum sind die drei Mittelschiffe durch achteckige Säulen voneinander getrennt. Ein Altarbild von 1596 zeigt Johannes den Täufer und den Evangelisten Johannes mit der Madonna und dem Kind.

Kathedrale Santa Maria, Tratalias

Santadi ⓴

Straßenkarte C6. 4100.
📞 0781-942 01. Matrimonio Mauritano (1. So im Aug).
www.comune.santadi.ca.it

Die Altstadt von Santadi liegt am höheren Nordufer des Flusses Mannu. Im mittelalterlichen Zentrum stehen noch einige traditionelle Häuser aus rauem Vulkanstein. Beweise für die Besiedlung des Gebiets seit der Nuragher-Zeit sind die hier gefundenen Gold-, Kupfer-, Bronze- und Tongegenstände, die das Museo Archeologico in Cagliari (siehe S. 58) ausstellt. Werkzeuge und Möbel der Region sind im **Museo Etnografico Sa Domu Antigua** zu sehen. Der Museumsladen verkauft typisches Kunsthandwerk des Sulcis.

Umgebung: Südwestlich von Santadi steht auf einem Plateau die phönizische Festung **Pani Loriga** (7. Jh. v. Chr.). Fünf Kilometer weiter südlich bietet die Höhle **Grotta Is Zuddas** herrliche Stalagmit- und Stalaktitformationen. In der (heute leider geschlossenen) **Grotta Pirosu** fand man Votivlampen und einen Dreifuß im zypriotischen Stil.

Nekropole bei Montessu

In der Nekropole **Montessu** nördlich von Villaperuccio zeigen einige der typischen *domus de janas* (siehe S. 33) Spuren der ursprünglichen gelben und roten Wandbemalung. Andere Gräber waren wohl Andachtsstätten.

Das Fest Matrimonio Mauritano (mauretanische Hochzeit) im August führten wohl Nordafrikaner ein, die hier in der Römerzeit siedelten.

🏛 Museo Etnografico Sa Domu Antigua
Via Mazzini 37. 📞 0781-94 201.
⏰ tägl. 9–12.30, 15–19.30 Uhr.

🏞 Grotta Is Zuddas
Benatzu. Coop. Monte Meana (0781-95 57 41). ⏰ Juni–Sep: tägl. 9.30–12 Uhr, 14.30–18 Uhr; Okt–März: tägl. 12 und 16 Uhr. obligatorisch.
www.grotteiszuddas.it

⛩ Nekropole Montessu
Località Peruccio. 📞 0781-94 201.
⏰ tägl. 9–13, 15–19 Uhr.

MONTE ARCOSU

Korkeichen, Steineichen, Erdbeerbäume und Heidekraut bedecken die Berge der Sulcis. Durch das über 7000 Hektar große Gebiet führt nur eine holprige Straße, die die Orte Santadi und Capoterra in den Flusstälern des Mannu und Gutturu Mannu verbindet. Es gibt Pläne, das Gebiet in einen Nationalpark zu verwandeln. Der World Wide Fund for Nature (WWF) hat am Monte Arcosu 300 Hektar Land gekauft, um die Sardischen Hirsche zu schützen, die bis 1900 auf der ganzen Insel, heute jedoch nur noch in wenigen isolierten Gebieten leben. Andere in den Wäldern heimische Säugetiere sind Damhirsche, Wildkatzen, Wildschweine und Marder. Zu den Vogelarten gehören Steinadler, Wanderfalken und Habichte. Das Naturschutzgebiet ist ganzjährig geöffnet. Besucher können in Schutzhütten übernachten.

Hirsch am Monte Arcosu

Neben gut markierten Naturpfaden gibt es unmarkierte Wege, doch in manchen Bereichen ist ein offizieller WWF-Führer obligatorisch. Auskunft zu Unterkünften und Trekking gibt die Cooperativa Il Caprifoglio in Cagliari (070-96 87 14, www.ilcaprifoglio.it). Das Naturschutzgebiet erreicht man über die Straße, die östlich von Santadi am Fluss Gutturu entlangführt.

Geschützter Strand an der Baia Chia

Baia Chia ㉑

Straßenkarte C6.
📍 070-923 50 15.

An der Südküste (Costa del Sud) gibt es hohe Sanddünen, und weiße Strände erstrecken sich bis zum Capo Spartivento. Im Sand wächst Wacholder, im Marschland tummeln sich Reiher, Purpurreiher, Lappentaucher und andere Zugvögel. Das Gebiet soll Zentrum eines regionalen Naturschutzgebietes werden.

Der Weiler Chia an der Küstenstraße ist mit seinen Obstplantagen und Feigenbäumen ein beliebtes Besucherziel. Eine holprige Straße führt zur geschützten Bucht von Chia. Sie flankieren auf einer Seite die **Torre di Chia** aus dem 17. Jahrhundert und auf der anderen rote, mit Macchia bewachsene Klippen.

Die Ruinen des phönizischen **Bithia** am Fuß des Turms können besichtigt werden. Diese alte Stadt, die sowohl in den Schriften von Ptolomäus als auch Plinius dem Älteren erwähnt wird, war jahrhundertelang im Meer gelegen. Die Ausgrabungen sind noch nicht abgeschlossen.

Zu sehen sind auch die Ruinen einer punisch-römischen Nekropole und eines vermutlich dem Gott Bes geweihten Tempels. Im Sand entdeckte man Tongeschirr und Amphoren des 7. Jahrhunderts v. Chr. Spuren römischer Wandgemälde und Mosaiken schmücken die Säulengänge der Häuser. Nahe dem Wachturm findet man alte punische Festungsmauern und eine Zisterne.

🏛 Bithia
Domus de Maria, Località Chia.
⏰ immer.

Umgebung: Entlang der Küste bis zum Capo Spartivento mit seiner atemberaubenden Aussicht reihen sich Buchten, Dünen und schattige Pinienwälder, die gut zu Fuß erreichbar sind.

Römisches Theater in Nora

Nora ㉒

Straßenkarte C6. 📍 070-920 91 38. ⏰ tägl. 9 Uhr – Sonnenuntergang. 🎫 Gemeinschaftskarte mit Museo Archeologico
www.nora.it

Die Stadt wurde im 9. und 8. Jahrhundert v. Chr. unter den Phöniziern auf einer Landzunge erbaut. Sie war noch in der Zeit der Römer die Hauptstadt der Insel, wurde jedoch im Mittelalter wegen der häufigen Überfälle der Sarazenen und des Mangels an fruchtbarem Land verlassen. Da das Meer die drei Häfen im Lauf der Zeit überspülte, bildete sich die Legende von der »Untergegangenen Stadt«.

Die Ruinen erstrecken sich bis zur Landspitze des Capo di Pula mit der spanischen

Blick vom Capo Spartivento über die Südküste

Hotels und Restaurants in Cagliari und im Süden *siehe Seiten 174 und 184*

Torre del Coltelazzo. Ein karthagisches Relikt ist der Tempel der Fruchtbarkeitsgöttin Tanit. Sonst ist wenig aus der punischen Zeit erhalten, obwohl Funde in den Gräbern von regem Handel zeugen.

Links vom Eingang zur Stadt liegen die mit Mosaiken verzierten römischen Terme di Levante aus dem 2. und 3. Jahrhundert n. Chr. Das nahe römische Theater aus dem 2. Jahrhundert n. Chr. ist das einzige in Sardinien. Dahinter liegt das große, rechteckige Forum. Südlich des Theaters zieren Mosaiken mit ockerfarbenen, schwarzen und weißen Steinen das *frigidarium* und das *caldarium* der Thermen. Auch Pflasterstraßen und die Kanalisation der Stadt sind noch erhalten.

Viele Funde, etwa punische Inschriften, die erstmals den Namen Sardinien erwähnen, bewahrt das Museo Archeologico Nazionale in Cagliari *(siehe S. 58)* auf.

Das kleine **Museo Archeologico Patroni** zeigt in Nora gefundene Keramiken. Die nahe romanische Kirche **Sant'Efisio** bauten französische Mönche im 11. Jahrhundert. Sie ist jährlich Ziel einer Prozession *(siehe S. 26)*.

🏛 Museo Archeologico Patroni
Corso Vittorio Emanuele 67.
📞 070-920 96 10. 🕐 Apr–Okt: tägl. 9–19.30 Uhr; Nov–März: tägl. 9 Uhr–Sonnenuntergang. 🎫 Ticket mit Nora. 📷 (kein Blitz).

Der beliebte Strand von Poetto zwischen Quartu Sant'Elena und Cagliari

Quartu Sant'Elena ㉓

Straßenkarte C6. 👥 66 000.
🚌 🚆 Cagliari. ✈ Elmas. ℹ 070-860 11. 🎉 Sant'Elena (14. Sep).

Die im Großraum von Cagliari gelegene Stadt gehört zu den größten der Insel. Quartu Sant'Elena liegt am Rand der gleichnamigen Salztonebene und Marsch, einer beliebten Brut- und Niststätte für Flamingos. Von der mittelalterlichen Kirche **Sant'Agata** auf dem Hauptplatz führt die Via Porcu zum **Casa Museo Sa Dom'e Farra**, wörtlich »Mehlhaus«. Das zu einem Museum umfunktionierte Landhaus zeigt über 14 000 traditionelle Werkzeuge aus der Land- und Hauswirtschaft. Jeder Museumsraum widmet sich einem anderen Bereich der Landwirtschaft: von Sätteln und Ledergeschirr bis zu Fuhrwerken und Blasebälgen. Recht bemerkenswert ist eine schneegekühlte Kühltruhe. Der in der Barbagia gesammelte Schnee wurde mithilfe von Maultieren nach Cagliari transportiert und in unterirdischen, mit Stroh ausgelegten Behältern aufbewahrt.

Goldene Schreibfeder aus Nora

Das Gehöft bestand aus dem Haus des Besitzers und Wohnbereichen für die Landarbeiter. In weiteren, um einen großen Hof gelegenen Räumen buk man Brot, mahlte Mehl und baute oder reparierte Werkzeug.

Mit dem Bus gelangt man zu dem südlich von Quartu Sant'Elena gelegenen und bei den Einheimischen beliebten Strand von Poetto.

🏛 Casa Museo Sa Dom'e Farra
Via Eligiu Porcu 143.
📞 070-81 23 40.
⚠ wegen Renovierung.

FORESTA DEI SETTE FRATELLI

Der über 4000 Hektar große Wald der »Sieben Brüder« ist nach den sieben von Cagliari aus sichtbaren Gipfeln benannt, die über Eichenwald und Macchia aufragen. Er wird vom Ente Foreste Sardegna (070-279 91, www.sardegnaambiente.it/foreste) verwaltet, bietet Kiefern, Eukalyptusbäume und Zypressen und erreicht eine Höhe von 1023 Metern. Er gehört zu den wenigen Lebensräumen des fast ausgestorbenen Sardischen Hirschs. Am Berg verlaufen viele Lasttierpfade, über die einst Kohle transportiert wurde. Einer dieser Pfade beginnt an der Verwaltungszentrale bei Campu Omo an der SS125. Wenn Sie mit dem Auto in die Berge fahren, biegen Sie nach dem Arcu-'e-Tidu-Pass auf der SS125 rechts ab.

Die dicht bewaldete Foresta dei Sette Fratelli, die sich über sieben Hügel erstreckt

OSTKÜSTE

Kilometerlanges Weideland und Felsen prägen das Binnenland Ostsardiniens, das zu unzugänglichen Steilküsten abfällt, an denen die seltene Mönchsrobbe lebt. Die Küste des Golfo di Orosei ist jetzt Teil des Parco Nazionale del Gennargentu, eines riesigen Naturschutzgebietes für Goldadler und Mufflons.

An der Ostküste gibt es keine größeren Städte, jedoch einige Ferienorte bei Arbatax und Villasimius. Mit wenigen Ausnahmen führt die Straße durch das Landesinnere, sodass man Strände erst in langem Fußmarsch oder per Pkw über Schotterstraßen erreicht. Auch die größten Orte Orosei, Muravera und Dorgali liegen in einiger Entfernung von der Küste. Gründe hierfür sind die Malaria, mit der die Insel bis nach dem Zweiten Weltkrieg zu kämpfen hatte, und die Piraten, die die Küste jahrhundertelang heimsuchten. Hier liegt das noch unbekannte Sardinien: das Binnenland, die Domäne der Schafhirten und ihrer Herden, und der vom Fremdenverkehr noch unberührte Südosten. Bis vor Kurzem war die Region Sarrabus noch isoliert, denn es gab keine befahrbaren Straßen. In das Gebiet fuhr nur eine Schmalspurbahn, die von Cagliari aus dem Tal folgte. Sie ist noch in Betrieb und bietet die Möglichkeit zu einer Reise in die Vergangenheit. Heute zieht der Sarrabus Besucher an, die sich gern abseits der ausgetretenen Pfade bewegen. In der Oghastra-Region reicht die Farbe der Sandstrände von Perlgrau bis zu einem erstaunlichen Rotton, gibt es zerklüftete Berge und Hügel. In dieser Region, in der alte Traditionen überlebt haben, scheint das 21. Jahrhundert noch nicht Einzug gehalten zu haben. Im Gegensatz dazu verfügen die Städte Siniscola und Orosei in der Baronie-Region über ein gutes öffentliches Verkehrsnetz, und über eine Autobahn ist das Gebiet leicht erreichbar.

Blick vom Castello della Fava auf die Schwemmebene um Posada

◁ **Steile Kalksteinklippen am Golfo di Orosei** *(siehe S. 86f)*

Überblick: Ostküste

Hauptattraktionen der Ostküste sind die herrliche Natur und prähistorische, archäologische Stätten um Dorgali und Orroli. Die Klippen entlang der Küste sind steil, daher sind die verschwiegenen Buchten im Golfo di Orosei (Cala Sisine, Cala Luna, Cala Goloritze) am ehesten per Boot erreichbar. Die Alternative ist ein längerer Spaziergang mit robusten Wanderschuhen. Dieser lohnt sich, denn die Landschaft ist hinreißend. Durch die Region windet sich die Orientale Sarda (SS125). Nach Fertigstellung des – von Umweltschützern heftig bekämpften – Ausbaus der Straße ist die Region jetzt deutlich besser erschlossen.

Blick auf den Golfo di Orosei bei Baunei

SEHENSWÜRDIGKEITEN AUF EINEN BLICK

Arbatax ❷
Bari Sardo ⓯
Dorgali ❺
Gairo ⓮
Galtelli ❽
Jerzu ⓭
Lanusei ⓬
Muravera ⓰
Nationalpark Gennargentu S. 82f ❹
Orosei ❼
Orroli ⓲

Perdasdefogu ⓳
Posada ⓫
Santa Maria Navarrese ❸
Siniscola ❿
Villasimius ⓱

Touren
Codula di Luna ❻
Fahrt mit dem Trenino Verde ⓴
Monte-Albo-Tour ❾
Orientale Sarda ❶

LEGENDE

— Schnellstraße
— Hauptstraße
= Nebenstraße
— Panoramastraße
— Eisenbahn (Nebenstrecke)
✕ Pass

Panoramablick auf die Ausläufer des Monte Gennargentu

Weitere Zeichenerklärungen siehe hintere Umschlagklappe

OSTKÜSTE

Rötliche Granitfelsen bei Arbatax

Pisanischer Turm bei Orosei

AN DER OSTKÜSTE UNTERWEGS

Die Orientale Sarda (SS125) war einst als kurvenreich bekannt und berüchtigt. 2007 wurden die Bauarbeiten zur direkten, zweispurige Verbindungsstraße von Cagliari nach Arbatax/Tortoli (Kosten ca. 50 Mio. Euro) endlich fertiggestellt. Es gibt auch eine Busverbindung von Norden nach Süden. Die Schmalspurbahn Ferrovie Complementari della Sardegna verbindet die Ogliastra-Ebene (Tortoli und Arbatax) mit Cagliari. Die Fahrt dauert etwa acht Stunden, bietet aber wunderschöne Landschaften.

Felsige Bucht an der Ostküste nahe der Cala Luna

Tour: Orientale Sarda ❶

Die Route der Orientale Sarda (SS125) führt an den östlichen Gipfeln des Gennargentu Nationalparks *(siehe S. 82f)* vorbei und verbindet Olbia mit Cagliari. Der spektakulärste Abschnitt dieser an Attraktionen reichen Straße liegt zwischen Dorgali und Baunei. Diese 63 Kilometer lange kurvenreiche Strecke wurde Mitte des 18. Jahrhunderts von piemontesischen Kohlehändlern in den Fels gehauen. Die Bäume, die dem Straßenbau zum Opfer fielen, wurden zum Festland verschifft. Die entwaldeten Gebiete lassen sich nicht mehr aufforsten.

Flumineddu-Tal ❷
Hier führt die SS125 durch ein zerklüftetes Terrain mit Klippen und schöner Sicht auf das Flumineddu-Tal am Fuß des Monte Tiscali. An vielen Stellen lohnt sich ein Halt, um die faszinierende Landschaft zu genießen.

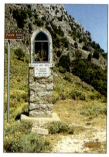

Genna-Silana-Pass ❸
Er ist mit 1017 Metern der höchste Punkt der Tour. Es lohnt sich, von hier zur Gorroppu-Schlucht hinabzuschauen. Von Pischina Urtaddalà führt ein Fußweg zum Flussbett des Flumineddu.

Urzulei ❹
Die Stadt an den Hängen der Punta Is Gruttas war früher schwer zu erreichen. Die Steinkirche San Giorgio di Suelli stammt aus dem 15. Jahrhundert.

Baunei ❺
Die weißen Häuser dieses Bergdorfes werden von Kalksteinfelsen überragt.

LEGENDE
- ▬ Hauptstraße
- ▬ Nebenstraße
- ▬ Fluss

ORIENTALE SARDA

ROUTENINFOS

Länge: 63 km.
Rasten: Bei Dorgali, Genna Silana, San Pietro und Santa Maria Navarrese gibt es Cafés und Restaurants. Nehmen Sie sich einen ganzen Tag Zeit, denn die Straßen sind kurvenreich, und es gibt viel zu sehen.

Cala Gonone ①

Ein aus dem Kalksteinfelsen gehauener Tunnel führt zu dem berühmten Ferienort Cala Gonone. Von dort aus schlängelt sich die Straße, die Blick aufs Meer, auf weiße Felsen und die Macchia bietet, zur Grotta del Bue Marino, wo die seltene Mönchsrobbe *(siehe S. 19)* gesichtet wurde.

0 Kilometer 5

San Pietro ⑤

Ein holpriger Weg mit steilen Haarnadelkurven führt zu einem bewaldeten Plateau, auf dem Wildschweine leben, und zur 250 Meter tiefen Voragine del Golgo. In der Nähe steht die Kirche San Pietro (18. Jh.). Schafhirten bringen noch immer Opfergaben, am 28./29. Juni findet hier ein Fest statt.

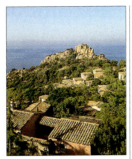

Der wunderbar gelegene Ferienort Cala Moresca bei Arbatax

Arbatax ②

Straßenkarte D4. 🏠 *1100.* ✈ 🚆
🚌 ℹ️ *Pro Loco (0782-62 28 24).*
🎭 *Madonna di Stella Maris (2. So im Juli).*

Die kleine Stadt liegt an der Nordspitze des Capo Bellavista, einer roten, ins Meer abfallenden Porphyr-Klippe. Der von einem spanischen Turm überragte Hafen ist Endstation der Schmalspurbahn aus Cagliari. Auch Fähren aus Cagliari, Olbia und vom italienischen Festland legen hier regelmäßig an.

Der Küstenstreifen hat klares, sauberes Wasser und verlockende Buchten wie die **Cala Moresca** südlich von Arbatax. Auch gibt es hier viele Feriensiedlungen wie das beliebte *Vacanze-Club*-Dorf, den Nachbau eines typisch mittelalterlichen Dorfes. Die soliden Holztüren und schmiedeeisernen Fenstergitter stammen aus der 1951

Aragonischer Turm bei Santa Maria Navarrese

verlassenen »Geisterstadt« Gairo *(siehe S. 89)*. Weiter südlich liegen Porto Frailis, von einem spanischen Turm geschützt, und der lange Sandstrand von Orri. Von Arbatax führen mehrere interessante Fußwege zum Leuchtturm auf dem Capo Bellavista.

Santa Maria Navarrese ③

Straßenkarte D4. 🏠 *1500.* ✈ 🚆
ℹ️ *0782-61 08 23.*
🎭 *Festa dell'Assunta (15. Aug).*

Der Ferienort am Meer heißt nach der hübschen Landkirche, um die herum er entstand. Der Legende zufolge ließ die Tochter des Königs von Navarra im 11. Jahrhundert die Kirche mit ihren drei Seitenschiffen und einer halbkreisförmigen Apsis erbauen, nachdem sie Schiffbruch erlitten hatte und gerettet worden war. Der riesige Olivenbaum auf dem Kirchhof soll mehr als tausend Jahre alt sein.

Den schönen Strand bei Santa Maria Navarrese säumt ein Kiefernwald und bewacht ein spanischer Turm. Diesem gegenüber ragt die große Felsnadel Sa Pedra Longa (auch: Agugliastra) 128 Meter hoch aus dem Meer auf. Boote bringen Besucher vom kleinen Hafen Santa Maria Navarrese zur Felssäule sowie zu den reizenden Stränden von Cala Luna, Cala Sisine und Cala Goloritze weiter östlich.

Blick vom Capo Bellavista auf die felsige Insel Ogliastra

Hotels und Restaurants an der Ostküste *siehe Seiten 175 und 185*

Nationalpark Gennargentu ❹

Blühende Pfingstrosen

Der fast 60 000 Hektar große Park umfasst eine der bergigsten Landschaften Sardiniens und den höchsten Gipfel der Insel, die Punta La Marmora. Der 1989 gegründete Park liegt fast ganz in der Provinz Nuoro. In dem Naturschutzgebiet gibt es 14 Städte, doch nur wenige Teerstraßen. Die tiefen Täler und kargen Gipfel lassen das Gebiet einsam und isoliert erscheinen. Mit seiner unberührten Natur ist es ein Eldorado für Wanderer, Geologen und Naturliebhaber. Die Wanderung zur 1834 Meter hohen Punta La Marmora lohnt sich, aber auch die Kalksteinwüste des Supramonte ist beeindruckend. Darüber hinaus sind das prähistorische Felsdorf Tiscali *(siehe S. 104f)*, die Schluchten des Su Gorroppu und die Quelle Su Gologone einen Ausflug wert. Die Küste östlich des Parks gilt als eine der schönsten Europas und ist Heimat der gefährdeten Mönchsrobbe. Nehmen Sie zum Wandern eine aktuelle Karte und ausreichend Wasser mit.

Wildkatze
Die große Wildkatze lebt auf dem Gennargentu und dem Supramonte.

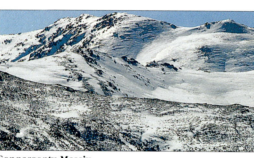

Gennargentu-Massiv
Im Winter sind die kargen Gipfel und die bewaldeten Hänge des Gennargentu-Massivs bisweilen von Schnee bedeckt.

Punta La Marmora: Höchster Gipfel Sardiniens

Die höchste Erhebung des Gennargentu-Massivs, dessen Name »Silbertür« bedeutet, ist die Punta La Marmora. Mit einer Höhe von 1834 Metern über dem Meeresspiegel ist sie zugleich der höchste Gipfel Sardiniens. Die Landschaft ist ziemlich karg und wild. Am Himmel kreisen Greifvögel auf der Lauer nach Beutetieren. Mit ein bisschen Glück erblickt man in der Ferne kleine Mufflon- oder Schafherden.

Wanderer auf dem Gipfel der Punta La Marmora

0 Kilometer 15

Hotels und Restaurants an der Ostküste *siehe Seiten 175 und 185*

NATIONALPARK GENNARGENTU

Kämme des Supramonte
Seine Gipfel erheben sich im Osten des Gennargentu, und seine Hänge neigen sich zum Meer hinab.

INFOBOX

Straßenkarte D4.
0784 323 07 oder 0784-300 83;
Pro Loco Dorgali, Via La Marmora 181 (0784-93 305);
Desulo Rathaus (0784-61 92 11);
WWF Cagliari (070-67 03 08).
www.wwf.it/sardegna
www.parcogennargentu.it

Mönchsrobbe
Die Mönchsrobbe (Monachus albiventer), die man als Folge des Tourismus schon ausgestorben glaubte, wurde in den letzten Jahren im Golfo di Orosei gesichtet.

LEGENDE

— Hauptstraße
— Nebenstraße
— Fluss

ROUTENINFOS

Zur Punta La Marmora
Folgen Sie von Desulo aus kommend der Straße nach Fonni etwa fünf Kilometer bis zum Pass S'Arcu de Tascusi. Nehmen Sie dann die Teerstraße rechts bis zu einer Gabelung. Biegen Sie rechts in eine Schotterstraße ab und nach 100 Metern wieder rechts in die Straße zum Ferienbauernhof Girgini. Umfahren Sie den Hof, indem Sie sich links halten. Biegen Sie nach knapp vier Kilometern rechts ab. Nach weiteren fünf Kilometern erreichen Sie das Kontrollhäuschen für ein Aquädukt. Parken Sie dort. Folgen Sie, nunmehr zu Fuß, der Straße zu Ihrer Rechten, bis diese endet. Dann gehen Sie linksseitig talaufwärts, bis Sie den Kamm erreichen. Halten Sie sich dann rechts, und wandern Sie weiter bis zum Gipfel (Gehdauer ca. 1,5 Stunden).

Su Gorroppu
Die wilde Schlucht mit Steilhängen eignet sich nur für erfahrene Kletterer.

Ausstellungsstücke im Museo Archeologico in Dorgali

Dorgali ❺

Straßenkarte D3. 🚶 *8500.*
ℹ *Pro Loco (0784-933 05).*
🎭 *Sant'Antonio Abate (16., 17. Jan).*
www.dorgali.it

Die reizende Stadt liegt auf einem Kamm des Monte Bardia, 30 Kilometer von Nuoro und knapp zehn Kilometer vom Meer und der Cala Gonone entfernt. Sie ist in erster Linie ein landwirtschaftliches Zentrum, darüber hinaus werden hier jedoch auch Kunsthandwerk aus Leder und Keramik sowie Filigranschmuck und Webteppiche hergestellt.

Die Gebäude der Altstadt, unter anderem die Kirchen Madonna d'Itria, San Lussorio und Maddalena, bestehen aus dunklem Vulkanstein. Den Hauptplatz Piazza Vittorio Emanuele beherrscht die Fassade der Pfarrkirche Santa Caterina, in der ein großer geschnitzter Altar steht.

Dorgalis **Museo Archeologico** zeigt wichtige Funde aus Nuragher-Dörfern sowie aus der punischen und der römischen Zeit. Einige der schönsten nuraghischen Fundstücke stammen aus dem Dorf **Serra Orrios**. Das Museum informiert auch über Besuche des Felsendorfes Tiscali, einer weiteren bedeutenden Nuragher-Stätte *(siehe S. 104f)* in unmittelbarer Umgebung. Dorgali ist hauptsächlich für seinen Wein bekannt. Die Winzerkooperative und die hiesige Molkerei können besichtigt werden.

Die Pfarrkirche Santa Caterina im Zentrum von Dorgali

Nuragher-Stätte in Serra Orrios

🏛 **Museo Archeologico di Dorgali**
Cooperativa Ghivina. Scuola Elementare, Via La Marmora. 📞 *338-834 16 18.* 🕐 *Sep–Mai: 9.30–13 Uhr, 15.30–18 Uhr; Juni–Aug: 9–13 Uhr, 16–19 Uhr.*

🏛 **Serra Orrios**
ℹ *0784-936 96.* 🕐 *tägl.* 📷 *obligatorisch, zur vollen Stunde.*

NURAGHER-DORF IN SERRA ORRIOS

Etwa zehn Kilometer nordwestlich von Dorgali und 23 Kilometer östlich von Nuoro liegt in Serra Orrios eines der besterhaltenen Nuragher-Dörfer Sardiniens aus dem 12. bis 10. Jahrhundert v.Chr. Die 70 Rundhäuser mit je einer zentralen Feuerstelle sind in mindestens sechs Gruppen um große zentrale, mit einem Brunnen ausgestattete Plätze angeordnet. Auch kleine Sakralstätten wurden gefunden.

Haupttempel

Gruppe von Behausungen

Tour: Codula di Luna ❻

Eine vierstündige Wanderung durch das »Tal des Mondes« führt Wanderer vom Supramonte zum Meer. Der Weg ist nicht zu verfehlen, doch anstrengend und wenig schattig. Er führt durch duftende Macchia und vorbei an Hütten von Schafhirten wie auch Eingängen zu riesigen Höhlen, die zum Teil noch nicht völlig erforscht sind. Es wird dringend angeraten, einen ortskundigen Führer zu engagieren.

Der abgeschiedene Strand von Cala Luna mit einem kleinen See im Hintergrund

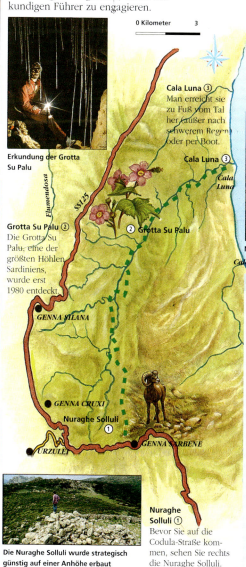

Erkundung der Grotta Su Palu

Cala Luna ③
Man erreicht sie zu Fuß vom Tal her (außer nach schwerem Regen) oder per Boot.

Grotta Su Palu ②
Die Grotta Su Palu, eine der größten Höhlen Sardiniens, wurde erst 1980 entdeckt.

Nahe der Grotta del Bue Marino

Nuraghe Solluli ①
Bevor Sie auf die Codula-Straße kommen, sehen Sie rechts die Nuraghe Solluli.

Die Nuraghe Solluli wurde strategisch günstig auf einer Anhöhe erbaut

LEGENDE

- - - Routenempfehlung
— Hauptstraße
— Nebenstraße
— Fluss

ROUTENINFOS

*Biegen Sie von der Orientale Sarda oder SS125 (Abzweigung Giustizieri, nicht weit von der Abfahrt nach Urzulei) in die Straße ins Codula-Tal ab, parken Sie am Ende der Teerstraße. Überqueren Sie das Flussbett, und beginnen Sie die Wanderung. In einer Stunde sind Sie am Eingang der Grotta Su Palu (rechts, nur für erfahrene Höhlenbesucher). Wenn Sie diesem Pfad weiter folgen, öffnet sich das Tal zur Cala Luna hin (2–4 Std., nur für geübte Wanderer). Bei gutem Wetter kann man die Bucht auch von der Cala Gonone (siehe S. 81) aus per Boot erreichen. Boote bringen Sie auch zur **Grotta del Bue Marino** (Anlegestellen). Nehmen Sie ausreichend Trinkwasser mit!*

Grotta del Bue Marino
📞 0784-933 05. ☐ Apr–Mitte Okt. 🎫 11, 15 Uhr; Gruppen ab 10 Personen: 10, 12, 16 Uhr.

Chiesa delle Anime in Orosei

Orosei ⑦

Straßenkarte D3. 🚶 *6000.*
🅘 *Pro Loco (0784 99 83 67).* 📅
Osterwoche; San Giacomo (26. Juli).
www.comunediorosei.it

Die historische Hauptstadt der Baronie liegt etwa fünf Kilometer im Landesinneren. Sie hat ein gut erhaltenes, belebtes Zentrum mit Kirchen, Torbögen und kleinen, weißen Steingebäuden.

Orosei wurde wahrscheinlich im frühen Mittelalter gegründet und hatte seine Blütezeit unter der Herrschaft pisanischer Barone der Familie Guiso. Die Stadt entwickelte sich zu einem wichtigen Hafen mit Anlegestellen entlang dem Fluss Cedrino. Unter den Aragoniern ging es mit Orosei allmählich bergab, denn die Stadt hatte unter der Malaria, wiederholten Piratenüberfällen und der allmählichen Verschlammung des Flusses schwer zu leiden.

Portal der Kirche Santa Maria 'e Mare

Ein Gassenlabyrinth führt zur zentralen Piazza del Popolo mit ihren drei Kirchen. Über einer Treppe thront die **San Giacomo Maggiore** mit einer Fassade aus dem 18. Jahrhundert und Terrakottakuppeln. Gegenüber steht die **Chiesa del Rosario** mit ihrer barocken Fassade. Die **Chiesa delle Anime** wurde von einer Bruderschaft erbaut, die an den Zeremonien in der Osterwoche teilnimmt.

Sant'Antonio Abate, früher eine allein stehende Landkirche, steht nun in der immer größer werdenden Stadt. Im pisanischen Turm auf dem Kirchengelände wird Kunsthandwerk der Region ausgestellt. Rings um die einst einsam gelegene, heute am Stadtrand befindliche Kirche Madonna del Rimedio (17. Jh.) stehen zahlreiche *cumbessias*, Unterkünfte für die Pilger im September.

Monte-Albo-Tour ⑨

Der massive Kamm aus weißem Kalkstein, der dem Berg den Namen gab *(albo heißt weiß)*, liegt wie ein Bollwerk zwischen der Barbagia und der Baronie. Die mit Macchia bedeckten Hänge bieten eine großartige Aussicht. Das Gebiet ist Heimat von 650 Pflanzenarten, Mufflons und Wildschweinen und soll unter Naturschutz gestellt werden. Ein Teil der Wanderung führt über eine schmale Straße am Fuße der Kalksteinklippen entlang.

Lode ②
In dieser kleinen, von Olivenbäumen und Macchia umgebenen Stadt liegt die Kirche Annunziata, eingerahmt von weiß getünchten *cumbessias*. Am 22. und 23. Mai ist sie Pilgerstätte.

Kirche Annunziata in Lode

Bitti ③
Die in hübscher Landschaft eingebettete Stadt *(siehe S. 100)* umgeben Eichen und wilde Olivenbäume.

LEGENDE

━━ Routenempfehlung
══ Andere Straße
── Fluss

0 Kilometer 4

Hotels und Restaurants an der Ostküste *siehe Seiten 175 und 185*

Umgebung: Die im 13. Jahrhundert von pisanischen Kaufleuten gegründete Kirche **Santa Maria 'e Mare** nahe der Mündung des Cedrino hängt voller Votivtafeln. Am letzten Sonntag im Mai ist sie Ziel einer Wallfahrt, bei der eine Madonnenstatue per Bootskonvoi flussabwärts gebracht wird.

Im Mündungsgebiet teilt sich der Fluss. Der nördliche Arm fließt in einen künstlichen Kanal, der südliche speist die Marschen von Su Petrosu. Dort leben Blesshühner, Teichhühner und Stockenten. Die seichten Stellen sind Heimat von Säblern, Stelzenläufern und Fischreihern.

Galtelli ⑧

Straßenkarte D3. 2400.
0784 90 150; Pro Loco, Via Garibaldi 2 (0784 904 72). Sant'Antonio Abate (16., 17. Juni); Festa dell'Immigrato/Turista (2. Sa im Aug).

Das an den Hängen des Monte Tuttavista gelegene Galtelli war im Mittelalter die wichtigste Stadt der Region. Bis 1496 war sie Bischofssitz. Dies bezeugt die ehemalige romanische Kathedrale San Pietro aus dem 12. Jahrhundert. In späteren Jahrhunderten trugen die Malaria und häufige Piratenüberfälle zum Verfall der Stadt bei, doch einige Spuren ihrer glorreichen Vergangenheit sind noch in der alten Pfarrkirche Santissimo Crocifisso mit ihren schönen Holzstatuen erhalten.

Galtelli hat ein schönes historisches Zentrum mit weiß getünchten Gebäuden und kleinen, gepflegten Häusern.

Umgebung: Eine der größten Attraktionen dieses Gebietes ist der Monte Tuttavista. Eine Schotterstraße und ein Fußweg führen zur Sa Pedra Istampada (»durchlöcherter Fels«), einem vom Wind geformten 30 Meter hohen Bogen mit Panoramablick.

Nahe Traversa, zwölf Kilometer von Galtelli entfernt, befindet sich das Gigantengrab von **Sa Ena 'e Thomes**, ein beeindruckendes prähistorisches Monument mit einer drei Meter hohen Stele, die aus einem Granitblock herausgehauen wurde.

»Gigantengrab« in Sa Ena 'e Thomes nahe La Traversa

Sant'Anna ①
Dieser 624 Meter hohe Pass bietet eine herrliche Aussicht. Die Straße führt zwischen Klippen, Wolfsmilchgewächsen und Strandkiefern nach oben.

Lula ④
Die Stadt in der Barbagia besitzt ein berühmtes, dem hl. Franziskus gewidmetes Heiligtum. Vom 1. bis 10. Mai kommen Tausende Menschen, um den Heiligen zu ehren, wie es Grazia Deledda in *Elias Portolu* beschreibt.

Blick auf den Monte Albo

Straße zum Monte Albo ⑤
Die 20 Kilometer lange Strecke führt an der Nordseite des Monte Albo durch Weideland und Macchia. An der rechten Seite der Straße ragen steile, rosafarben geäderte Kalksteinwände auf.

ROUTENINFOS

Länge: 76 km.
Die reine Fahrzeit beträgt etwa zwei Stunden, mit Aufenthalten sollten Sie einen guten halben Tag einplanen.
Rasten: *Im Straßenarbeiterhaus auf dem Sant'Anna-Pass und in der Stadt Bitti* (siehe S. 100).

Siniscola ⓾

Straßenkarte D2. 👥 11 000.
🚌 ℹ️ 0784 87 08 00.
🎉 Sant'Elena (18. Aug).
www.comune.siniscola.nu.it

Der einst von der Landwirtschaft geprägte Ort am Fuß des Monte Albo war im 14. Jahrhundert unter dem Fürstentum Gallura *(siehe S. 36)* ein wichtiges Handelszentrum. Seit dieser Zeit dehnte er sich um das mittelalterliche Zentrum planlos aus. An der belebten Hauptstraße Via Sassari steht die Pfarrkirche **San Giovanni Battista** aus dem 18. Jahrhundert. Sie ist mit einem Freskenzyklus geschmückt, der das Leben von Johannes dem Täufer zeigt. Die Stadt ist bekannt für ihre Töpfereien.

Umgebung: Nordöstlich von Siniscola führt eine gerade Straße nach **La Caletta**, einem Urlaubshafen mit einem vier Kilometer langen, breiten Sandstrand. Richtung Süden verläuft die SS125 am Fischerdorf **Santa Lucia** vorbei, das vermutlich Emigranten von der Insel Ponza gründeten. Hauptattraktion des Dorfes ist ein spanischer Wachturm. Heute ist Santa Lucia mit seinem von Kiefern gesäumten Strand ein beliebter Ferienort. Ein langer Strandspaziergang gen Süden endet bei den weißen Sanddünen und Wacholderbüschen des **Capo Comino** (auch von der SS125 aus zugänglich).

Die von einem Leuchtturm bewachte Landspitze ist von abgerundeten Felsen und Kieselstränden gekennzeichnet. Ein zweistündiger Uferspaziergang führt an einem Kiefernwald entlang zum **Berchida-Strand** mit dem riesigen Felsen *S'incollu de sa Marchesa* (Hals der Marquise). Im dortigen Marschland leben Aale und Meeräschen. Auch der Pfad, der jenseits des Flusses Berchida von der SS125 rechts abbiegt, ist reizend. Man wandert durch die Macchia zu einem wunderschönen Strand mit weißem Sand und klarem Wasser. Dabei passiert man die Ruinen der Nuragher-Siedlung Conca Umosa.

Kirche in Santa Lucia

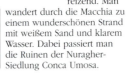

Spanischer Turm in Santa Lucia

Posada ⓫

Straßenkarte D2. 👥 2600. 🚌 ℹ️
Via Vittorio Veneto (0784 87 05 00).

Hauptattraktion dieses Dorfes auf einem mit Wolfsmilchgewächsen bedeckten Kalksteinkamm sind die Ruinen des **Castello della Fava**. Die Herrscher der Gallura bauten die Burg im 12. Jahrhundert, später gehörte sie zum Fürstentum Arborea und gelangte schließlich in den Besitz der Aragonier *(siehe S. 36)*. Während der karthagischen Ära war Posada als Kolonie Feronia bekannt.

Steile Treppen, krumme Gässchen, Bogen und kleine Plätze verleihen der Stadt mittelalterlichen Charakter. In der neu gestrichenen Burg führt eine Holztreppe zum quadratischen Turm. Von dort aus blickt man auf das Meer, die Mündung des Flusses Posada und über die fruchtbare Ebene mit ihren Obsthainen.

Umgebung: Neun Kilometer westlich von Posada liegt im Landesinneren ein künstlicher See. Kiefernwälder und schöne Ausblicke machen ihn zum beliebten Ausflugsziel.

Lanusei ⓬

Straßenkarte D4. 👥 5800. 🚆 🚌
🚉 🚌 ℹ️ *Via Roma 98 (0782 473 11).* 🎉 *Santa Maria Maddalena (22. Juli).*

Die Ortschaft mit ihrem herben Charme liegt in 600 Meter Höhe an einem Berg und überblickt die zum

Weiße Sanddünen am Capo Comino

Hotels und Restaurants an der Ostküste *siehe Seiten 175 und 185*

OSTKÜSTE

Das Dorf Posada mit dem Castello della Fava

Meer hin abfallende Ebene. Lanusei war früher wegen des Klimas, der Höhenlage und der schattigen Wanderwege ein Kurort. An den Berghängen stehen einige interessante Adelshäuser.

Jerzu ⓭

Straßenkarte D4. 🚶 3600. 🚉
ℹ 0782 700 23. ⛪ Sant'Antonio (13. Juni); San Giacomo (25. Juli); Sagra del Vino (4. Aug).

Hohe, gezackte Felsnadeln, im Volksmund *tacchi* (hohe Absätze) genannt, ragen bei Jerzu aus der Macchia hervor und bieten ein eindrucksvolles Bild. Die moderne Stadt schmiegt sich an einen Hang. Die Hauptstraße säumen zweistöckige Häuser. Im tiefer gelegenen Teil der Stadt führen Seitenstraßen zu älteren Häusern mit vielen ursprünglichen Bauelementen.

Jerzus Wirtschaft basiert vorrangig auf dem Weinbau an den steilen Hängen rund um die Stadt. Hier werden jährlich rund 10 000 Tonnen Trauben geerntet, aus denen die örtliche Kooperative einen der berühmtesten Weine Sardiniens produziert, den guten Rotwein Cannonau DOC.

Der wichtigste Feiertag ist das Fest von Sant'Antonio da Padova am 13. Juni. Eine der Kirchen der Stadt ist dem Heiligen geweiht.

Weinetiketten aus Jerzu

Umgebung: Sieben Kilometer nordwestlich von Jerzu liegt Ulassai mit der Kalksteingrotte **Grotta Su Marmuri**. Denken Sie an warme Kleidung und festes Schuhwerk.

🏛 **Grotta Su Marmuri**
ℹ Piazzale Grotta Su Marmuri (0782 798 59). 🎫 obligatorisch: 11, 14.30 Uhr (im Sommer öfter). 🚻

Gairo ⓮

Straßenkarte D4. 🚶 2000. 🚉 🚉
ℹ 0782 76 00 00. ⛪ Nostra Signora del Buoncammino (3. So im Sep).

Gairo Sant'Elena liegt im Flusstal des Pardu, einer tief in den Kalkstein gegrabenen Schlucht. Der heutige Ort entstand nach 1951. Damals musste man Gairo nach heftigen Regenfällen mit nachfolgenden Erdrutschen evakuieren. Leer stehende Häuser ohne Fenster und Türen sind alles, was vom alten Dorf übrig blieb. Die Landschaft um die »Geisterstadt« Gairo ist wahrhaft spektakulär.

Umgebung: Eine Landspitze mit dichter Macchia schützt die Bucht von Gairo. Von dort aus erreicht man auch den Coccorocci, Sardiniens einzigen Strand mit schwarzem Sand. Die Küstenstraße führt am Strand mit sandigen Meeresarmen und Klippen aus rosafarbenem Gestein vorbei.

Bari Sardo ⓯

Straßenkarte D4. 🚶 4500. 🚉 ℹ
0782 295 23/93. ⛪ San Giovanni Battista (29. Aug); Nostra Signora di Monserrato (8. Sep).

Das Städtchen liegt in einer fruchtbaren Region mit Weinbergen und Obstplantagen. Sein Name leitet sich vom sardischen Wort für Marschen, *abbari*, ab. Im ältesten Ortsteil stehen im Viertel San Leonardo uralte Steinhäuser. Die Pfarrkirche **Beata Vergine del Monserrato** ziert ein Rokoko-Glockenturm (1813). Bari Sardo ist auch für seine ausgezeichneten Textilien – Teppiche, Leinenkissen, Bettdecken etc. – bekannt.

Umgebung: Der schöne Ferienort **Torre di Bari** an der Küste östlich von Bari Sardo entstand rund um einen spanischen Turm (17. Jh.), der vor Piraten schützen sollte. Der Ort besitzt einen Sandstrand und einen kleinen Kiefernwald. Bei dem ungewöhnlichen Fest *Su Nenneri* zu Ehren Johannes des Täufers werden als Fürbitte für eine gute Ernte Getreide und Gemüsesämlinge ins Meer geworfen.

An den Hängen bei Jerzu wächst die bekannte Traube Cannonau

Basaltklippen des Capo Ferrato, südlich von Muravera

Muravera ⓰

Straßenkarte D5. ⚐ *4500*.
🛈 *070 99 00 01*.
🎉 *L'Assunta (14., 15. Aug)*.
www.comune.muravera.ca.it

Muravera liegt an der Mündung des Flumendosa in einem Obstanbaugebiet. Der moderne Urlaubsort versorgt gleichzeitig die Ferienanlagen entlang der Küste. In der Antike war Muravera die phönizische Stadt Sarcapos. Heute ist das einzige historisch interessante Gebäude die Kirche **San Nicola** nahe der Hauptstraße mit originalen Kapellen aus dem 15. Jahrhundert.

Umgebung: Muravera ist ein idealer Ausgangspunkt für Ausflüge entlang der Küste und in die Täler des Landesinneren. Der östlich gelegene Strand beim **Porto Corallo** ist lang und sandig. Er wird nur von kleinen felsigen Landspitzen unterbrochen. Ein **spanischer Turm** nahe dem Fährhafen diente 1812 bei einem der seltenen Siege der Sarden über muslimische Piraten als Festung.

Elf Kilometer weiter nördlich erreicht man über die Orientale Sarda *(siehe S. 80f)* oder SS125 die Ruinen des **Castello di Quirra** und die kleine romanische Kirche **San Nicola**, die einzige Backsteinkirche Sardiniens.

Landschaftlich reizvoll ist die Küste beim **Capo Ferrato** mit Basaltfelsen, Sandbuchten und Kiefern. Jenseits der Landspitze des Capo Ferrato liegt die **Costa Rei**, ein Küstenstreifen mit Stränden und Feriendörfern. Der Meeresboden der südlicheren Bucht **Cala Sinzias** besteht aus langen Felsplatten, die das Wasser unglaublich sauber und klar erscheinen lassen.

Im Landesinneren führt die SS125 nach Cagliari durch eine fantastische Landschaft mit typischen Myrten, Erdbeerbäumen, Wacholder und rotem Fels. Wunderschön ist auch das Flumendosa-Tal.

Der Weiler **Castiadas** hinter der Costa Rei entwickelte sich rund um ein Gefängnis aus dem 19. Jahrhundert. Vom späten 19. Jahrhundert bis in die 1950er Jahre hinein war das Gefängnis in Betrieb, seine Insassen arbeiteten in der Landwirtschaft.

Villasimius ⓱

Straßenkarte D6. ⚐ *3000*.
🛈 *070 793 02 08*.
🎉 *Madonna del Naufrago (Juli)*.
www.comune.villasimius.ca.it

Mit ihren Hotels, Wohnhäusern und Zweitwohnungen ist diese moderne Stadt der führende Urlaubsort an der Südostküste. Villasimius liegt am Nordrand einer Landspitze, die sich bis zum **Capo Carbonara** erstreckt. Das Zentrum der Landspitze bildet der **Stagno di Notteri**. Den Salzsee schneidet der lang gestreckte Simius-Strand vom Meer ab. Im Winter ist die Marsch ein beliebter Rastplatz für Zugvögel wie den Flamingo. Der Leuchtturm am Rand der Landspitze bietet eine atemberaubende Aussicht auf die Küste und die winzigen Inseln **Serpentara** und **Cavoli** in der Ferne. Der

San Vito – Stadt der Launeddas

Nordöstlich von Muravera liegt San Vito, eine landwirtschaftlich geprägte Stadt, deren Reichtum von den Erträgen der Silberminen des Monte Narba stammt. Einen Besuch lohnt die Pfarrkirche im Zentrum. San Vito ist für seine Handwerkstradition bekannt, besonders für die *launeddas*, ein flötenähnliches Instrument, das früher Schafhirten spielten *(siehe S. 28)*. In San Vito lebt Sardiniens berühmtester *Launeddas*-Spieler Luigi Lai, der die Instrumente selbst baut. Auch Stickereien und Körbe aus Wacholderzweigen gehören zum Kunsthandwerk der Stadt San Vito.

Luigi Lai, Sardiniens berühmtester *Launeddas*-Spieler

Hotels und Restaurants an der Ostküste *siehe Seiten 175 und 185*

OSTKÜSTE

Ein langer Strand trennt das Meer vom Salzsee Stagno di Notteri südlich von Villasimius

Wasserstreifen zwischen den Inseln ist seicht, so mancher erlitt hier schon Schiffbruch. Vor der Insel Cavoli steht in zehn Metern Tiefe die Statue der *Madonna dei Fondali* (Jungfrau Maria des Meeresgrundes) des heimischen Bildhauers Pinuccio Sciola. Vom Porto Giunco aus kann man sie per Glasbodenboot besichtigen. Den Hafen schützt die sternförmige **Fortezza Vecchia** des 17. Jahrhunderts. Das Meer um die Landspitze ist wegen der Fauna und Flora bei Sporttauchern beliebt.

Orroli ⑱

Straßenkarte C4. 3300. 0782 84 70 06. Santa Caterina (30. Juni). www.comuneorroli.it

Orroli liegt auf dem kargen Pranemuru-Plateau am Rand des Flumendosa-Tals. In der Umgebung gibt es viele archäologische Stätten, etwa die Nekropole **Su Motti** mit den aus dem Fels gehauenen *Domus-de-janas*-Gräbern.

Drei Kilometer sudöstlich von Orroli stehen die Ruinen der Nuraghe **Arrubiu**. Die komplexe, fünfeckige Anlage aus rotem Stein ist größer als die in Su Nuraxi *(siehe S. 64f)* und entstand ungefähr im 14. Jahrhundert v. Chr. rund um einen zentralen Turm, der Fachleuten zufolge ungefähr 27 Meter hoch gewesen sein muss. Fünf durch Bollwerke verbundene Türme, höchstwahrscheinlich aus dem 7. Jahrhundert v. Chr., umgaben die Anlage. Im 6. Jahrhundert v. Chr. fügte man schließlich eine massive Verteidigungsmauer hinzu. Die Ruinen des Nuragher-Dorfes aus runden und rechteckigen Behausungen finden sich rund um die Nuraghe.

Eine weitere interessante Stätte ist die nahe Nuraghe **Su Putzu** mit hervorragend erhaltenen Behausungen.

🏛 Su Motti
4 km südöstl. von Orroli. 0782 84 72 69. nach Vereinbarung.

🏛 Arrubiu
0782 84 72 69. 9.30–13, 15–20.30 Uhr (Okt–Apr: 9.30–17 Uhr).

Arrubiu-Nuraghe bei Orroli

Perdasdefogu ⑲

Straßenkarte D4 und D5. 2500. 0782 946 14. San Salvatore (12. Sep).

Das einsame Bergdorf Perdasdefogu liegt in der Ogliastra am Fuß der *tacchi*, aus der Macchia herausragenden Felsnadeln *(siehe S. 89)*. Die Straße, die sich nordwestlich nach Jerzu schlängelt, ist eine der malerischsten Sardiniens. Sie verläuft auf einem Plateau am Fuß der Steilwände und bietet schöne Blicke auf das Meer und den Gipfel der fernen Perda Liana. Die Landkirche **Sant'Antonio**, an der Straße vorbeiführt, steht auf einer Wiese am Fuß des imposanten Kalkstein-*taccho* Punta Corongiu.

Blick von der Landspitze des Capo Carbonara südlich von Villasimius

Fahrt mit dem Trenino Verde ⑳

Die 160 Kilometer lange Fahrt mit dem Schmalspurzug *trenino verde* (kleiner grüner Zug) dauert fast fünf Stunden, doch wird man mit einer Reise in die Vergangenheit durch eine der wildesten Landschaften Sardiniens belohnt. Die Tour geht durch die sanften, von Mandel- und Olivenbäumen bedeckten Hügel der Trexenta zu den zerklüfteten Bergen von Barbagia di Seui, wo der Zug am Fuß eines großartigen *tònnero* (senkrechte Kalksteinwand) entlangfährt. Die Route folgt den Konturen des Berges. Hier geht es um so viele Kurven, dass man leicht die Orientierung verlieren kann. Der Zug durchfährt in der Stadt Lanusei zwei Haarnadelkurven, um die Steigung zu überwinden. Der einzige Nachteil ist der Fahrplan: Reisende können die Rückfahrt nicht am selben Tag antreten.

See Alto Flumendosa an der Südseite des Gennargentu-Massivs

Villanovatulo ⑥
Von dem abgelegenen Hirtendorf blickt man auf das Bett des Flumendosa. Die Häuserwände zieren Bilder von Pinuccio Sciola.

Trenino Verde
Der malerische Zug fährt an den Bergen abseits der Straße durch unberührte Natur. Genießen Sie die Landschaft und das Flair einer vergangenen Zeit.

INFOBOX

🛈 Cagliari (070-34 23 41).
Trenino Verde 070-58 02 46.
@ fdsdc@tin.it
www.treninoverde.com
Zugfahrplan:
Juni–Sep: von Arbatax tägl. 7.50 und 14.35 Uhr; von Mandas tägl. 8.35 und 15.25 Uhr. Weitere Routen des Trenino Verde auf der Website (siehe oben). Der Zug kann zudem ganzjährig privat gemietet werden.

Mandas ⑧
Mandas, 69 Kilometer von Cagliari entfernt, ist das Landwirtschaftszentrum der Region. Besuchen Sie die Kirche San Giacomo mit Statuen von San Gioacchino und Sant'Anna.

Orroli ⑦
Die von Eichenwäldern umgebene Stadt Orroli liegt auf der Basalthochebene, die der Flumendosa durchfließt. Halten Sie Ausschau nach der Nuraghe Arrubiu *(siehe S. 91).*

Foresta di Montarbu ③

Er ist einer der ursprünglichsten Wälder Sardiniens, in dem Mufflons zwischen Eschen, Eichen und Eiben leben. Faszinierend sind die *tònneri*, massive senkrechte Kalksteinwände.

Lanusei ②

Das Dorf liegt am Hang eines Hügels mit Blick aufs Meer *(siehe S. 88f)*.

Tortoli ①

Die Hauptstadt der Ogliastra liegt drei Kilometer vom Meer entfernt am Rand einer langen Marsch, die im Winter Tausende von Zugvögeln anlockt. Halten Sie Ausschau nach dem Castello di Medusa.

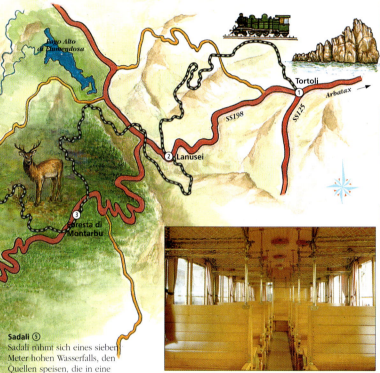

Abteil des Trenino Verde

Sadali ⑤

Sadali rühmt sich eines sieben Meter hohen Wasserfalls, den Quellen speisen, die in eine unterirdische Spalte fließen. Sehenswert sind zahlreiche Höhlen wie die 205 Meter lange Is Janas mit ihrem unterirdischen See und eindrucksvollen Stalagmiten und Stalaktiten.

Seui ④

Im Dorf Seui sind noch einige traditionelle Steinhäuser erhalten. Das Städtische Museum für ländliche Kultur im ehemaligen spanischen Gefängnis (17. Jh.) zeigt traditionelle Landwirtschaftsutensilien, eine Küche und ein Schlafzimmer aus dem 18. Jahrhundert.

LEGENDE

- ▬ Eisenbahn
- ▬ Hauptstraße
- ▬ Nebenstraße
- — Fluss

Schmalspurbahn bei Orroli

ROUTENINFOS

Im Zug werden keine Erfrischungen serviert. Auf den wenigen Bahnhöfen entlang der Route gibt es keine Restaurants. Es ist deshalb ratsam, ausreichend Proviant mitzunehmen. Während der Fahrt nach Mandas hat man die beste Aussicht von der linken Seite des Zuges aus (und umgekehrt).

Der normale, »TL« genannte Zug ist leiser und bequemer als der nur aus einem Dieseltriebwagen bestehende »AT«.

BERGREGION UND BARBAGIA

Das Kernland Sardiniens spiegelt den Charakter der Insel am deutlichsten wider. Durch zerklüftete Berge führen die Pfade der Schafhirten, die Dörfer thronen über tiefen Tälern. Die Bewohner dieser abgeschiedenen Region gelten als zäh und stolz.

Der Name Barbagia stammt vom lateinischen Wort *barbaria*, das die Römer für jene Regionen verwendeten, die »Barbaren« (jede Kultur, die nicht die Werte der römischen Zivilisation teilte) bewohnten. Das Herz Sardiniens, das seit prähistorischen Zeiten besiedelt und reich an archäologischen Stätten ist, widerstand einer Vielzahl römischer Invasionen und bewahrte sich seine nuraghischen Riten bis zu den Anfängen des Christentums.

Es ist mühsam, dieses zerklüftete Land kennenzulernen, denn die Straßen sind kurvenreich und häufig nicht beschildert. Viele Sehenswürdigkeiten sind nur über Schotterwege erreichbar. Doch die Menschen dieser Region sind gastfreundlich. Noch immer spielt die Tradition eine entscheidende Rolle. Sie findet ihren Ausdruck in bunten Volksfesten, Feiertagen zu Ehren der Schutzheiligen und anderen Festen religiösen Ursprungs. In Mamoiada führen die *Mamuthones* jährlich mit hölzernen Masken, Kuhglocken und Schaffellen *(siehe S. 102)* die Karnevalsumzüge an.

Die bergige Landschaft ist ein Wanderparadies. Die Touren reichen von den Felsen des Supramonte di Oliena über die Eichenwälder an den Hängen des Monte Novo San Giovanni *(siehe S. 107)* zu den Kastanienwäldern an der alten Bahnlinie bei Belvi *(siehe S. 109)*.

Die Küche ist mit Kräutern aus der Macchia wie Rosmarin und Thymian gewürzt, das Kunsthandwerk vom Landleben inspiriert. Webteppiche, Körbe und Töpferwaren mit traditionellen Motiven zeigt das Museo Etnografico in Nuoro *(siehe S. 99)*.

Ein Hirte und seine Herde auf den hoch gelegenen Sommerweiden bei Pietrino

◁ Vom Wind geformte Korkeiche, ein häufiger Anblick in der Barbagia

Überblick: Bergregion und Barbagia

Die Hauptstadt Zentralsardiniens ist Nuoro. Im Osten liegen am Fuß der Supramonte-Bergkette Oliena, Orgosolo und Dorgali, im Westen führen die Täler zum Omodeo-See und nach Macomer hinab. Die wichtigsten Städte dieser von Bergen und steilen Kalksteinwänden (den *Tònneri*-Formationen) bestimmten Landschaft sind Mamoiada, Bitti und Sarule. Im Süden erstreckt sich das Gennargentu-Massiv mit seinen dicht bewaldeten Hängen und den typischen Bergdörfern Gavoi und Fonni. In nordöstlicher Richtung windet sich die Straße um die Hänge des Monte Ortobene herum, bevor sie zwischen Mandelbäumen und Weinbergen in die Baronie hinabführt.

Karge Hänge im Gennargentu-Massiv

SEHENSWÜRDIGKEITEN AUF EINEN BLICK

Aritzo ⓲
Belvi ⓳
Bitti ❷
Bono ❸
Burgos ❹
Desulo ⓴
Fonni ⓭
Gavoi ⓬
Laconi ⓰
Mamoiada ❽
Nuoro S. 98f ❶
Oliena ❾
Ollolai ❻
Orgosolo ⓫
Ottana ❺
Sarule ❼
Sorgono ⓯
Teti ⓮
Tiscali S. 104f ❿
Tonara ㉑

Tour
Eisenbahn
  Cagliari–Sorgono ⓱

Wandmalerei an Felsen bei Orgosolo

Weitere Zeichenerklärungen siehe hintere Umschlagklappe

Behausung im Nuragher-Dorf Tiscali

In der Bergregion und der Barbagia unterwegs

Auf öffentliche Verkehrsmittel ist im Landesinneren, falls überhaupt vorhanden, wenig Verlass. Am besten erkundet man die Gegend im Pkw. Hauptstraßen sind die SS131 von Siniscola nach Nuoro und zum Lago Omodeo, die SS125 (Orientale Sarda), die um den Supramonte herumführt und Orosei mit Arbatax verbindet, und die SS389 von Nuoro nach Arbatax, die im Osten am Gennargentu-Massiv vorbeiführt. Will man Tiscali oder die Punta La Marmora besichtigen, muss man steile Pfade erklimmen. Ein alternatives Verkehrsmittel ist die Schmalspurbahn von Cagliari nach Sorgono *(siehe S. 109)*.

Siehe auch

- **Übernachten** S. 175f
- **Restaurants** S. 185f

Legende

- Schnellstraße
- Hauptstraße
- Nebenstraße
- Panoramastraße
- Eisenbahn (Nebenstrecke)
- △ Gipfel

Nuoro ❶

Traditionelle Tracht

Nuoro gehört zu den wichtigsten Städten Sardiniens. Vom 14. Jahrhundert an expandierte der Ort, doch im 18. Jahrhundert kam es zu sozialen Unruhen und Aufständen. Der piemontesische Präfekt De Viry beschrieb 1746 Nuoro als »Brutstätte für Banditen und Mörder«. 1868 führte ein Erlass, der die gemeinschaftliche Nutzung von Ackerland untersagte, zu dem als *Su Connottu* bekannten Aufstand. Seit Anfang des 20. Jahrhunderts ist Nuoro Zentrum des kulturellen Lebens der Insel und kann sich politischer und sozialkritischer Schriftsteller wie Grazia Deledda rühmen. 1926 wurde Nuoro Provinzhauptstadt. Heute ist die Stadt das Handelszentrum der Barbagia.

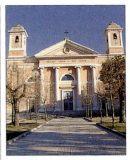

Santa Maria della Neve

Mächtige Granitblöcke auf der Piazza Sebastiano Satta

Überblick: Nuoro

Die Stadt liegt in einer herrlichen Landschaft auf einem Granitplateau unterhalb des Monte Ortobene. Die abgeschiedene, vom Fremdenverkehr lange Zeit unberührte Stadt bewahrte sich ihre regionale Kultur und Tradition.

In der modernen Stadt gibt es noch viele malerische Straßen und schöne Gebäude. Der Corso Garibaldi, der früher Bia Maiore hieß, führt hinauf zum San-Pietro-Viertel und dem klassizistischen Dom **Santa Maria della Neve** (1836). In der Nähe des Corso Garibaldi liegt die 1976 mit großen Granitplatten gepflasterte Piazza Sebastiano Satta.

Nuoro ist Geburtsort einiger bedeutender Schriftsteller Sardiniens, die der sardischen Kultur Ende des 19. Jahrhunderts zu einer Renaissance verhalfen. Neben Grazia Deledda seien der Politiker und Essayist Attilio Deffenu (1893–1918) und schließlich der Dichter Sebastiano Satta (1867–1914) erwähnt.

🏛 Civico Museo Speleo-Archeologico

Via Mannu 3. **☎** *0784-316 88.*
◯ *Di–Sa 9–13 Uhr (Di, Do auch 15–17.30 Uhr).* ♿

Das Museum präsentiert Fossilien und fossile Pflanzen des *Gruppo Speleologico Nuorese* sowie archäologische Funde aus diesem Gebiet. Zu sehen sind neolithische und mittelalterliche Artefakte sowie die Skelette einer alten Hasenart, *Prolagus sardus*, und Höhlenfunde. Interessant sind auch nuraghische Bronzestatuen. Aus der Römerzeit stammen Gürtelschnallen und Alltagsgegenstände.

🏛 Museo Deleddiano

Via Grazia Deledda 28.
☎ *0784-25 80 88.*
◯ *tägl. 9–13 Uhr, 15–19 Uhr (Mitte Juni–Sep: 9–20 Uhr).*

Grazia Deleddas Geburtshaus verströmt noch immer die eindrucksvolle Atmosphäre eines sardischen Heims Mitte des 19. Jahrhunderts.

Das renovierte Haus der Schriftstellerin wurde entsprechend der Beschreibung im Roman *Cosima* mit Objekten ausgestattet, die die Stadien ihrer Karriere widerspiegeln. Der Hof führt zum früheren Küchengarten (nun ein Ort für Kulturveranstaltungen), in den oberen Etagen kann man die Bucheinbände, Programme ihrer Stücke und eine Kopie der Urkunde ihres Nobelpreises für Literatur sehen.

GRAZIA DELEDDA (1871–1936)

Grazia Deledda erhielt 1926 den Literaturnobelpreis für ihre scharfsichtige Beschreibung der Machtverhältnisse und Passionen in den Bauerndörfern ihrer Heimat. Die 1871 in Nuoro geborene Schriftstellerin wurde zum Symbol sardischer Kultur und war beispielhaft für die reiche künstlerische Produktion der Insel. Ihr autobiografischer Roman *Cosima* (1937) beschreibt die schwierigen Anfänge ihrer Karriere. Schauplatz ihrer Werke ist die Barbagia mit ihren Geheimnissen und ihrem Identitätssinn. Zu Deleddas bekanntesten Werken zählen *Elias Portolu* (1900), *Cenere* (1903) und *Canne al Vento* (1913). Sie starb 1936 in Rom.

Grazia Deledda

Das weiß getünchte Museo Etnografico in Nuoro

🏛 Museo Etnografico

Via Antonio Mereu 56. ☎ 0784-24 29 00. ⏰ Juni–Sep: tägl. 9–20 Uhr; Okt–Mai: tägl. 9–13 Uhr, 15–19 Uhr. 📷 ⊘ www.isresardegna.org

Das Museum sardischen Lebens und sardischer Traditionen entwarf der Architekt Antonio Simon Mossa in den 1960er Jahren. Ziel war die Schaffung eines typisch sardischen Dorfes mit Höfen, Gassen und Treppen als Ausstellungsraum für Artefakte, Geräte und Trachten aus dem sardischen Alltag.

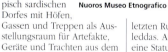

Truhe und Decke in Nuoros Museo Etnografico

Das beliebte ethnografische Museum zeigt traditionelle Möbel wie eine Truhe, eine Decke und Silberschmuck für Schürzen oder Taschentücher aus dem 19. Jahrhundert, charakteristische Trachten, die die Frauen wochentags oder zu besonderen Anlässen trugen, und verschiedene traditionelle Brotformen, Webstühle und Webteppiche. Ein Raum ist Karnevalsmasken und -kostümen gewidmet.

Das Museum verfügt auch über eine Bibliothek mit ethnologischer Literatur, ein Auditorium und ein Ausstellungszentrum. Alle zwei Jahre findet im Oktober ein Festival ethnografischer und kulturanthropologischer Filme statt.

Umgebung:
🏔 Monte Ortobene

Östlich von Nuoro.

Nuoro liegt an den Granithängen dieses Berges, der von seinen Bewohner stets hoch geachtet wurde. Seine Waldgebiete erreicht man über die SS129, die östlich in Richtung Orosei aus der Stadt heraus und an der Kirche **Nostra Signora della Solitudine** vorbeiführt, der letzten Ruhestätte Grazia Deleddas. Auf dem Gipfel steht eine Statue des Redentore (Heilands), die auf die Stadt hinabblickt, daneben die Wallfahrtskirche **Nostra Signora di Montenero**. Am letzten Sonntag im August ist die Kirche

INFOBOX

Straßenkarte D3. 38000.
🛈 0784-300 83.
🎉 *San Giuseppe* (19. März); *San Salvatore* (6. Aug); *Processione del Redentore* (letzter So im Aug). **www**.provincia.nuoro.it

Ziel der als *Processione del Redentore* bekannten Prozession, an der Vertreter fast aller sardischen Städte teilnehmen (siehe S. 28).

Traditionelle Tracht im Museo delle Tradizioni Sarde, Desulo

⛩ Necropoli di Sas Concas

SS128. ☎ 0784-300 83.
⏰ tägl. 📷

Zu der Nekropole fährt man 15 Kilometer auf der SS131 westlich aus Nuoro heraus, dann auf der SS128 drei Kilometer südlich Richtung Oniferi. Einige *domus de janas*, wie die *Tomba dell'Emiciclos* (Grab des Halbkreises), zieren Basreliefs. Das Gebiet ist unbeaufsichtigt. Eine Taschenlampe für die Gräber könnte nützlich sein.

Processione del Redentore auf dem Monte Ortobene

Brunnentempel Su Tempiesu

Bitti ❷

Straßenkarte D3. 🏠 *3800.*
ℹ *Rathaus, Piazza G Asproni (0784-41 51 24).* 🎉 *San Giorgio (23. Apr).*

Das idyllische Dorf wurde in den letzten Jahren dank der Vokalgruppe Tenores di Bitti bekannt, die sich mit Interpretationen traditioneller sardischer Lieder in ganz Europa Anerkennung verschaffte *(siehe S. 16f).* Experten zufolge ähnelt der Dialekt der Region am stärksten dem Lateinischen.

Die Kirche **San Giorgio Martire** (19. Jh.) steht an der Piazza Giorgio im Zentrum. Im nahen Pfarrhaus befindet sich eine kleine Sammlung archäologischer Funde.

Umgebung: Unweit von Bitti liegt an der Straße nach Orune (beachten Sie die Schilder) der Brunnentempel **Su Tempiesu**. Er umfasst mehrere Kammern aus Basaltquadern und beherbergt den heiligen Brunnen. Das Wasser wurde bei nuraghischen Ritualen verwendet. Östlich von Bitti sind die Kirchen Santo Stefano, Santa Maria, Santa Lucia, San Giorgio und *Babbu Mannu* (Heiliger Geist) Zentren religiöser Feste.

Bono ❸

Straßenkarte C3. 🏠 *4100.*
ℹ *Rathaus, Corso Angioj 2 (079-791 69).* 🎉 *San Raimondo Nonnato (31. Aug).*

Die Stadt Bono am Fuß der Goceano-Gebirgskette ist ein idealer Ausgangspunkt für Ausflüge zum bewaldeten Monte Rasu und zur Foresta di Burgos. Im Zentrum steht die mehrmals umgebaute Kirche **San Michele Arcangelo**. Darin befindet sich eine interessante Uhr mit vier Kanonenkugeln als Gewichten. Sie wurden während der Belagerung von 1796 abgefeuert, als die Bewohner die Regierungstruppen aus der Stadt vertrieben. Diese Episode wird jedes Jahr während des traditionellen Festes am 31. August nachgespielt. An diesem Tag wird dem Letztplatzierten des Pferderennens der größte in den Küchengärten der Region aufzutreibende Kürbis verliehen, als spöttisches Zeichen der Anerkennung für den »Heldenmut« der verjagten Armee. Bis vor Kurzem wurde der Kürbis als Symbol für die Flucht der Regierungstruppen vor den Einheimischen den Berg hinunter ins Tal gerollt.

Anfang September findet in Bono der farbenprächtige Markt *Fiera dei Prodotti Tipici Artigiani del Goceano* mit typischem Kunsthandwerk der Region statt.

Umgebung: Vom Uccaidu-Pass nordwestlich von Bono können Sie über den Kamm zum 1258 Meter hohen Monte Rasu hochwandern. Von dort aus hat man eine herrliche Sicht auf die Foresta di Burgos, die umliegende Bergkette, und bei gutem Wetter auf den größten Teil Sardiniens.

Landschaft zwischen Bono und Burgos

Burgos ❹

Straßenkarte C3. 🏠 *1100.*
ℹ *079-79 31 34.*

Der Weiler Burgos liegt unterhalb eines kegelförmigen Gipfels in den Goceano-Bergen. Mittelpunkt des 1353 von Mariano d'Arborea

Das Dorf Burgos mit der Burg aus dem 12. Jahrhundert

Hotels und Restaurants in der Bergregion und der Barbagia *siehe Seiten 175f und 185f*

Kleine Giara-Pferde in der Foresta di Burgos

gegründeten Ortes sind die Ruinen der **Burg** von 1127. Im Mittelalter war sie Schauplatz vieler Schlachten zwischen den sardischen Fürstentümern und dem Festland. Von hier aus marschierten 1478 die Truppen von Artaldo di Alagon in die Schlacht von Macomer, die den Beginn der aragonischen Herrschaft einläutete. Innerhalb der äußeren Verteidigungsmauern umgeben weitere Mauern einen restaurierten Turm. Seinen Eingang bildete früher eine Holztreppe, die man bei einer Belagerung hochziehen konnte.

Umgebung: Die **Foresta di Burgos** fünf Kilometer nordwestlich von Burgos ist ein gepflegtes Waldgebiet mit Stein- und Korkeichen, Zedern sowie Nadel- und Kastanienbäumen. Das Gebiet ist bekannt für die kleinen sardischen Giara-Pferde, die auf eingezäunten Weiden friedlich grasen.

Ottana ❺

Straßenkarte C3. 2700. *Rathaus (0784-756 23).* Karneval.

Ottana im Tirso-Tal nahe den Hängen der Region Barbagia di Ollolai war im Mittelalter ein wichtiges religiöses Zentrum. Die Kirche **San Nicola** am Südrand des Ortes, einst der Dom der Diözese, wurde 1150 im strengen romanischen Stil erbaut. Ihre schwarzen und violetten Trachyt-Quadersteine zeugen von einem starken pisanischen Einfluss. Innen zeigt ein Flügelaltar aus dem 14. Jahrhundert die Madonna zwischen dem Bischof von Ottano und Mariano d'Arborea, dem Grafen von Goceano. In der Apsis hängt ein Holzkruzifix (16. Jh.). Ottana, das im 16. Jahrhundert infolge der Malaria fast ausgestorben war, wurde in den 1970er Jahren mit Unterstützung des italienischen Kohlenwasserstoffkonzerns ENI zum industriellen Entwicklungsgebiet erklärt. Der Industriezweig erzielte jedoch nicht den erwarteten Gewinn. Zudem sind die ökologischen Probleme so gravierend, dass das Projekt aufgegeben werden soll.

Beliebt ist der Karneval, bei dem Einheimische Schaffelle, Glocken und stierähnliche Masken tragen *(siehe S. 29)*.

San Nicola bei Ottana

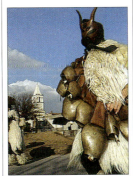

Typische Karnevalsmasken aus Ottana

Ollolai ❻

Straßenkarte C3. 1800. *Rathaus (0784-510 51).* San Bartolomeo (24. Aug).

Affodill wird in Ollolai zum traditionellen Korbflechten verwendet

Das Dorf Ollolai war im Mittelalter Verwaltungszentrum der Region Barbagia di Ollolai, eines Gebietes, das den nördlichen Teil der Barbagia einschloss. Sein Verfall begann 1490, nachdem ein Feuer den größten Teil des Ortes zerstört hatte. Heute ist Ollolai ein kleiner Weiler.

Im alten Zentrum stehen noch einige erhaltene Häuser mit Eingängen aus dunklem Stein, und es gibt immer noch Handwerker, die auf ihren Höfen die traditionellen Affodill-Körbe flechten.

Umgebung: Westlich von Ollolai findet in der nahen Kirche **San Basilio** am 1. September ein traditionelles rurales Kirchenfest statt. Eine holprige Straße führt zum Gipfel des S'Asisorgiu bis auf 1127 Meter Höhe. Vom »Fenster Sardiniens«, wie der Gipfel im Volksmund heißt, hat man eine fantastische Aussicht auf die umliegenden Berge.

Blick von den Bergen auf Sarule

Sarule ❼

Straßenkarte C3. 🏠 *1840.*
🛈 *Rathaus (0784-760 17).*
🎉 *Madonna di Gonare (8. Sep).*

Sarule, ein Dorf mittelalterlichen Ursprungs, hat sich die Tradition des Teppichwebens über Jahrhunderte hinweg bewahrt. Die Hauptstraße flankieren die Werkstätten, in denen die farbenfrohen Teppiche mit stilisierten Figuren auf antiken Webstühlen gefertigt und auch verkauft werden. Über dem Dorf thront die Kirche **Nostra Signora di Gonare**, eines der wichtigsten Heiligtümer Sardiniens. Sie wurde im 13. Jahrhundert für Gonario II. di Torres, den Herrscher des Fürstentums, gebaut. Im 16. Jahrhundert war sie bereits eine berühmte Wallfahrtsstätte. Der Altarraum wurde im 17. Jahrhundert durch einen Anbau aus dunklem Stein und schlichte Pfeiler erweitert.

Man erreicht die Kirche über eine kleine Straße, die von Sarule Richtung Osten und vier Kilometer lang den Monte Gonare hinaufführt. Dieser Granitberg ist durchsetzt mit Kalksteinschichten und dicht bewachsenen Felsnasen aus Schiefer. An den Berghängen leben viele Vogelarten wie Rebhühner, Tauben, Spechte und Würger sowie verschiedene Greifvögel. Im Wald stehen Steineichen und Ahorn. Im Frühling blühen im Unterholz Alpenveilchen, Pfingstrosen und die Trichterwinde. Die Straße endet bei den *cumbessias* genannten Pilgerhäusern. Von dort gelangt man auf einem Fußweg durch den Eichenwald zum Heiligtum, wo man einen herrlichen Blick auf den Monte Ortobene, der über Nuoro emporragt, den Monte Corrasi bei Oliena und das Gennargentu-Massiv in der Ferne hat.

Alljährlich findet vom 5. bis 8. September in der Kirche ein Fest für die Madonna di Gonare statt, zu dem Pilger aus allen Nachbardörfern herbeiströmen. Neben religiösen Zeremonien gibt es ein Pferderennen, und auf dem Dorfplatz werden Gedichte und religiöse Lieder in traditionellem Dialekt vorgetragen.

TRADITIONELLE FESTE IN DER BARBAGIA

S'Incontru, die Prozession, die am Ostersonntag durch die Straßen von Oliena zieht, gedenkt der Auferstehung Christi und der Begegnung mit der Jungfrau Maria. Bei dieser Gelegenheit wie auch bei den Feiern zu Ehren von San Lussorio am 21. August kann man die traditionellen bunten Trachten und die beeindruckende Prozession der Reiter durch die Straßen der Stadt bewundern.

In Mamoiada kreisen die lebhaften Feiern am Festtag Sant'Antonio Abate (17. Januar), am Karnevalsdienstag und am letzten Abend des Karnevals um die *Mamuthones* und *Issohadores*. Erstere tragen Schaffelle und ausdrucksstarke Masken und haben acht Kuhglocken auf den Rücken gebunden. Während sie durch die Straßen zum Hauptplatz ziehen, wo es den ganzen Abend Tanz und Musik gibt, läuten die Glocken bei jedem ihrer Schritte. Die *Issohadores* mit ihren leuchtend roten Westen wiederum »fangen« Zuschauer und ziehen sie in den Kreis hinein, der beim traditionellen Rundtanz gebildet wird.

S'Incontru-Prozession

Mamuthones-Karneval in Mamoiada

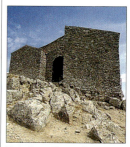

Kirche Nostra Signora di Gonare in Sarule

Mamoiada ❽

Straßenkarte D3. 🏠 *2700.*
🛈 *Rathaus (0784-560 23).*
🎉 *Mamuthones-Prozession (17. Jan, Karnevals-So–Di).*

Zwischen den modernen Häusern an der Hauptstraße von Mamoiada stehen noch einige Gebäude wahrscheinlich aragonischen Ursprungs. 1770 erwähnte der savoyische Vizekönig Deshayes die Stadt mit den vielen Weinbergen und Schafen. Die Herden werden noch jeden Sommer auf die Hänge der Region Barbagia di Ollolai zum Grasen gebracht.

Hotels und Restaurants in der Bergregion und der Barbagia *siehe Seiten 175f und 185f*

BERGREGION UND BARBAGIA

Typische Straße in der Stadt Oliena

Mamoiada ist für die düsteren, lange Zeit verbotenen Masken der *Mamuthones* bekannt, die am Festtag von Sant'Antonio Abate (17. Januar), am Karnevalssonntag und vor allem am Faschingsdienstag durch die Straßen der Stadt ziehen. Diese Karnevalsfeiern sind die berühmtesten in der Barbagia *(siehe S. 29)*.

Umgebung: Etwa fünf Kilometer südwestlich von Mamoiada steht an einer Nebenstraße der **Santuario di San Cosimo**, eine typische ländliche Kirche mit dazugehörigen, *cumbessias* genannten Pilgerunterkünften. Die bemerkenswerte einschiffige Kirche stammt aus dem 17. Jahrhundert. Am Ende des Kirchenschiffs brachten Renovierungsarbeiten unlängst eine aragonische Nische mit Säulen und einem Architrav aus Vulkangestein zutage.

Weitere sechs Kilometer südlich steht der **Santuario della Madonna d'Itria**, eine imposante Kirche mit *cumbessias*. Um die Kirche herum findet am letzten Sonntag im Juli das bekannte Pferderennen *Sa Carrela* statt.

Oliena ❾

Straßenkarte D3. 8000.
Rathaus (0784-28 02 00).
S'Incontru (Ostermorgen); San Lussorio (21. Aug).

Nähert man sich Oliena abends auf der von Nuoro aus nach Norden führenden Straße, bietet sich ein faszinierender Anblick. Die Lichter der Stadt glitzern am Fuß der steilen weißen Felsen des Supramonte, der sich ostwärts zum Golfo di Orosei hin erhebt. An den Weinbergen wächst der sardische Cannonau.

An den engen Straßen und Durchgängen stehen noch einige historische Häuser mit Außentreppen, Pergolen und bunt gestrichenen Zimmern. Auch gibt es mehrere Sakralbauten wie die Kirche **Santa Croce**, die die älteste der Stadt sein soll. Sie wurde im 17. Jahrhundert wiederaufgebaut und hat einen Glockenturm mit einem ungewöhnlichen Dreizackmotiv.

Das **Jesuitenkolleg** am Corso Emanuele II erinnert an die Ankunft des Ordens in Oliena. Seit Beginn des 17. Jahrhunderts förderten die Jesuiten Weinbau und Seidenraupenzucht und kurbelten damit die Wirtschaft der Stadt an. Neben dem Kolleg liegt **Sant'Ignazio di Loyola** mit den Holzstatuen von Sant'Ignazio und San Francesco Saverio sowie einem Altarbild, das den hl. Christopherus zeigt.

Oliena ist für seinen guten Wein bekannt, aber auch für Schmuck, Kuchen und die traditionellen Trachten der Frauen: den schwarzen, mit Seide und Gold durchwirkten Schal und die hellblaue Bluse.

In Oliena werden zwei wichtige Feste gefeiert, die mit sehenswerten Prozessionen enden: *San Lussorio* im August und *S'Incontru* am Ostermorgen.

Umgebung: Südlich von Oliena kann man mehrere Wanderungen auf den zerklüfteten Felsen des **Supramonte di Oliena** unternehmen. Von der Schutzhütte des Monte Maccione aus führt ein Pfad über den Gebirgszug hinunter ins Valle di Lanaittu.

Acht Kilometer östlich von Oliena befindet sich die **Su Gologone** genannte natürliche Quelle, die Kanäle in den Bergfels schnitt, im Sommer erfrischend kühl ist und sich im Winter in einen sehr kalten, reißenden Sturzbach verwandelt. Su Gologone ist die größte Quelle Sardiniens mit einer Wassermenge von durchschnittlich 300 Litern pro Sekunde. Sie liegt in einem schönen Waldgebiet, das ideal für romantische Picknicks im Schatten ist.

Bereits seit vielen Jahren erforschen Höhlenkundler die Tiefen der unterirdischen **Grotta Sa Oche** in den Supramonte-Bergen. Jedes Jahr dringen Taucher tiefer in das Höhlensystem ein, um verschiedene Aspekte dieses natürlichen Phänomens zu erkunden.

Quelle Su Gologone am Fuße des Supramonte

Tiscali ⑩

Vor etwas mehr als einem Jahrhundert entdeckten Holzfäller bei der Überquerung der Bergkette, die das Lanaittu-Tal beherrscht, eine Nuragher-Siedlung in den Tiefen einer riesigen Spalte im Monte Tiscali. Das Dorf Tiscali, das bis zur Invasion der Römer besiedelt war, besteht aus einer Reihe von Rundwohnungen mit Architraven aus Wacholderholz auf Türen und Dächern. Die so lange verlassene Siedlung ist teilweise verfallen, aber noch immer einer der aufregendsten nuraghischen Funde Sardiniens. Dazu trägt insbesondere ihre einzigartige Lage bei. Der Aufstieg nach Tiscali ist gefährlich und anstrengend und führt über steinigen Untergrund.

Weg zum Dorf
Rote Markierungen an den Felsen weisen den Weg zu dem Dorf.

Die Spalte hatte keine natürlichen Quellen. Deshalb sammelten die Bewohner das Wasser, das die Felswände hinuntertropfte.

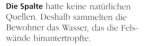

Behausungen
Zwischen Felsen und Ruinen sieht man noch nuraghische Rundbauten.

Bronzemodell
Cagliaris Museo Archeologico (siehe S. 58) zeigt ein Modell der Wohnungen.

Hotels und Restaurants in der Bergregion und der Barbagia *siehe Seiten 175f und 185f*

TISCALI

INFOBOX

Straßenkarte D3. ◯ tägl. 9–19 Uhr (Okt–Mai: bis 17 Uhr). 🛈 Rathaus, Dorgali (0764-961 13) oder Pro Loco, Dorgali (0784-933 05). Anbieter von Wanderungen und Touren: **Cooperativa Enis** ☎ 0784-28 83 63 www.coopenis.it; **Gennargentu Escursioni** ☎ 0784-943 85 www.gennargentu.com; **Cooperativa Ghivine** ☎ 0784-967 21 www.ghivine.com

Blick auf den Monte Tiscali
Im 19. Jahrhundert wurde das in diesem 518 Meter hohen Berg versteckte Nuragher-Dorf entdeckt. Archäologische Ausgrabungen begannen erst viele Jahre später.

Eingang zur Spalte
Das unwegsame Terrain bot den Bewohnern Tiscalis guten Schutz.

Die Dächer bestanden aus Wacholderholz.

Die Wände wurden aus Kalkstein gemauert.

NURAGHER-DORF TISCALI

Die Rekonstruktion des Nuragher-Dorfes zeigt, wie die Siedlung ursprünglich aussah. Eine Krateröffnung lässt das Sonnenlicht hinein, Stufen führen vom Eingang zum Dorf hinab.

ROUTENINFOS

Fahren Sie von Oliena aus Richtung Osten nach Dorgali. Biegen Sie nach etwa fünf Kilometern rechts nach Su Gologone ab. Direkt nach dem Hotel gleichen Namens (siehe S. 176) führt rechts eine Schotterstraße zur Lanaittu-Ebene. Fahren Sie durch das Tal (links halten), bis die befahrbare Straße endet. Deutliche rote Markierungen an Felsen und Bäumen weisen den Weg zur Kluft von Tiscali. Die äußerst schwierige Wanderung dauert etwa drei bis vier Stunden, nehmen Sie am besten einen Führer.

In diesem Gebiet kann man weitere Ausflüge unternehmen (am besten mit einem Führer) – zu den gigantischen Schluchten Gole di Su Gorroppu, Teilen der Höhlen von Su Bentu, Sa Oche oder S'Elicas Artas oder hinab ins Tal Codula di Luna (siehe S. 85).

WANDGEMÄLDE AUF SARDINIEN

Wandgemälde tauchten auf Sardinien erstmals in den 1960er Jahren in Orgosolo auf und gehörten bald zum Bild vieler Dörfer und Städte. Das berühmteste ist in San Sperate *(siehe S. 62)*, der Heimatstadt des Künstlers Pinuccio Sciola, zu sehen. Die Themen sind satirischer, politischer oder sozialer Natur. Der Stil variiert, doch für alle Gemälde sind leuchtende Farben typisch. Selbst auf dem flachen Land findet man Gesichter, Formen, Hände und durchdringende Blicke, aufgemalt auf Felsen, Steine oder Klippen. Um Städte mit Wandgemälden bekannt zu machen und den kulturellen Austausch zwischen unterschiedlichen Regionen zu fördern, gründete man die *Associazione Italiana Paesi Dipinti* (Italienische Vereinigung der Städte mit Wandmalereien).

Wandgemälde in San Sperate

Gemälde in Orgosolo

Gemälde auf einem Fels bei Orgosolo

Orgosolo ⓫

Straßenkarte D3. 4800.
Rathaus (0784-40 09 01).
Sant'Anania (1. So im Juni); Festa dell'Assunta (15. Aug).
www.comune.orgosolo.nu.it

Das idyllische Bergdorf im Hinterland der Insel wurde mit einem Adlernest und einer Festung verglichen. Die Dorfbewohner gelten als unverwüstliche, zähe Schafhirten, die stolz sind auf ihren Lebensstil und ihre Traditionen. Das in den 1960er Jahren wild wuchernde Banditentum dokumentierte Vittorio de Seta in seinem Film *Banditen von Orgosolo*. Emotionslos schildert er das harte Leben der Schafhirten und ihr Misstrauen gegenüber der Regierung. Das Interesse der Einheimischen an sozialen und politischen Themen kommt auch in den unzähligen Gemälden an den Hauswänden und den Felsen um Orgosolo zum Ausdruck. Die Bilder beschreiben das schwere Leben der Schafhirten, den Kampf um ihr Land und den Erhalt sardischer Traditionen, thematisieren aber auch Ungerechtigkeiten in anderen Teilen der Welt.

Einfache, niedrige Steinhäuser säumen die steilen, engen Straßen der Stadt. Vereinzelt findet man noch Gebäude mit ursprünglichen Merkmalen wie die Kirche **San Pietro** am Corso Repubblica mit ihrem Glockenturm des 15. Jahrhunderts. Einige Frauen tragen noch heute bunte, mit geometrischen Mustern bestickte Schürzen und safrangelbe Kopftücher.

Im Sommer feiert man zwei beliebte Feste: Mariä Himmelfahrt am 15. August und den Festtag der Sant'Anania am 1. Sonntag im Juni.

Umgebung: Direkt vor der Stadt steht die Kirche **Sant'Anania** aus dem 17. Jahrhundert an der Stelle, wo man der Legende zufolge Heiligenreliquien fand. Orgosolo ist ein idealer Ausgangspunkt für Ausflüge in die umliegenden Supramonte-Berge mit ihren Weiden und dichten Eichenwäldern. Eine Straße führt zu den 18 Kilometer südlich von Orgosolo gelegenen natürlichen Quellen **Funtana Bona**, die in 1082 Meter Höhe am 1316 Meter hohen **Monte Novo San Giovanni** sprudeln. Von dort aus erreicht man auch die schattige **Foresta di Montes**, einen Eichenwald, der sich nach Süden hin erstreckt.

San Gavino, Gavoi: Skulpturdetail

Gavoi ⓬

Straßenkarte C3. 3100.
Rathaus (0784-52 90 80).
Festival im Heiligtum der Madonna d'Itria (letzter So im Juli); Sant'Antioco (2. So nach Ostern).

Viele Jahrhunderte lang war dieses Dorf für Geschirr und Zaumzeug bekannt, heute gilt das Hauptinteresse dem Käse, etwa dem Fiore-Sardo-Pecorino aus Schafsmilch *(siehe S. 181)*. Den Ortskern dominiert die rosafarbene Fassade der Kirche **San Gavino** (14. Jh.) auf dem Platz gleichen Namens. Von ihm gehen einige der ältesten und charakteristischsten Straßen Gavois ab. Bei einem Bummel durch die Gassen stößt man auf historische Bauten mit dunklen Steinfassaden und blumengeschmückten Balkonen wie das zweistöckige Gebäude auf der Via San Gavino.

In der kleinen Kirche **Sant'Antioco** im oberen Teil der Stadt hängen Dutzende Votivtafeln aus Gold- und Silberfiligran. Sehenswert ist auch eine Statue des Heiligen, der am zweiten Sonntag nach Ostern gefeiert wird.

Hotels und Restaurants in der Bergregion und der Barbagia *siehe Seiten 175f und 185f*

Blick von Gavoi auf den Lago di Gusana

Fonni ⑬

Straßenkarte D3. 🏠 4600.
ℹ️ *Rathaus (0784-572 85).*
🎭 *Madonna dei Martiri (1. So u. Mo im Juni).* www.comune-fonni.it

Mit 1000 Metern über dem Meeresspiegel gehört Fonni zu den höchstgelegenen Städten Sardiniens. Tradition und Fremdenverkehr bilden die ökonomische Basis des Ortes. Die regionalen Produkte reichen von Süßigkeiten bis zu kunstvollen Stoffen und Teppichen. Neubauten haben dem Charme der Stadt geschadet, doch im ersten Moment glaubt man noch immer, Fonni wachse aus dem Berg heraus.

Am Stadtrand steht das Franziskanerkloster **Madonna dei Martiri** aus dem 17. Jahrhundert, in dem eine interessante Statue zu sehen ist, die aus Teilen alter römischer Skulpturen gefertigt wurde.

Das wichtigste Fest der Stadt wird Mitte Juni gefeiert, wenn die Schafhirten mit ihren Herden von den Winterweiden zurückkehren.

An der Straße nach Gavoi, vier Kilometer westlich von Fonni, liegt der große Stausee **Lago di Gusana**. Seine ruhigen Ufer machen ihn zum beliebten Ausflugsziel.

Teti ⑭

Straßenkarte C4. 🏠 900.
ℹ️ *Rathaus (0784-680 23).*
🎭 *San Sebastiano (3. So im Sep).* www.comuneditteti.it

Hauptattraktion des Dorfes auf den felsigen Bergen am Lago di Cucchinadorza ist das kleine **Museo Archeologico Comprensoriale**. Unter der Führung einer Gruppe engagierter junger Einheimischer, die das Museum in mühevoller Kleinarbeit aufgebaut haben, informiert es detailliert über die Geschichte der alten Nuragher-Siedlungen der Region (insbesondere das Dorf S'Urbale und den Bezirk von Abini). Bei vielen Funden in den Vitrinen handelt es sich um Gebrauchsobjekte. In einem Saal steht eine Rekonstruktion eines Rundhauses aus dem 1. Jahrtausend v. Chr.

Bronzestatuetten aus Teti im Museo Archeologico, Cagliari

In der Behausung finden sich Spinnräder, Töpfe, kleine Äxte und Granitmühlen. Das Zentrum des Hauses bildet der Bereich der Feuerstelle.

Die Säle des Untergeschosses zeigen in Wechselausstellungen unter anderem Kunsthandwerk und traditionelle Trachten.

Umgebung: Anderthalb Kilometer südwestlich von Teti steht die Nuragher-Siedlung **S'Urbale**. Das Dorf, in dem noch die Ruinen von 30 prähistorischen Behausungen zu sehen sind, war von 1200 bis 900 v. Chr. bewohnt. Die Reste des Nuragher-Dorfes **Abini** findet man zehn Kilometer nördlich von Teti.

🏛 **Museo Archeologico Comprensoriale**
📞 *0784-681 20.* 🕐 *tägl. 9–12.30 Uhr, 15–20 Uhr (Okt–Mai: 15–17.30 Uhr).*

FORESTA DI MONTES

Am Fuß der Felsvorsprünge des Monte Novo San Giovanni und des Monte Fumai liegt der größte Steineichenwald Europas. Früher wurden viele Bäume durch Feuer zerstört – häufig absichtlich, um Weideland zu gewinnen –, haben Aufforstungen das Waldgebiet sogar noch vergrößert, und heute strömen Besucher von der ganzen Insel hierher. Der dichte Wald bietet ausreichend Schatten, und selbst an heißen Sommertagen macht es Spaß, durch dieses Gebiet und über die Hochebene um den Fluss Olai spazieren zu gehen, wo man Schafe, Schweine und blühenden Affodill sehen kann. Die vielen Fußwege um das Verwaltungsgebäude des Funtana Bona eignen sich hervorragend für Wanderungen und Touren mit dem Mountainbike.

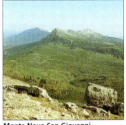

Monte Novo San Giovanni

Landkirche San Mauro bei Sorgono

Sorgono

Straßenkarte C4. 2100.
Rathaus (0784-62 25 20).
San Mauro (26. Mai).

Pisanischer Brunnen bei Sorgono

Die von Obstplantagen und Weinbergen umgebene Stadt Sorgono, die den berühmten Cannonau-Wein produziert *(siehe S. 182)*, war schon zur Römerzeit bedeutend. Heute ist sie außerdem der Verwaltungssitz der Region Mandrolisai.

Zwei – allerdings recht verfallene – Stätten lohnen den Besuch: die **Casa Carta** (17. Jh.) mit typisch aragonischem Fenster und ein mittelalterlicher Brunnen pisanischen Ursprungs.

Direkt westlich der Stadt steht der **Santuario di San Mauro**, eine der interessantesten und ältesten Landkirchen Sardiniens. Sie ist von *cumbessias* umgeben, in denen die wallfahrenden Pilger wohnen. Bei San Mauro mischen sich regionale Elemente und der charakteristische gotisch-aragonische Stil.

Eine elegante, von zwei Steinlöwen flankierte Treppe führt zu der grauen Trachytfassade mit einer wunderschön geschnitzten gotischen Fensterrose. An den Steinen der Kirche erinnern zahlreiche Inschriften – einige jahrhundertealt, andere jüngeren Datums – an Pilger.

San Mauro hat ein durchgängiges Gewölbe, unterbrochen nur von einem Bogen zum Chorraum hin. Dort stehen ein barocker Altar und einige Statuen.

Die ursprüngliche Kirche wurde um mehrere Gebäude erweitert, in denen die Pilger, vor allem am Festtag zu Ehren von San Mauro, untergebracht und beköstigt werden. An diesem Tag fand früher auf dem Gelände der Kirche die wichtigste Vieh- und Pferdemesse Sardiniens statt.

In der Nähe der Kirche gibt es zwei weitere sehenswerte Stätten: die **Tomba dei Giganti di Funtana Morta** (Gigantengrab) und, auf einem Hügel mit Blick auf die Kirche, die Nuraghe **Talei**, die aus großen Granitsteinen teilweise in den umliegenden Fels hineingebaut wurde.

Laconi

Straßenkarte C4. 2500.
Rathaus (0782-86 62 00).

Laconi liegt an einem felsigen Ausläufer der Sarcidano-Berge und bietet einen herrlichen Panoramablick. Sehenswert sind auch die Ruinen des **Castello Aymerich** im Park oberhalb der Stadt. Von der 1053 erbauten Festung ist nur ein Turm erhalten, spätere Anbauten sind ein Saal aus dem 15. und der Portikus aus dem 17. Jahrhundert. Der wunderschöne Park eignet sich hervorragend für Spaziergänge oder ein Picknick und bietet zudem einen botanischen Garten mit Wasserfall.

In Laconi, einst Sitz der adligen Herren der Region, steht noch der klassizistische **Palazzo Aymerich**, den der Architekt Gaetano Cima aus Cagliari in der ersten Hälfte des 19. Jahrhunderts baute. In der Nähe der Pfarrkirche (16. Jh.) befindet sich das Geburtshaus und kleine Museum von **Sant'Ignazio da Laconi**, einem Wundertäter, der in der zweiten Hälfte des 18. Jahrhunderts hier lebte. Ein Denkmal auf dem Hauptplatz erinnert an ihn. Das **Museo Archeologico** in der Via Amiscora besitzt 40 pränuraghische Menhirstatuen.

Umgebung: Im Gebiet um Laconi gibt es viele prähistorische Ruinen, darunter Menhire, Steinsäulen, in die Bildhauer menschliche Züge meißelten. Sie sind in Perda Iddocca und Genna 'e Aidu zu sehen. Am besten erkundet man sie mit einem Führer.

Ruinen des Castello Aymerich in Laconi

Hotels und Restaurants in der Bergregion und der Barbagia *siehe Seiten 175f und 185f*

Eisenbahn Cagliari–Sorgono ⑰

Die Bahnfahrt von Cagliari nach Sorgono zu den Ausläufern des Gennargentu-Massivs geht langsam vonstatten (viereinhalb Stunden, mit dem Auto kann man die gleiche Strecke in zwei Stunden zurücklegen). Doch der Schmalspurzug fährt durch eine imposante Berglandschaft und bietet Einblick in eine längst vergangene Zeit. D. H. Lawrence beschreibt sie in seinem Buch *Das Meer und Sardinien* (1921). Der erste Streckenteil bis Mandas führt über die welligen Hügel der Trexenta. Dann steigt der Zug zum Rasthaus in Ortuabis hinauf, einem Gebiet mit dichter Vegetation und Berggipfeln im Hintergrund. Schließlich geht es durch einen Baumheidewald bis nach Belvi.

Üppige Vegetation *und Wasserfälle kennzeichnen die Strecke von Laconi nach Meana.*

Das Dorf Meana Sardo *ist von Tälern mit dichter Vegetation umgeben. Seine Häuser sind aus Stein. Die Pfarrkirche San Bartolomeo hat eine Renaissance-Fassade. In der Umgebung gibt es mehrere Nuraghen.*

Kastanien- und Haselnusswälder *bedecken die Ausläufer des Gennargentu-Massivs. In Belvi lohnt das Museo di Scienze Naturali (siehe S. 110) einen Besuch.*

Laconi *ist ein beliebtes Urlaubsziel in der Region Sarcidano.*

Die romanische Kathedrale *San Pantaleo wurde von den Pisanern erbaut. Das Taufbecken (5./6. Jh.) ist ein Überrest der frühchristlichen Basilika, die ursprünglich an dieser Stelle stand.*

0 Kilometer 15

ROUTENINFOS

🛈 Stazione di Cagliari, Piazza Repubblica (070-49 13 04); Trenino Verde (070-58 02 46), www.treninoverde.com

🚌 Ab 30 Personen werden nach Anmeldung von Juni bis September geführte Touren angeboten. Extra Sommerfahrplan.

LEGENDE

- Eisenbahn
- Hauptstraße
- Nebenstraße
- Fluss

Kanufahrt auf dem Flumendosa bei Aritzo

Aritzo ⑱

Straßenkarte C4. 👥 *1700.*
ℹ️ *Rathaus (0784-62 72 23).*
⛪ *Sant'Isidoro (2. So im Aug); Kastanienfest (1. Wochenende im Nov).*

Der Ort war einst berühmt dafür, teuer Schnee zu verkaufen, der, in mit Stroh ausgelegte Behälter verpackt, im heißen Sommer über die Insel transportiert wurde. Unter der Herrschaft der Aragonier hatte die Stadt das Privileg, von gewählten Ortsansässigen regiert zu werden.

Von der alten Stadt sind viele Spuren erhalten. Einige Häuser haben noch die typischen Steinfassaden und langen Holzbalkone. Zu den wichtigsten Gebäuden gehören die neugotische **Casa degli Arangino** und das beeindruckende **Gefängnis** aus dem 17. Jahrhundert an der Via Maggiore.

Heute wird kein Schnee mehr verkauft. Erhalten ist dagegen die Tradition der Herstellung von Holzmöbeln, etwa handgeschnitzter Hochzeitstruhen, die in Handwerksläden angeboten werden.

Das gute Klima, die Höhenlage und die herrliche Aussicht auf die umliegenden Berge machen Aritzo im Sommer zu einem beliebten Ausflugsziel. Die Rodeos außerhalb der Stadt sowie das Angebot an Wanderungen und Ausritten zum Gennargentu-Massiv und ins obere Flumendosa-Tal ziehen viele Besucher an.

Auf dem Fluss werden gern Kanufahrten unternommen.

Umgebung:
Direkt nördlich von Aritzo steht der **Tacco di Texile**, ein 975 Meter hoher Kalksteinfelsen mit der Form eines Pilzes. Von dort haben Wanderer einen wunderschönen Blick auf die Berge der Barbagia.

Im Mittelalter lebte der demütige heilige Efisio in diesem Gebiet. Viele Jahre lang predigte er den Bewohnern und bekehrte sie schließlich zum Christentum.

Hochzeitstruhe aus Aritzo

Belvi ⑲

Straßenkarte C4. 👥 *810.*
ℹ️ *Rathaus (0784-62 92 16).*
⛪ *Sant'Agostino (28. Aug).*

Von Belvi blickt man hinunter auf das Iscra-Tal mit seinen Haselnussbäumen und Obstplantagen. Früher muss dieses Dorf ein wichtiges Wirtschafts- und Handelszentrum gewesen sein, denn die umliegende Bergregion Barbagia di Belvi ist nach ihm benannt.

Die Schmalspurbahn von Cagliari nach Sorgono führt nahe am Dorf vorbei. Die Reise geht durch eine fantastische Landschaft mit unzähligen Kurven und hohen Viadukten (*siehe S. 109*).

Einige alte Häuser Belvis sind noch erhalten. Eines ist das privat geführte **Museo di Scienze Naturali** (Naturwissenschaftliches Museum) an der Via Roma, der Hauptstraße. Eine Gruppe von Enthusiasten (zu denen ein deutscher Naturliebhaber gehörte, der fast zehn Jahre in Belvi lebte) gründete es in den 1980er Jahren. Das Museum besitzt eine paläontologische und eine mineralogische Abteilung und stellt darüber hinaus seine Sammlung von Insekten und typischer sardischer Fauna aus.

🏛 **Museo di Scienze Naturali**
Via San Sebastiano. 📞 *0784-62 92 63.* ⏰ *nur nach Vereinbarung.*

Rodeo bei Aritzo

Hotels und Restaurants in der Bergregion und der Barbagia *siehe Seiten 175f und 185f*

BERGREGION UND BARBAGIA

Blick auf Desulo

Desulo ⑳

Straßenkarte C4. 🗻 2800.
🏛 *Rathaus (0784-61 92 11).* 🎉
Fronleichnam (2. So nach Pfingsten).
www.comunas.it/desulo

Desulo liegt auf 895 Metern Höhe an den Hängen des Gennargentu-Massivs. Bis zum 7. Jahrhundert war das Dorf nicht zum Christentum bekehrt und außerdem politisch selbständig. Leider hatte ein planloser Bauboom verheerende Auswirkungen und zerstörte fast alle traditionellen Schieferhäuser. Dorfbewohner in typischer Tracht sind jedoch ein alltäglicher Anblick.

Desulos Wirtschaft basiert auf der Schafzucht und der alten Tradition der Bewirtschaftung von Kastanienwäldchen und Bergweiden. Es ist noch nicht lange her, dass die Holzschnitzer des Dorfes zu verschiedenen Märkten reisten, um ihre handgefertigten Löffel und Brettchen, aber auch ihre selbst gezogenen Kastanienpflänzchen zu verkaufen.

Sehenswert sind die Pfarrkirche **Sant'Antonio Abate** und Kirchen wie **Madonna del Carmelo** und **San Sebastiano** mit ihren bunten Holzstatuen aus der Mitte des 17. Jahrhunderts. Ein Besuch des Dorfes lohnt sich vor allem wegen der malerischen Umgebung und der Aussicht auf den höchsten Gipfel der Insel. Seit geraumer Zeit wird geplant, das Gebiet zum Nationalpark zu erklären und diesen in den Gennargentu-Nationalpark zu integrieren. Desulo ist ein beliebtes Ziel von Wanderern, die der anstrengende Aufstieg zum Gennargentu-Massiv und zur Punta La Marmora reizt *(siehe S. 82)*. Da die Besucherzahlen zugenommen haben, entstanden in jüngster Zeit einige Hotels und Herbergen.

Kastanien

Tonara ㉑

Straßenkarte C4. 🗻 2300.
🏛 *Rathaus (0784-637 99).*
🎉 *Sagra del Torrone (2. So im Aug).*

Früher basierte die Wirtschaft Tonaras vor allem auf Kastanien, Haselnüssen und anderen für diese Berglandschaft typischen Erzeugnissen. Mit der Entdeckung Tonaras durch den Fremdenverkehr wurde auch die heimische Produktion von Kuhglocken, *torrone* (Nougat) und handgewebten Teppichen bekannt. Bei Festlichkeiten werden die begehrten Kuhglocken auf dem Hauptplatz geschmiedet, wobei das Metall auf Steinformen zurechtgehämmert wird. Die Bewohner Tonaras erzählen Ihnen gern, wo Sie den Handwerkern zuschauen und ihre Produkte kaufen können. Den Flair eines typischen Bergdorfes verströmen noch die Häuser der Hirten, die seit über einem Jahrhundert unverändert sind.

Tonara ist ein beliebter Ausgangspunkt für Ausflüge ins Gennargentu-Massiv. Besonders interessant ist die Tour zur **Punta Mungianeddu** (1467 m). Eine Straße führt durch Steineichen- und Kastanienwälder zum Gipfel, der mit einer wunderbaren Aussicht belohnt.

Steinform zur Herstellung von Kuhglocken

SARDISCHER NOUGAT

Nougat (auf Italienisch *torrone*) gehört traditionell zu den beliebtesten Süßigkeiten Zentralsardiniens. Seine Produktion hat eine lange Tradition. Auf jedem Markt und bei jedem Fest verkaufen Stände den köstlichen, harten, in Tonara oder in einem der anderen Bergdörfer hergestellten Nougat. Die Hauptzutaten sind Mandeln, Walnüsse, Haselnüsse, verschiedene Honigsorten und Eiweiß (manchmal wird auch das Eigelb verwendet). Die verschiedenen Nougatsorten basieren auf der Verwendung unterschiedlicher Honigsorten, dem Geschmack der Nüsse oder der Anzahl der Eier. Es gibt viele Nougatkonditoren, die, gleichgültig wie groß oder klein ihre Räumlichkeiten sind, die Besucher bei der Zubereitung zuschauen und ihren Lieblingsgeschmack auswählen lassen. Die Nougatblöcke werden immer frisch geschnitten. Eine ausgezeichnete Adresse ist der Laden von Signora Anna Peddes in der Via Roma Nr. 6 in Tonara, die besonders köstlichen und wohlduftenden Nougat herstellt.

Nougatfest in Tonara

WESTKÜSTE

Tausende Flamingos überwintern alljährlich in den Marschen und Feuchtgebieten Westsardiniens und bilden mit ihrem rosafarbenen Gefieder einen starken Kontrast zu den Farben der Macchia. An der Küste, die dem kühlen Mistral ausgesetzt ist, haben die starken Winde im Lauf der Jahrhunderte riesige Dünen geformt.

Seit Jahrhunderten locken die natürlichen Häfen und das fruchtbare Land der Westküste Schiffe an. Die Phönizier entdeckten die sicheren Häfen Sulki und Tharros und das große Handelspotenzial des Obsidian. Römer und Spanier drückten Bosa ihren Stempel auf. Letztere machten Alghero zu einer katalanischen Stadt.

Das Gebiet um Oristano ist eines der größten Feuchtbiotope Europas. Hier gibt es Süßwasserteiche und sumpfige Seen, Salzwasserlagunen, Sandbänke und Dünen. Der Fluss Tirso und der Mistral sind für dieses spezielle Ökosystem verantwortlich. Im Lauf der Jahrhunderte häuften die Westwinde an der Flussmündung riesige Dünen an, die den Fluss des Wassers ins Meer behindern. Anfang des 20. Jahrhunderts verseuchten Malaria übertragende Mücken dieses Marschland, doch dank der Trockenlegungen in den 1930er Jahren und einer von der Rockefeller-Stiftung unterstützten Anti-Malaria-Kampagne kann der Boden inzwischen gefahrlos bebaut werden. Heute zählt das Gebiet, in dem Frühgemüse für den Export zum italienischen Festland sowie Oliven und Zitrusfrüchte gedeihen, zu den fruchtbarsten Sardiniens. Um Oristano und bei den Stränden der Sinis-Region reift der weiße Vernaccia-Wein. Die wunderschöne Küste bietet kleine Strände, Ferienorte am Meer schmiegen sich an hohe Sanddünen mit dichten Kiefernwäldern. Manche Strände bestehen aus durchsichtigen Quarzkörnern, ideal für Liliengewächse. Einige wilde, felsige Klippen sind nur per Boot oder nach einem langen Fußmarsch zu erreichen.

Blick vom Temo-Ufer auf die historische Stadt Bosa

◁ Segelboot mit Lateinsegel vor der Küste bei Stintino *(siehe S. 120)*

Überblick: Westküste

Die Westküste Sardiniens bietet viele Möglichkeiten der Urlaubsgestaltung, ob Sie nun die Städte und das Land erkunden oder sich an Stränden wie Is Arenas, Is Arutas oder Bosa Marina entspannen möchten. Neben artenreichen Naturschutzgebieten gibt es befestigte Städte mit romanischen Kathedralen. An den Weinbergen nördlich von Oristano gedeiht der Vernaccia, einer der bekanntesten Weine Sardiniens. In Tharros können Sie die Ruinen einer phönizischen Küstenstadt aus dem 8. Jahrhundert v. Chr. besichtigen. Die relativ geringen Entfernungen zwischen einzelnen Sehenswürdigkeiten und das recht flache Gelände, besonders auf der Sinis-Halbinsel und in der Region Campidano di Oristano, sind ideal für Radtouren. Wanderern stehen spezielle Wege, Reitern eigene Reitpfade zur Verfügung, die bei der Reitschule in Ala Birdi zusammenlaufen. Auf der Landspitze des Capo Caccia kann man riesige Höhlen und Grotten erkunden.

Kalkfelsen am Capo Caccia und die Insel Foradada

Siehe auch

- **Übernachten** S. 176
- **Restaurants** S. 186

Archäologische Grabungen in Tharros

Weitere Zeichenerklärungen *siehe hintere Umschlagklappe*

WESTKÜSTE

Blick vom Capo Falcone auf die Insel Asinara

SEHENSWÜRDIGKEITEN AUF EINEN BLICK

Abbasanta ⑫
Ales ㉔
Alghero S. 116–119 ①
Arborea ㉑
Argentiera ⑤
Bosa S. 126f ⑧
Cabras ⑮
Capo Caccia S. 122f ⑥
Cuglieri ⑭
Fordongianus ㉒
Ghilarza ⑪
Macomer ⑨
Monteleone Rocca Doria ⑦

Oristano S. 134f ⑲
Parco Nazionale
  dell'Asinara ④
Paulilatino ㉓
Porto Torres ②
San Giovanni
  di Sinis ⑰
San Salvatore ⑯
Santa Giusta ⑳
Santu Lussurgiu ⑬
Sedilo ⑩
Stintino ③
Tharros S. 132f ⑱

Traditionelles Fischerhaus, San Giovanni di Sinis

0 Kilometer 10

LEGENDE

═══ Schnellstraße
─── Hauptstraße
─── Nebenstraße
─── Panoramastraße
─ ─ Eisenbahn (Hauptstrecke)
─── Eisenbahn (Nebenstrecke)
△ Gipfel

AN DER WESTKÜSTE UNTERWEGS

Die Küstenstraße ist recht gut, erlaubt aber kein schnelles Fahren. Das Gleiche gilt für die Straßen, die die Dörfer verbinden oder in die Berge führen. Die SS131 (Carlo Felice) führt von Oristano nach Sassari. Es gibt gute Zugverbindungen von Oristano nach Cagliari, Olbia und Porto Torres, den wichtigsten Fährhäfen.

Im Detail: Alghero

42
Alte Hausnummer

Anfang des 12. Jahrhunderts beschloss die Aristokratenfamilie Doria aus Genua den Bau zweier Festungen auf Sardinien: Castelgenovese (heute Castelsardo) und Alghero. Wegen des reichen Vorkommens von Algen vor der Küste wurde Letztere Alquerium genannt – *s'Alighera* im sardischen Dialekt und *l'Alquer* auf Katalanisch. Nach kurzer pisanischer Herrschaft wurde Alghero 1353 von den Aragoniern erobert und war seither die spanischste Stadt der Insel. Das alte Zentrum liegt innerhalb der Festungsanlage. Die Wirtschaft Algheros basiert auf Tourismus und Kunsthandwerk, vor allem Schmuck und anderen Gegenständen aus Korallen.

★ **San Francesco**
Teile dieses Juwels katalanisch Architektur stammen aus der ersten Hälfte des 14. Jahrhunderts. Im Sommer finden im Kloster Open-Air-Konzerte statt.

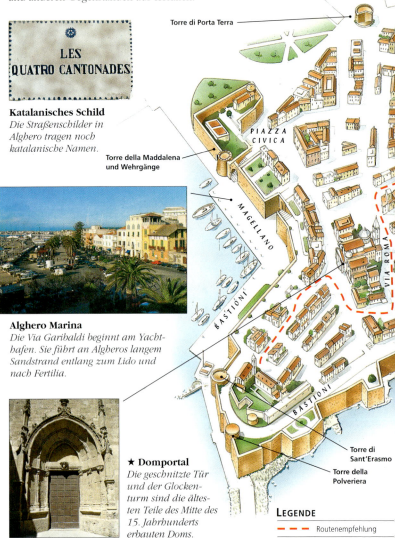

Katalanisches Schild
Die Straßenschilder in Alghero tragen noch katalanische Namen.

Torre di Porta Terra

Torre della Maddalena und Wehrgänge

Alghero Marina
Die Via Garibaldi beginnt am Yachthafen. Sie führt an Algheros langem Sandstrand entlang zum Lido und nach Fertilia.

★ **Domportal**
Die geschnitzte Tür und der Glockenturm sind die ältesten Teile des Mitte des 15. Jahrhunderts erbauten Doms.

Torre di Sant'Erasmo

Torre della Polveriera

LEGENDE

- - - - Routenempfehlung

Hotels und Restaurants an der Westküste *siehe Seiten 176 und 186*

San Michele

In dieser Barockkirche stehen zwei Stuckaltäre aus der zweiten Hälfte des 17. Jahrhunderts.

INFOBOX

Straßenkarte B2. 41 000. Alghero Fertilia, 24 km nördlich. 079-97 90 54.

Torre di San Giovanni

Torre dello Sperone

Der Turm gehört zur Stadtmauer von Alghero. Von hier aus blickt man auf die Piazza Sulis, das Herz der Stadt.

Chiesa della Misericordia

Torre San Giacomo

Die Via Carlo Alberto ist die zentrale Einkaufsstraße in Alghero. Hier bieten die Handwerker in den Sommermonaten ihren Korallenschmuck feil.

Chiesa del Carmelo

Restaurant Al Tuguri

Das kleine Restaurant in Algheros historischem Zentrum ist eines der besten Sardiniens. Es ist auf Fisch spezialisiert, der nach alten katalanischen Rezepten zubereitet wird.

0 Meter 50

★ Wehrgänge

Die Wehrgänge, die zwischen der Altstadt und dem Meer liegen, laden vor allem an warmen Abenden zu einem Bummel ein.

NICHT VERSÄUMEN

★ Domportal

★ San Francesco

★ Wehrgänge

Überblick: Alghero

Trotz des beträchtlichen Schadens, den die Bomben der Alliierten im Zweiten Weltkrieg anrichteten, ist das Zentrum der Altstadt zum größten Teil intakt und kann leicht zu Fuß erkundet werden. Die Hauptstraßen von Bosa (im Süden) und von Sassari (im Nordosten) führen zu den Stadtmauern. Parken Sie dort Ihren Wagen, und spazieren Sie durch die engen Gassen der Altstadt. Alghero ist diejenige Stadt Sardiniens, in der der Einfluss der spanischen Kultur am stärksten präsent ist. Der hiesige Dialekt ist eng mit dem Katalanischen verwandt. Deswegen werden die Straßenschilder seit 1970 auf Italienisch und Katalanisch gedruckt, auf den Straßen werden Sie beide Sprachen hören.

Torre di Porta Terra
Piazza Porta Terra.
Das Stadttor aus dem 14. Jahrhundert wirkt heute etwas deplatziert, da der größte Teil der Festungsanlage abgerissen wurde, um Platz für die heutige Via Sassari zu schaffen. Weil die Juden den aragonischen König Peter III. bei der Eroberung der Stadt unterstützten, wurde das Tor früher Torre degli Ebrei (*dels Hebreus* auf Katalanisch), »Judenturm«, genannt. Der Turm bildete früher mit einem weiteren ein Tor. Eine Zugbrücke verband die Porta Terra und den gotischen Bogen (jetzt Kriegerdenkmal). Das Untergeschoss, ein Steingewölbe, dient als Ausstellungszentrum.

Torre di San Giacomo
Die aufwendig restaurierte Torre di San Giacomo steht am Ufer vor der Carmen-Kirche aus dem 17. Jahrhundert. Sie unterscheidet sich von den anderen Türmen in Alghero durch ihre ungewöhnliche achteckige Form. Ihr Beiname »Torre dei Cani« (»Hundeturm«) spielt darauf an, dass in dem Turm früher eingefangene herrenlose Hunde eingesperrt wurden.

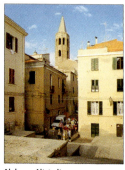

Fenster im Palazzo d'Albis

Bastione und Forte de la Magdalena
Einheimische wie Besucher genießen bei Sonnenuntergang den Bummel an der Seepromenade. Von Süden her kommend, verläuft der Lungomare Dante zum Lungomare Cristoforo Colombo und schließlich zum Lungomare Marco Polo mit den turmbewehrten Schutzwällen (Torre di San Giacomo, Mirador-Schutzwall, Torre de la Polvorera, Torre de Castilla), die zum Hafen führen. Nahe den Stufen zwischen dem Strand und dem Stadttor Porta a Mare liegt das Forte de la Magdalena, die wichtigste spanische Festungsanlage der Stadt. An ihren Mauern erinnert eine Gedenktafel daran, dass Giuseppe Garibaldi hier am 14. August 1855 landete.

Palazzo d'Albis
Piazza Civica (*Plaça de la Dressana*).
Der Palast aus dem 16. Jahrhundert mit zwei identischen Spitzbogenfenstern wird auch Palazzo de Ferrera genannt. Im Oktober 1541 besuchte Karl V. den bürgerlichen katalanischen Bau.

Algheros Altstadt

Der Kaiser, der mit seiner Flotte auf dem Weg nach Algier Zwischenstation in Alghero machte, schätzte die Stadt sehr. Traditionsgemäß sprach er vom Balkon des Palazzo d'Albis aus zur Bevölkerung: »Bonita por mi fé, y bien assentada« (»Wunderschön, fürwahr, und gut befestigt«). Und zu den Einwohnern: »Estade todos caballeros« (»Ihr seid alle Ritter«). Der Aufenthalt des Monarchen endete mit der Requirierung einer großen Anzahl Rinder, die er für seine spanischen Truppen brauchte. Die Tiere wurden nach einem Stierkampf geschlachtet, der auf der Piazza Civica spontan stattfand.

Cattedrale di Santa Maria
Piazza Duomo. 079-97 92 22.
tägl. 6.30–12 Uhr, 17–20 Uhr.
Algheros klassizistische Cattedrale di Santa Maria (Marienkathedrale) liegt an der kleinen Piazza Duomo. Das Gebäude aus dem 14. Jahrhundert wurde Mitte des 16. Jahrhunderts im Stil der katalanischen Spätgotik umfassend umgebaut. Auch der

Die wuchtige Torre di San Giacomo

Hotels und Restaurants an der Westküste *siehe Seiten 176 und 186*

Blick auf den Hafen und Algheros breite Strandpromenade

ungewöhnliche achteckige Glockenturm der Kathedrale stammt aus dieser Zeit. Im Kircheninneren fällt der Unterschied zwischen der Anlage des Zentralbereiches aus der Spätrenaissance und dem Altarraum aus dem 16. Jahrhundert sogleich ins Auge. In der Sakristei ist katalanischer Schmuck ausgestellt.

Korallenschmuck-Auslage

Via Principe Umberto

Die schmale, an der Kathedrale beginnende Straße war eine Hauptverkehrsader in der alten, von Mauern umgebenen Stadt. Interessant sind die Casa Doria (16. Jh.), der Palazzo della Curia und das savoyische Teatro Civico (19. Jh.) an der Piazza Vittorio Emanuele II.

San Francesco und Kreuzgang

Via Carlo Alberto. 079-97 92 58. 7.30–12 Uhr, 16.30–20 Uhr.
Die Kirche San Francesco ist wohl das wichtigste katalanische Monument Sardiniens. Sie wurde Ende des 14. Jahrhunderts errichtet und zum Teil neu aufgebaut, weil Partien des Gebäudes einstürzten. San Francesco zeigt den Einfluss unterschiedlicher Stile. Der sechseckige Glockenturm auf quadratischem Sockel ist gotisch. Die Kirche hat zwei Seitenschiffe und holzgeschnitzte barocke Altäre, unter dem mit Sternen übersäten Gewölbe des Presbyteriums steht ein Altar aus dem 18. Jahrhundert. Zu den hier zu sehenden Skulpturen zählen ein *Toter Christus* und ein *Christus an der Martersäule*. Einen Besuch lohnt der von der Sakristei aus zugängliche Kreuzgang, der in verschiedenen Epochen aus Sandstein gebaut wurde. Der untere Teil stammt aus dem 14., der obere aus dem 18. Jahrhundert. Die 22 Säulen haben runde oder vieleckige Sockel und Kapitelle aus Stein. Zum jährlichen Musiksommer Estate Musicale Internazionale di Alghero finden hier Konzerte und andere Kulturveranstaltungen statt. Während des restlichen Jahres dient das Refektorium häufig als Veranstaltungsort.

Strände

Der Hafen von Alghero war aufgrund seiner Lage und der flachen Küste nie ein wichtiger Handelsplatz. Es gibt keine Schwerindustrie, sodass das Meer nicht verschmutzt ist. Gleich außerhalb der Altstadt findet man mehrere hübsche Badeplätze. Der bekannteste Strand ist der acht Kilometer lange Bombarde, der sich nordwestlich der Stadt mit reinem, weißem Sand und kristallklarem Wasser erstreckt. Ein weiterer guter Strand ist der Lazzaretto, der seinen Namen dem Krankenhaus für Arme verdankt, das dort in der Zeit der Pest, Ende des 14. Jahrhunderts, stand. Bei klarem Wetter zeichnen sich am Horizont die beeindruckenden Umrisse des Capo Caccia ab.

Umgebung: Im Norden von Alghero liegt die Küstenstadt **Fertilia** mit einem kleinen Yachthafen. Der Ort entstand in der faschistischen Ära als Zentrum des Landgewinnungsprogramms. In der Nähe kann man die 13 Bogen der römischen Brücke in der alten Stadt Carbia sehen. Das Bauwerk verband früher Carbia mit Portus Nympharum, der heutigen Bucht Porto Conte. Nicht weit davon entfernt steht der prähistorische Komplex der Nuraghe **Palmavera** mit seinen zwei Türmen und einem befestigten Hof.

Östlich von Alghero sind die **Nekropole Anghelu Ruju**, der größte pränuraghische Bestattungsort dieser Art auf Sardinien, die Weingärten und das Museum Sella & Mosca sehenswert *(siehe S. 189)*.

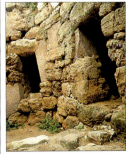

Eingang zur prähistorischen Nuraghe Palmavera

Porto Torres ❷

Straßenkarte B2. 22 000.
079-51 50 00.

Der wichtigste Hafen Nordsardiniens liegt im Golfo dell'Asinara. Er hieß bei den Römern Turris Libisonis und war eine wohlhabende Kolonie. Die Hauptstraße der Insel war die wichtigste Handelsverbindung nach Karalis (dem heutigen Cagliari). Die Beziehungen zu Rom waren sehr eng, wie die alten Mosaiken am Foro delle Corporazioni in Ostia Antica zeigen.

Ab dem Mittelalter ging es mit Porto Torres bergab, doch im 19. Jahrhundert erholte sich die Stadt wieder, als sie zum Hafen für Sassari wurde. Im 20. Jahrhundert kam es mit der Entwicklung regionaler Industrien zu einem erneuten Aufschwung.

Die Basilika **San Gavino** ist eine der bedeutendsten romanischen Kirchen Sardiniens. Sie wurde 1111 im pisanischen Stil erbaut. Sehenswert sind das Portal an der Nordfassade mit einem Basrelief aus dem 15. Jahrhundert sowie der andere gotische Eingang, der katalanische Einflüsse zeigt.

In der Basilika gibt es eine Krypta mit Zugang zu einem Bereich spätrömisch-frühchristlicher Ruinen, den Statuen der Märtyrer Gavino, Proto und Gianuario (18. Jh.) und einer mittelalterlichen Inschrift zu Ehren Kaiser Konstantins.

Die **Terme Centrali** zeigen ein getreues Bild eines römischen Bades, das **Antiquarium Turritano** präsentiert dort ausgegrabene Funde. In der Nähe führt eine römische Brücke mit sieben Bogen, der 135 Meter hohe **Ponte Romano**, über den Fluss Mannu.

Umgebung: Nicht weit entfernt liegt eine der interessantesten Stätten Sardiniens, der pränuraghische **Santuario di**

San Gavino in Porto Torres

Monte d'Accoddi. Folgen Sie von Porto Torres der SS131 in Richtung Sassari. Kurz hinter der Abzweigung nach Sorso (bei Kilometer 222,3) führt eine ausgeschilderte Schotterstraße zu der archäologischen Stätte aus der Kupferzeit (2450–1850 v. Chr.). Der einzige megalithische Altarbau im westlichen Mittelmeerraum gleicht einer stumpfen Pyramide mit trapezförmiger Grundfläche und Mauern aus großen Steinquadern. Auf der Südseite führt eine Rampe etwa zehn Meter hoch zur Oberfläche. Die Grundfläche misst 30 mal 38 Meter. Rund um den Altar sieht man die Fundamente von Häusern, Opfersteine und umgestürzte Menhire. Früher war auch eine Gruppe von *domus de janas* (Felsgräbern) Teil des Komplexes. Die hier gefundenen Objekte, darunter Keramiken, sind im Museo

Goldreif, ausgegraben in Porto Torres

Archeologico Nazionale in Sassari zu sehen *(siehe S. 163)*.

Antiquarium Turritano
079-51 44 33 oder 333-254 13 14. Di–So 9–19.30 Uhr.

Santuario di Monte d'Accoddi
tägl. 9–16.30 Uhr (Apr–Okt: bis 20.30 Uhr). 328-483 99 95.

Stintino ❸

Straßenkarte B2. 1200.
Rathaus (079-52 30 53).
Vela Latina (Ende Aug); Santissima Maria Immacolata (8. Sep). www.comune.stintino.ss.it

Die Straße zu Sardiniens Nordwestspitze Capo Falcone führt an den großen Windturbinen des umweltfreundlichen Kraftwerks Alta Nurra vorbei nach Stintino. Der Name des Fischerdorfes stammt von dem sardischen Wort *s'isthintinu*, »enger Durchgang« – die traditionelle Bezeichnung für Meeresarme. Stintino war früher für seine Thunfischgründe vor der Insel Asinara berühmt und ist heute ein Urlaubsort. Im Sommer bieten die Häfen Porto Mannu und Porto Minori Wassersportmöglichkeiten aller Art. Der sehr beliebte, lange Sandstrand ist in diesem Gebiet am leichtesten erreichbar.

Nördlich von Stintino führt die Küstenstraße bis zum **Capo Falcone**, das ein Turm am höchsten Punkt sowie zwei spanische Festungsanlagen bei Pelosa und auf der Isola Piana vor der Insel Asinara »bewachen«.

Porto Mannu, einer der beiden Häfen in Stintino

Hotels und Restaurants an der Westküste *siehe Seiten 176 und 186*

Karge Felsen auf der Insel Asinara

Parco Nazionale dell'Asinara ❹

Straßenkarte B1. 079-50 33 88 oder 800-56 11 66. obligatorisch. www.parcoasinara.it

Die zerklüftete Insel war früher als Standort des Hochsicherheitsgefängnisses Fornelli Besuchern nicht zugänglich. 1997 wurde sie zum Nationalpark erklärt. Sie ist knapp 18 Kilometer lang und sieben Kilometer breit und endet an der Landspitze von Scomunica. Ihr im westlichen Mittelmeerraum einzigartiges Ökosystem beherbergt seltene oder gefährdete Tierarten.

Ihre ursprüngliche Küste und der nicht vorhandene Motorverkehr machen Asinara zu einem idealen Zufluchtsort für Greifvögel, verschiedene Arten von Seevögeln, für Mufflons und Wildschweine. Hier leben auch die wilden Albino-Esel, nach denen die Insel wohl benannt wurde (*asino* bedeutet Esel). In dem vulkanischen Gebiet wächst ein Steineichenwäldchen und typische niedrige Macchia mit seltenen Pflanzen.

Als Naturschutzgebiet darf man Asinara nur im Rahmen von Führungen besuchen. Die Boote für Tagesausflüge legen in Stintino und Porto Torres ab. Die Insel kann zu Fuß, per Bus oder mit dem Geländewagen erkundet werden.

Argentiera ❺

Straßenkarte B2.

Viele Orte Sardiniens erinnern noch an die ehemalige Bergbauindustrie auf der Insel. In Argentiera, nicht weit entfernt von der modernen Stadt Palmadula, beuteten die alten Römer und im Mittelalter die Pisaner das kostbare Metall aus, dem die Region ihren Namen verdankt (*argento* bedeutet Silber).

Im 19. Jahrhundert entstanden entlang der Küste Gruben mit Holz- und Steinbauten. Das gewonnene Silber konnte per Schiff zu anderen Bestimmungsorten transportiert und dort verarbeitet und verkauft werden.

In den vergangenen Jahren veränderten viele Restaurierungs- und Umstrukturierungsprojekte, die zum größten Teil noch nicht abgeschlossen sind, das Gesicht der Stadt. Dennoch ist Argentiera weiterhin eines der faszinierendsten Beispiele für die Industriegeschichte Sardiniens. Im Sommer ist die ruhige Bucht bei Argentiera mit ihrem kristallklaren Wasser ein äußerst beliebtes Ausflugsziel.

Albino-Esel aus Asinara

Alte Minengebäude in Argentiera

Capo Caccia ❻

Die steil aus dem Meer aufragende Kalkklippe Capo Caccia, auf deren äußerster Spitze ein Leuchtturm steht, bietet eine wunderbare Sicht auf Alghero. In den Spalten und Schluchten der Klippe nisten Felsentauben, Segler, Wanderfalken und Silbermöwen. Auf der Westseite der Landspitze – gegenüber den kargen Umrissen der Insel Foradada – führen 656 steile Stufen (bekannt als Escala del Cabirol oder Rehleiter) die Klippen hinunter zu den faszinierenden Höhlen der Grotta di Nettuno (Neptunsgrotte). Die Höhle ist auch von Alghero aus in etwa drei Stunden per Boot erreichbar.

Gänsegeier
Auf Sardinien sieht man nur noch wenige Vertreter dieser seltenen Vogelart.

Silbermöwen
Diese Vögel nisten in Felsspalten und Schluchten.

Torre del Tramariglo

Torre Pegna

Cala d'Ir

Wanderfalken
Diese Greifvögel bevorzugen ein ruhiges, offenes Revier mit Felsklippen wie den Capo Caccia.

Capo Caccia
In der Vergangenheit wurde die Landspitze von Reisenden und berühmten Naturliebhabern wie Alberto La Marmora besucht. Der Name Capo Caccia leitet sich von caccia, »Felstaubenjagd«, ab, die früher sehr beliebt war.

Hotels und Restaurants an der Westküste *siehe Seiten 176 und 186*

CAPO CACCIA

Grotta Verde
Der Name der großen Grünen Grotte geht auf die Farbe des Mooses und anderer Pflanzen zurück, die die Stalagmiten und Stalaktiten bedecken. An den Ufern eines kleinen Sees am hinteren Ende des Stollens hat man alte Inschriften entdeckt.

INFOBOX

Grotta di Nettuno Alghero (079-94 65 40). Apr–Sep: tägl. 9–18 Uhr; Okt: tägl. 10–17 Uhr; Nov–März: tägl. 9–14 Uhr. obligatorisch. Bootstouren von Alghero aus legen bei Schlechtwetter hier nicht an!

Escala del Cabirol
An der Westseite der senkrechten Felswand führen die Stufen der Escala del Cabirol zum Eingang der Grotta di Nettuno hinab.

Punta del Quadro

Punta del Bollo

Lago La Marmora

Isola Foradada

Grotta di Nettuno
Die äußerst malerische Neptunsgrotte wurde erstmals im 18. Jahrhundert erforscht. Bei Führungen gelangt man nur 200 Meter in die 2,5 Kilometer tiefe Höhle hinein.

Romanische Kirche Santo Stefano in Monteleone Rocca Doria

Monteleone Rocca Doria ❼

Straßenkarte B3. 140.
079-92 51 17.

Das Dorf auf der 420 Meter hohen Klippe Su Monte bietet einen herrlichen Blick auf den Lago di Temo und die Nurra-Ebene. Der ruhige Ort besitzt eine kriegerische Vergangenheit. Im 13. Jahrhundert baute die Familie Doria aus Genua hier eine Burg, die im Jahr 1436 nach dreijähriger Belagerung durch Truppen aus Aragón, Sassari, Bosa und Alghero zerstört wurde.

Viele Einwohner verließen den Ort und gründeten die Stadt Villanova Monteleone, doch ein paar Familien blieben. Monteleone war nicht in Entwicklungsprogramme eingeschlossen, deshalb versuchten seine Einwohner einmal, ihr Los durch den Verkauf des Dorfes zu verbessern. Im Zentrum Monteleones steht die romanische Pfarrkirche **Santo Stefano**.

Bosa ❽

Siehe S. 126f.

Macomer ❾

Straßenkarte C3. 12 000.
Rathaus (0785-79 08 51).
Sant'Antonio Abate (17. Jan).

Macomer liegt auf einem Plateau aus Vulkangestein. Die Stadt ist eines der bedeutendsten Handelszentren im Inneren Sardiniens. Sie entwickelte sich an den wichtigsten Verkehrsachsen – der Carlo-Felice-Route (der SS131, die durch den größten Teil der Insel führt) und der Eisenbahn – und verdankt ihren Reichtum der Landwirtschaft, der Viehzucht sowie der Leichtindustrie. Von der Vergangenheit zeugt die Pfarrkirche **San Pantaleo**, ein Beispiel spanischer Barockgotik des 17. Jahrhunderts. Am Abend des 17. Januar findet die *Sa-Tuva*-Feier zu Ehren von Sant'Antonio Abate statt. Bei diesem Ereignis auf dem großen Platz vor Santa Croce erhellt ein Freudenfeuer das gesamte Stadtviertel.

San Pantaleo in Macomer

Umgebung: Ein kurzer Spaziergang führt Sie vom Stadtzentrum zur beeindruckenden **Nuraghe Santa Barbara** in der Nähe der SS131 Carlo Felice. Diese riesige Nuraghe dominiert eine Reihe kleinerer Türme und Wälle.

Sedilo ❿

Straßenkarte C3. 2700.
0785-56 00 01. S'Ardia vor Santu Antine (5.–8. Juli).

Die Basalthochebene von Abassanta lieferte den Bewohnern Sedilos das Rohmaterial zum Bau ihrer Häuser. Einige der ursprünglichen Bauten sind erhalten und repräsentieren einen Stil, der heute praktisch verschwunden ist. Die Hauptsehenswürdigkeit der Stadt ist die Kirche **San Giovanni Battista** im Zentrum. Der berühmteste Bau ist jedoch der **Santuario di Santu Antine** oder San Costantino, nach dem in Sardinien hochverehrten frühen Verfechter des Christentums, dem heiligen Konstantin. Die Kirche mit den typischen *cumbessias* für Pilger steht auf einer Klippe mit Blick über den Omodeo-See. Auf dem Gelände sind zahlreiche nuraghische Skulpturen wie die sogenannte Perda Fitta zu sehen, ein Monolith, der einer Legende zufolge der Körper einer Frau gewesen sein soll, die sich als Strafe für ihre Respektlosigkeit gegenüber dem Schutzheiligen in Stein verwandelte.

Auf dem Platz vor der Kirche bildet jedes Jahr das Pferderennen *S'Ardia* den Abschluss des Festes zum Gedenken an den Sieg Konstantins des Großen über Maxentius in der Schlacht an der Milvischen Brücke 312 n. Chr. Das Innere der Kirche ist mit Votivtafeln geschmückt.

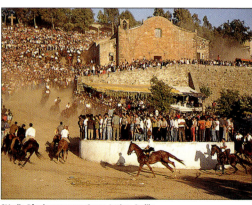

S'Ardia-Pferderennen um Santu Antine, Sedilo

Hotels und Restaurants an der Westküste *siehe Seiten 176 und 186*

Nuraghe Losa bei Abbasanta

Ghilarza ⓫

Straßenkarte C3. 🏠 *4700.*
🛈 *Rathaus (0785-540 38).*

Im Zentrum von Ghilarza steht ein unvollendeter aragonischer Turm, doch der Ort ist vor allem durch den italienischen politischen Denker und Schriftsteller Antonio Gramsci bekannt, der hier seine Kindheit verbrachte. Eine kleine Tür auf dem Corso Umberto führt in das heutige Forschungszentrum **Casa di Gramsci**. Eine Ausstellung zeigt historisches Material über den Kommunistenführer, der in der faschistischen Ära im Gefängnis starb. Ein kleiner Schlafraum im zweiten Stock war von 1898 bis 1908 Gramscis Zimmer.

Umgebung: Bei Ghilarza steht an der Straße nach Nuoro die schöne Kirche **San Pietro di Zuri**. Sie wurde 1923 mit dem gleichnamigen Dorf wegen des Omodeo-Stausees verlegt.

Die ursprüngliche Kirche stammt aus dem Jahr 1291. Das Gebäude wurde von Mariano d'Arborea in Auftrag gegeben und von dem Architekten Anselmo da Coma gebaut. Der romanische Bau weist interessante Details auf, die den Übergang zum gotischen Stil vorwegnehmen.

🏛 **Casa di Gramsci**
Corso Umberto 57. 🛈 *0785-541 64.* ⏲ *tägl. 10–13, 16–19 Uhr; Nov–März: Fr, Sa, So 10–13 Uhr, 15.30–18.30 Uhr.*
www.casagramscighilarza.org

Abbasanta ⓬

Straßenkarte C3. 🏠 *2700.*
🛈 *Rathaus (0785-542 29).*

Das Dorf, in dessen Zentrum noch einige traditionelle Häuser aus dem dunklen Basaltstein der Region stehen, ist um die Pfarrkirche Santa Cristina angelegt, einen beeindruckenden, vom Renaissance-Stil inspirierten Bau. Abbasanta liegt mitten in einer hoch entwickelten landwirtschaftlichen Region und verdankt seine Bedeutung der strategischen Lage nahe den alten wie modernen Hauptverkehrsadern.

In der Umgebung befinden sich zwei der wichtigsten archäologischen Stätten Sardiniens: die Nuraghe **Losa** und die Nuragher-Siedlung **Santa Cristina** bei Paulilatino *(siehe S. 137)*. Zur Nuraghe Losa fährt man über die Carlo-Felice-Straße Richtung Cagliari bis Kilometer 123 (angezeigt auf einem Schild). Hier führt eine Abzweigung rechts zum Eingang der eingezäunten archäologischen Stätte. Zusammen mit den Monumenten in Barumini *(siehe S. 64f)* und Torralba *(siehe S. 24f)* ist dieser nuraghische Komplex das wichtigste Zeugnis der vorpunischen Ära.

Den Mittelpunkt der riesigen Anlage bildet ein alter Bergfried aus dem 2. Jahrtausend v. Chr. Die Schutzwälle entstanden einige Jahrhunderte später. Die äußeren Verteidigungsmauern, die zuletzt hinzukamen, stammen aus dem 7. Jahrhundert v. Chr.

In der Nuraghe kann man drei überdachte Kammern mit vielen Nischen besichtigen, die wohl als Lagerräume dienten. Eine Wendeltreppe führt zur oberen Etage, über der sich eine Terrasse befindet.

Um die gesamte Hauptanlage erstrecken sich die Fundamente späterer Gebäude, die zwischen der Bronzezeit und dem Mittelalter errichtet wurden.

Etwa 100 Meter von den Nuraghen entfernt steht ein kleines **Antiquarium**, in dem Pläne und Illustrationen einer Reihe nuraghischer Monumente aus diesem Teil Sardiniens ausgestellt sind.

🏛 **Nuraghe Losa**
SS Carlo Felice km 123,5.
🛈 *0785-523 02.* ⏲ *tägl. 9–17 Uhr (Sommer: bis 20 Uhr).*

ANTONIO GRAMSCI

Gramsci, 1891 in Ales geboren, stammte aus einfachen Verhältnissen. Nach Beendigung seines Studiums in Turin ging er in die Politik. Er war Mitbegründer der radikalen Wochenzeitschrift *L'Ordine Nuovo* und der Kommunistischen Partei Italiens (1921), später deren Vorsitzender. Gramsci wurde ins Parlament gewählt, aber 1926 von den Faschisten verhaftet und zu 20 Jahren Haft verurteilt.

Der junge Gramsci

Er sah die Freiheit nicht wieder: 1937 starb er im Gefängnis. Die vollständige Ausgabe seiner Schriften *Quaderni dal Carcere* (Gefängnis-Notizbücher) wurde erst 1976 veröffentlicht. Die *Lettere dal Carcere* (Briefe aus dem Kerker) sind ein bewegendes Zeugnis seiner Leiden als Häftling.

Bosa ❽

Die pastellfarbenen Häuser von Bosa, dessen Zentrum das Castello Malaspina bildet, stehen am Ufer des Temo, des einzigen schiffbaren Flusses Sardiniens. Die Stadt war ursprünglich von Phöniziern am gegenüberliegenden Ufer gegründet worden. Im Mittelalter suchten ihre Bewohner wegen ständiger Piratenüberfälle den Schutz der Familie Malaspina und bauten an den Hängen des Serravalle. Unter spanischer Herrschaft erhielt Bosa den Status einer königlichen Stadt, bis heute herrscht eine enge Beziehung zur Iberischen Halbinsel. Die Stadt ist für ihre Spitzen und Goldschmiedekunst berühmt. Im mittelalterlichen Stadtteil Sas Conzas, einem Labyrinth aus Kopfsteinpflasterstraßen und Treppen, sieht man noch Frauen, die vor ihren Häusern sitzen und klöppeln. Nirgendwo in Italien ist das Meer so sauber wie bei Bosa.

Schmuck aus Bosa

Das Innere der Kathedrale in Bosa mit barocken Verzierungen

🏛 Kathedrale
Piazza Duomo. 📞 0785-37 32 86.
🕒 tägl. 10–12 Uhr, 16–18.30 Uhr.
Die Marienkathedrale wurde im 19. Jahrhundert im majestätischen spätbarocken, piemontesischen Stil umgebaut. Innen steht eine Statue der *Madonna mit Kind* der katalanischen Schule des 16. Jahrhunderts. Auf beiden Seiten des Hauptaltars befinden sich zwei drachentötende Löwen. Die Seitenaltäre sind aus farbigem Marmor.

🏛 Corso Vittorio Emanuele II
Die gepflasterte Hauptstraße Bosas verläuft parallel zum Fluss. Sie säumen aristokratische Gebäude und Goldschmiedewerkstätten, die Filigran- und Korallenschmuck herstellen.

🏛 Pinacoteca Civica
Casa Deriu, Corso Vittorio Emanuele II 59.
📞 0785-37 70 43.
🕒 tägl. 10–13 Uhr, 17–19 Uhr (Juli–Sep: 11.30–13 Uhr, 19.30–23 Uhr).
Die Casa Deriu, ein für Bosa typisches Gebäude aus dem 19. Jahrhundert, ist heute ein Ausstellungszentrum. Im Erdgeschoss werden traditionelle Produkte der Stadt wie Kuchen, Wein, Brot und alte Schwarz-Weiß-Fotos gezeigt. In der ersten Etage gibt es eine originalgetreue Rekonstruktion des eleganten Salons mit prächtigem Parkett aus Olivenholz, einer Decke mit Freskomalerei, Majolika-Fliesen aus Ravenna und in Bosa hergestellten Spitzenvorhängen zu sehen.

Detail des Architravs von San Pietro

Im oberen Stock zeigt die Pinacoteca Civica (städtische Kunstgalerie) Werke des hiesigen Künstlers Melkiorre Melis. Melis ist einer der führenden Förderer angewandter Kunst des 20. Jahrhunderts auf Sardinien.

Die ausgestellten Arbeiten umfassen Grafiken, Ölgemälde, Keramiken und Plakate aus sieben Jahrzehnten sowie Melis' arabisch beeinflusste Arbeiten aus seiner Zeit als Leiter der muslimischen Kunsthandwerksschule in Tripolis.

🏛 Castello Malaspina
Via Ultima Costa 14.
📞 333 544 56 75. 🕒 tägl. 10–12.30 Uhr, 16–18.30 Uhr.
Von der im Jahr 1112 für die Familie Malaspina dello Spino Secco erbauten Burg sind nur noch die imposanten Türme und Außenmauern vorhanden. Die Anlage wurde im 14. Jahrhundert ausgebaut, aus dieser Zeit sind nur Teile der Nordostmauer am Fuß des Hauptturms übrig. Der Turm entstand im frühen 14. Jahrhundert aus hellem, ockerfarbenem Trachyt. Er wird derzeit restauriert.

Blick über den Temo auf die Stadt Bosa

Hotels und Restaurants an der Westküste *siehe Seiten 176 und 186*

Luftaufnahme des Strandes Bosa Marina mit seinem aragonischen Turm

Das einzige innerhalb der Mauern verbliebene Bauwerk ist die Kirche **Nostra Signora di Regnos Altos** aus dem 14. Jahrhundert. 1974/75 brachten Restaurierungsarbeiten einen Freskenzyklus der katalanischen Schule ans Licht, einen der wenigen, die Sardinien noch geblieben sind. Von den Wehrgängen blickt man auf die Kirche San Pietro, das untere Temo-Tal und die roten Dächer des Sa-Costa-Viertels. Zum Stadtzentrum führen Stufen entlang den Mauern, die einst Bosa nach Osten hin abschirmten.

Sas Conzas
Die Gebäude am linken Ufer des Temo beherbergten früher Gerbereien. Seit einer Krise auf dem Lederwarenmarkt stehen sie leer und warten darauf, restauriert zu werden. In einem von ihnen lädt inzwischen ein kleines Restaurant ein. Das Viertel Sas Conzas bewundert man am besten von der palmengesäumten Straße Lungotemo De Gasperi am gegenüberliegenden Ufer aus, an dem die Fischer von Bosa ihre Boote vertäuen.

San Pietro
Bitten Sie den Küster der Kathedrale um den Schlüssel.
Etwa einen Kilometer östlich des linken Temo-Ufers steht die hochinteressante romanische Kirche San Pietro aus rotem Trachytstein. Ihr Bau begann in der zweiten Hälfte des 11. Jahrhunderts. Im folgenden Jahrhundert kamen Glockenturm, Apsis und Seitenwände hinzu. Die Fassade vereint romanische mit Elementen der französischen Gotik, die Zisterziensermönche eingeführt hatten. Der Architrav der Tür zeigt eine einzigartige *Madonna mit Kind und den Heiligen Petrus, Paulus und Konstantin*. Leider ist es schwierig, die Kirche zu besichtigen.

Bosas Wappen

Umgebung: Der dunkle Sandstrand Bosa Marina liegt nur zwei Kilometer vom Stadtzentrum entfernt. Eine lange Mole verbindet die Isola Rossa mit Bosa. Der aragonische Turm ist von Anfang Juli bis Ende August mit interessanten Wechselausstellungen für Besucher geöffnet. Die Küste zwischen Bosa und Alghero ist atemberaubend. Ein Teil der Strecke des Trenino Verde *(siehe S. 92f)* führt von Bosa Marina nach Macomer, um den Strand Pedras Nieddas (schwarze Steine) und durch das Tal des Rio Abba Mala nach Modolo, Tresnuraghes und Sindia.

INFOBOX
Straßenkarte B3. 7786. Pro Loco (0785-37 61 07). Settimana Santa Bosana (Osterwoche); Bootsprozession auf dem Fluss (29. Juni); Santa Stella Maris (1. So im Aug); Sagra di Nostra Signora di Regnos Altos (2. So im Sep).
www.comune.bosa.nu.it

Castello Malaspina in Bosa

Pferderennen während des Karnevals in Santu Lussurgiu

Santu Lussurgiu ⓭

Straßenkarte B3. 2700.
Rathaus. (0783-551 91).
Pferderennen im Stadtzentrum (Karneval); Pferdemesse (2./3. Juni); San Lussorio (21. Aug).
www.comunesantulussurgiu.it

Santu Lussurgiu liegt etwa 500 Meter über dem Meeresspiegel am Osthang des Monte Ferru. Es ist wie ein Amphitheater am Rand eines Vulkankraters angelegt und von Olivenhainen umgeben.

Faszinierend ist das historische Zentrum mit steilen, engen Straßen und winzigen Plätzen, die schöne hohe, hell gestrichene Steinhäuser säumen. Einige haben verzierte Architrave und schmiedeeiserne Balkone. Das **Museo della Tecnologia Contadina** (Museum für bäuerliche Kultur) in der Via Roma residiert in elf Räumen eines eleganten Hauses aus dem 18. Jahrhundert. Es wurde vom Centro di Cultura Popolare gegründet. Die »Su-Mastru-Salis«-Sammlung ist das Werk des Kurators Maestro Salis. Er trug in über 20 Jahren mehr als 2000 Objekte zusammen, die mit der Kultur und den Traditionen der Stadt im Zusammenhang stehen.

Eine Führung durch das Museum ist wie eine Reise in die Vergangenheit. In jedem Saal sind Alltagsgegenstände der Bauern, Hirten und Kohlenhändler, die am Fuß des Monte Ferru arbeiteten, ausgestellt. Einige der interessantesten Objekte stehen in der Abteilung über Spinn- und Webkunst, Kochen und Handwerk. Sehenswert ist auch der der Weinkelterei gewidmete Raum. Gezeigt wird zudem eine Walkmaschine, die Stoffe weich machte und verfilzte. Im Gebiet um Santu Lussurgiu gab es früher über 40 solcher Maschinen.

Im oberen Teil der Stadt steht die Kirche **Santa Maria degli Angeli** (15. Jh.) mit einem holzgeschnitzten Altar aus dem 18. Jahrhundert.

In der Stadt stellen Handwerker Messer und Reiterzubehör – Zaumzeug, Sättel und Lederstiefel – her.

Im Karneval verwandelt sich die Straße vor dem Museum in eine halsbrecherische Rennbahn, auf der zwei als Ritter verkleidete Reiter um die Wette rasen.

Museo della Tecnologia Contadina

FLAMINGOS IM NATURSCHUTZPARK SALE PORCUS

Die Marsch Sale Porcus ist eines der größten Naturschutzgebiete der Halbinsel Sinis, deren weiße Sanddünen die Macchia bedeckt. Im Winter und Frühling nisten hier über 10 000 Flamingos und Tausende Kraniche, Wildgänse, Kormorane und Stockenten. Sie lassen das Gebiet wie einen farbenprächtigen ostafrikanischen See aussehen. Im Sommer verwandelt sich der See in eine weiße Fläche mit einer dicken Salzkruste, über die man spazieren gehen kann. Am behutsamsten lässt sich diese Naturoase mit dem Pferd erkunden. Weitere Informationen über ökologisch unbedenkliche Ausflüge in das Naturschutzgebiet erhält man bei Engea Sardegna, der regionalen Filiale des nationalen Pferdeführer-Verbandes.

Oasi LIPU Sale Porcus
tägl. 0783-52 81 00.
www.lipu.it
www.sitogea.net

Flamingos im Naturschutzgebiet Sale Porcus

Hotels und Restaurants an der Westküste *siehe Seiten 176 und 186*

WESTKÜSTE

Eine der sieben Quellen in San Leonardo de Siete Fuentes

Umgebung: Wenige Kilometer von Santu Lussurgiu entfernt liegt in der Nähe eines Waldes mit Kiefern, Eichen und Steineichen das Dorf **San Leonardo de Siete Fuentes**. Es ist für sein Heilwasser bekannt, das mit einer Temperatur von 11 °C aus sieben Quellen fließt. Die Flüsschen durchqueren einen für Familienausflüge beliebten Wald. Die kleine Kirche San Leonardo im Stadtzentrum gehörte einst dem Malteserorden. Sie wurde im 12. Jahrhundert aus dunklem Trachytstein gebaut und erhielt ihr jetziges romanisch-gotisches Aussehen im darauffolgenden Jahrhundert. Das Mittelschiff der Kirche trägt die Insignien des Malteserordens. Gegenüber der Kirche kann man eine kleine öffentliche Bibliothek besichtigen.

Anfang Juni findet in San Leonardo ein großer Markt für Pferdesättel statt.

🏛 Museo della Tecnologia Contadina
Via T Meloni 1. 0783-55 06 17. nur nach Vereinbarung.

Cuglieri ⑭

Straßenkarte B3. 3400.
Viale Regina Margherita (0785-36 82 00). Prozession und 'Iscravamentu (Karfreitag); Madonna della Neve (5. Aug).
www.comune.cuglieri.or.it

Die Bauernstadt Cuglieri liegt 500 Meter über dem Meeresspiegel an den Westhängen des Monte Ferru mit Panoramablick auf das Meer. Sie wird von der Kirche **Santa Maria della Neve** überragt, die sich durch eine Fassade aus dem 18. Jahrhundert und zwei Glockentürme auszeichnet. Der Weg zur Kirche führt durch kleine Gässchen und über steile Treppen an hohen Steinhäusern vorbei.

Vom Platz vor der Kirche Santa Maria blickt man auf die Stadt und die Küste zwischen Santa Caterina di Pittinuri und Porto Alabe.

Santa Maria della Neve in Cuglieri

Umgebung: Die 15 Kilometer entfernte Küste erreicht man über die Hauptstraße 292. Das Küstenstädtchen **Santa Caterina di Pittinuri** liegt auf weißem Stein um den von einem Kalksteinkliff eingeschlossenen Meeresarm. Auf der Klippe steht der spanische Torre del Pozzo. Den malerischen Küstenstreifen prägen felsige Landzungen, weiße Sand- und Kiesstrände. Die berühmteste Sehenswürdigkeit ist **S'Archittu**, eine große, durch Küstenerosion geschaffene natürliche Brücke. Von der 292 zweigt zwischen ihr und Santa Caterina di Pittinuri eine Schotterstraße zu den Ruinen der punisch-römischen Stadt **Cornus** ab, dem Schauplatz des letzten Kampfes zwischen Römern und den von Amsicora angeführten sardischen Karthagern (215 v. Chr.).

Im 9. Jahrhundert v. Chr. verließen die Einwohner wegen der Sarazenenüberfälle die Stadt und gründeten an einem Berg Curulis Nova, das heutige Cuglieri. Die Schotterstraße endet vor der frühchristlichen Stadt Columbaris. Im Südwesten sieht man auf einem Hügel die Akropolis von Cornus. Die archäologische Stätte wirkt verlassen, doch es gibt dort noch Sarkophage und Ruinen einer Basilika mit drei Seitenschiffen (6. Jh.).

Kliff mit der berühmten Naturbrücke S'Archittu di Santa Caterina bei Pittinuri nahe Cuglieri

Luftaufnahme der Cabras-Marsch

Cabras ⓯

Straßenkarte B4. 🛉 10000.
🚌 🛈 Pro Loco (0783-29 68 28);
Rathaus (0783-39 71). 🎉 Festa di
San Salvatore (1. So im Sep).
www.comune.cabras.or.it

Die Stadt mit den alten, einstöckigen Häusern liegt nahe Oristano am Rand des größten Süßwassersees und der größten Marsch Sardiniens und ist durch Kanäle mit dem Meer verbunden.

Die Präsenz von Süß- und Salzwasser lockt Blesshühner, Wanderfalken und Purpurhühner an. Im Wasser leben Meeräschen und Aale.

Früher verwendeten die einheimischen Fischer lange, spitz zulaufende Boote, *is fassonis*, die aus getrockneten Binsen und anderen Sumpfpflanzen in einer von den Phöniziern übernommenen Technik gefertigt wurden. Ein weiteres phönizisches Erbe ist die *sa merca*: Bei dieser Art des Marinierens wird frischer Fisch in Pflanzenblätter aus dem See eingewickelt und in Salzwasser eingeweicht.

Umgebung: Am Nordende des Golfo di Oristano liegt die **Laguna di Mistras**. Zwei breite Sandbänke trennen sie vom Meer. Die Feuchtgebiete zählen weltweit zu den bedeutendsten ihrer Art. Hier leben unter anderem Flamingos, Kormorane, Fischreiher und Fischadler. Auch das nahe Marschland Mar'e Pontis ist von ornithologischem Interesse. Bei der ehemaligen Fischfarm Peschiera Pontis sieht man heute noch die alten Schleusen und Gitter.

San Salvatore ⓰

Straßenkarte B4. 🛈 Cabras.
🎉 Corsa degli Scalzi di San Salvatore
(Ende Aug –1. So im Sep).

Die typischen weißen *cumbessias* bei der Landkirche San Salvatore dienen jedes Jahr von Ende August bis Anfang September neun Tage lang Pilgern, die zum Festtag des Heiligen hierher wallfahren, als Unterkünfte.

In den 1960er Jahren diente der Platz vor der Kirche als Schauplatz für Italo-Western. San Salvatore entstand im 17. Jahrhundert auf dem Gelände einer nuraghischen Kultstätte, die im 6. Jahrhundert einer unterirdischen Kirche wich. Im Seitenschiff linker Hand führt eine Treppe zum Kultraum mit sechs Kammern, jeweils einer rechteckigen zu beiden Seiten eines Ganges, der zu einem runden Atrium mit Brunnen führt, um das drei weitere Kammern gruppiert sind. Das Hypogäum ist teilweise aus dem Fels gehauen. Die gewölbten Decken bestehen aus Sand- und Ziegelstein. Die Wände zieren Zeichnungen von Tieren (Elefanten, Panther und Pfauen), Helden und Göttern (Herakles im Kampf mit dem

Corsa degli Scalzi (Barfußrennen) in San Salvatore

Hotels und Restaurants an der Westküste *siehe Seiten 176 und 186*

Queller, eine typische Pflanze aus der Marsch von Cabras

Nemeischen Löwen, Mars und Venus mit einem kleinen geflügelten Amor). Es gibt arabische Inschriften über Allah und Mohammed sowie Zeichnungen von Schiffen, die Experten für Votivbilder halten.

Die lateinischen Buchstaben RVF, verschlungen wie in einem Monogramm und mehrmals wiederholt, scheinen aus dem Phönizischen zu kommen und sollten »heile, rette, gib Gesundheit« bedeuten.

Am ersten Sonntag im September ehrt die Stadt den hl. Salvatore. Das Barfuß- *(scalzi)*-Rennen während der Festlichkeiten erinnert an einheimische Jugendliche, die im Mittelalter vor den Sarazenen aus der Stadt flohen, jedoch zurückkehrten, um die Heiligenstatue zu retten.

Direkt östlich der Kirche liegen die Ruinen der römischen Bäder Domu 'e Cubas.

San Giovanni di Sinis ⓱

Straßenkarte B4. 🏠 *40.* 🛈 *Cabras.*

Am Rand der Sinis-Halbinsel liegt ein Badeort, der einst für seine Fischerhütten aus Holz und Schilf bekannt war *(siehe S. 115)*, von denen nur noch wenige erhalten sind. Die größte Gruppe findet man östlich der Autobahn in der Nähe der archäologischen Grabungen von Tharros *(siehe S. 132f)*.

In San Giovanni di Sinis steht die frühchristliche Kirche **San Giovanni**, zusammen mit San Saturnino in Cagliari die älteste Kirche Sardiniens. Sie stammt aus dem 5. Jahrhundert, doch ein Großteil ihrer heutigen Form ist das Ergebnis von Umbauten im 9. und 10. Jahrhundert. San Giovanni ist dreischiffig und hat ein Tonnengewölbe.

Umgebung: Nahe San Giovanni di Sinis liegt das WWF-Naturschutzgebiet **Torre 'e Seu**, in dem einige der letzten Zwergpalmen der Region wachsen. Man erreicht es über eine Schotterstraße vom nördlichen Ende der Stadt aus. Am Tor führt ein Pfad zum Meer und zum spanischen Turm Torre 'e Seu.

SARDINIENS VERNACCIA-WEIN

Vernaccia-Trauben

Das Land nördlich von Oristano zählt zu den fruchtbarsten Gebieten Sardiniens und ist mit Weingärten und Olivenbäumen bedeckt. Der in Oristano und den umliegenden Ortschaften San Vero Milis, Cabras, Zeddiani, Narbolia, Riola und Baratili gekelterte Vernaccia ist wohl der berühmteste Weißwein Sardiniens. Der Wein ist vollmundig, hat 15 Prozent Alkohol und wird mindestens drei Jahre in Eichenfässern gelagert. Besucher können einen Ausflug in das Weinbaugebiet unternehmen und in der Cantina Sociale della Vernaccia, in die ein beeindruckendes Tor des 18. Jahrhunderts hineinführt, eine Weinprobe machen.

🏛 **Cantina Sociale della Vernaccia**
Località il Rimedio 149. ☎ *0783-331 55.*
🕐 *Mo–Fr 10–12 Uhr.* 📧 🍷 *vorab buchen.*
www.vinovernaccia.com

Tor zur Cantina Sociale (18. Jh.)

Weinfässer in der Cantina Sociale della Vernaccia

Vernaccia-Weinreben

Tharros

Öllampe,
1. Jh. n. Chr.

Phönizier gründeten die Stadt Ende des 8. Jahrhunderts v. Chr. auf der Landzunge Capo San Marco, die sicheren Ankerplatz für Frachtschiffe bot. Ab dem 6. Jahrhundert v. Chr. war Tharros ein blühender Hafen, der auch in der Römerzeit ab dem Jahr 238 v. Chr. florierte. Das an zwei Seiten vom Meer umspülte Tharros zählt zu den faszinierendsten antiken Stätten im Mittelmeerraum. Bisher wurde von dem ursprünglichen Areal nur ein Drittel ausgegraben. Die meisten sichtbaren Relikte stammen aus punisch-römischer Zeit, doch es gibt auch Überreste älterer Zivilisationen: ein Nuragher-Dorf (späte Bronzezeit) und einen phönizischen Tophet (Kultstätte) auf dem Hügel Su Murru Mannu.

Halskette, 7.–6. Jh. v. Chr.
Diese Halskette aus Gold und Karneol fand man in der südlichen Nekropole.

Tiefe Gräber wurden in römischer Zeit bei den Befestigungen nördlich der Stadt angelegt.

Spanischer Turm San Giovanni

Capo San Marco
Auf dem Capo San Marco an der Südspitze der Sinis-Halbinsel stehen noch die Überreste der Nuraghe Baboe Cabitza aus der späten Bronzezeit. In dieser Ära war wohl die ganze Halbinsel dicht besiedelt.

Teil der Befestigungen
Die Mauern aus rechteckigen Sandsteinblöcken unterhalb der Torre San Giovanni stammen möglicherweise aus dem 3. Jahrhundert v. Chr.

Wohnungen
Die Mühlsteine aus Basalt im Hof dieses Hauses lassen Archäologen vermuten, dass in diesem Bereich Weizen verarbeitet wurde oder sogar eine Bäckerei bestand.

NICHT VERSÄUMEN

★ Korinthische Säulen

★ Zisterne

Kanalisation
Ein Kanalisationsrohr, das in der Mitte der Straße verlief, war mit den Häusern auf beiden Straßenseiten verbunden.

INFOBOX

Straßenkarte B4. *San Giovanni di Sinis.* Cooperativa Penisola Sinis (0783 37 00 19).
Sommer: tägl. 9–21 Uhr; Winter: tägl. 9–17 Uhr.

Tophet — Heiligtum der Demeter

Das Castellum Acquae ist ein imposantes rechteckiges Bauwerk, dessen Funktion noch nicht geklärt ist. Dem Archäologen G. Pesce zufolge war dies die Zisterne, die das Wassersystem der Stadt speiste.

Kopf einer Göttin
Dieser Kopf (5. Jh.) aus der punischen Nekropole steht im archäologischem Museum Cagliaris (siehe S. 58).

★ Korinthische Säulen
Die rekonstruierten Säulen gehören zu den Monumenten, die in Tharros zwischen dem 1. und 3. Jahrhundert v. Chr. standen und heute wieder aufgebaut werden. Eine Säule trägt ein korinthisches Original-Kapitell.

Bäder

Bäder

★ Zisterne
An der Südseite des Tempels liegt eine rechteckige Zisterne (3./4. Jh. v. Chr.) aus großen Sandsteinblöcken, die dorische Halbsäulen zieren.

Oristano

Kuppel der Kathedrale

Oristano liegt am Nordrand der Region von Campidano zwischen der Mündung des Tirso und dem Marschland von Santa Giusta. Die größte Stadt Westsardiniens wurde 1070 gegründet, nachdem die Einwohner des mächtigen, reichen Tharros wegen ständiger Piratenüberfälle ihre Stadt verlassen hatten. Zwischen 1100 und 1400 blühte die Stadt unter aufgeklärten Herrschern wie Mariano IV. und seiner Tochter Eleonora auf, die den größten Teil Sardiniens kontrollierten. Oristano wurde erst 1974 Provinzhauptstadt. Die Stadt liegt inmitten einer fruchtbaren Ebene mit einem Netzwerk an Teichen, die reich an Fischen sind. Das historische Zentrum, einst durch Stadtmauern geschützt, ist klein und größtenteils eine Fußgängerzone.

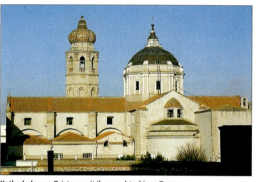

Kathedrale von Oristano mit ihrem achteckigen Turm

🏛 Kathedrale
Piazza Mannu. 0783-786 84.
tägl. 7–12 Uhr, 16–18.30 Uhr.

Oristanos Marienkathedrale wurde 1228 von lombardischen Architekten und Steinmetzen für Mariano di Torres gebaut. Die Kirche wurde im 17. Jahrhundert barockisiert und zeigt nun eine Mischung verschiedener Stile. Originalelemente sind der achteckige Glockenturm mit seiner Zwiebelkuppel und den leuchtenden Majolika-Kacheln, die Bronzetüren und die Cappella del Rimedio. Ihre schöne Marmorbalustrade schmückt ein pisanisches Basrelief, das Daniel in der Höhle des Löwen zeigt. Sehenswert ist auch der Chorstuhl hinter dem Hauptaltar. Der reich ausgestattete Domschatz Tesoro del Duomo ruht im Kapitelsaal. Dort kann man auf Nachfrage Silberarbeiten, Gewänder und illuminierte Handschriften sehen. An der Piazza del Duomo stehen das Seminario Tridentino und der Palazzo Arcivescovile (Palast des Erzbischofs).

🏛 Torre di Mariano II
Piazza Roma.

Der auch Torre di San Cristoforo oder Porta Manna genannte Sandsteinturm am Nordende der ehemaligen Stadtmauer wurde 1291 unter dem Herrscher des Fürstentums Arborea, Mariano II., erbaut. Zusammen mit dem gegenüberliegenden Portixedda-Turm ist er der einzige Überrest der alten Stadtmauer. Die große Glocke in der Turmspitze wurde 1430 gegossen. Die offenen Innenfassaden der Torre di Mariano überragen die zentrale Piazza Roma mit ihren eleganten Geschäften und Straßencafés.

🏛 Corso Umberto
Der auch Via Dritta genannte Corso ist die eleganteste Fußgängerzone der Stadt. Hier stehen beeindruckende Bauten wie der überkuppelte Palazzo Siviera, die ehemalige

---

STERNENRITTER

Die Prozession und das Turnier Sa Sartiglia finden seit Jahrhunderten am letzten Sonntag des Karnevals und am Faschingsdienstag statt. Das Fest wurde wohl 1350 von Mariano II. zu seiner Hochzeit eingeführt. Am 2. Februar wird der Anführer der Prozession, *su Componidori*, gewählt. Er wird am Festtag von einer Gruppe von Mädchen eingekleidet. Man schneidert ihm ein weißes Hemd auf den Leib, bedeckt sein Gesicht mit einer Frauenmaske und setzt ihm einen Brautschleier und einen schwarzen Hut auf. Dann führt er eine Prozession von Rittern, Trompetern und Trommlern durch die Stadt zum Schauplatz des Turniers vor der Kathedrale. Auf ein Zeichen hin beginnt das Turnier. Der Anführer muss mit seinem Degen einen hängenden Stern durchstechen. Gelingt ihm das, ist das ein Zeichen für ein gutes Jahr.

Sa-Sartiglia-Turnier in Oristano

Hotels und Restaurants an der Westküste *siehe Seiten 176 und 186*

ORISTANO

Residenz der Marquise D'Acrisia, und der Palazzo Falchi aus den 1920er Jahren. Auch dank der hiesigen Nobelläden ist der Corso Umberto das beliebteste Ziel der Oristaner für einen Abendbummel.

🏛 Piazza Eleonora D'Arborea

Der große unregelmäßige, von Bäumen gesäumte Platz heißt nach der Herrscherin, die 1392 die Gesetzessammlung Carta de Logu einführte. In der Mitte erinnert eine Statue aus dem 19. Jahrhundert an Eleonora. Die Piazza säumen Gebäude wie der Palazzo Corrias und der Palazzo Comunale, das heutige Rathaus und frühere Scolopi-Kloster, zu dem die achteckige Kirche San Vincenzo gehörte.

Eleonora d'Arborea

⛪ San Francesco

Piazza Mannu. ☎ 0783-782 75. ◯ tägl. 7.30–11.30 Uhr, 16–19 Uhr. 📷

Die klassizistische Kirche entstand auf den Ruinen einer im 19. Jahrhundert zerstörten gotischen Kirche. Die Fassade schmücken sechs Säulen mit ionischen Kapitellen. Innen steht eine der interessantesten Skulpturen Sardiniens, ein Kruzifix von einem unbekannten katalanischen Künstler aus dem späten 14. Jahrhundert. Von Pietro Cavaro stammt das Werk *Die Wundmale des heiligen Franziskus*.

⛪ Santa Chiara

Via Garibaldi. ☎ 0783-780 93. ◯ tägl. 17–18 Uhr.

Die gotische Kirche Santa Chiara wurde im 14. Jahrhundert erbaut. Die Fassade besteht aus Sandsteinquadern mit einer Fensterrosette und einem Glockengiebel. Im Inneren sieht man geschnitzte Tierfiguren auf Holzkonsolen.

🏛 Antiquarium Arborense

Palazzo Parpaglia, Via Parpaglia 37. ☎ 0783-79 12 62. ◯ tägl. 9–14 Uhr, 15–20 Uhr.

Das Museum im klassizistischen Palazzo Parpaglia zeigt archäologische Funde aus Tharros und informiert über das mittelalterliche Oristano. Außerdem gibt es eine Kunstgalerie mit Altarbildern im katalanischen Stil: Der *San-Martino-Retablo* (15. Jh.) wird der Werkstatt des katalanischen Künstlers Ramon de Mur zugeschrieben, vom *Retablo di Cristo* (1533) von Schülern Pietro Cavaros sind lediglich neun Tafeln erhalten. Der *Retablo della Madonna dei Consiglieri* (1565) von Antioco Mainas aus Cagliari zeigt die Räte von Oristano kniend vor der Jungfrau Maria.

Die archäologische Sammlung umfasst über 2000 neolithische Obsidiankratzer, kleine Amphoren aus Griechenland und Etrurien sowie römische Glasobjekte und Öllampen. All diese sehenswerten Stücke gehören zur erstklassigen Collezione Archeologica Efisio Pischedda.

Zu den bemerkenswertesten Gegenständen zählen eine Terrakottamaske, die böse Geister abwehrte, Skarabäen aus grünem Jaspis sowie geschliffene Edelsteine aus der Römerzeit.

INFOBOX

Straßenkarte B4. 🚗 *33 000.* 🚉 🚌 ℹ *EPT, Piazza Eleonora 19 (0783-368 31).* **Antiquarium Arborense** *Karte gilt auch für die Führung durchs historische Zentrum.* www.comune.oristano.it

ZENTRUM VON ORISTANO

Antiquarium Arborense ②
Corso Umberto ④
Kathedrale ①
Piazza Eleonora ③
San Francesco ⑥
Santa Chiara ⑦
Torre di Mariano II ⑤

0 Meter 300

Zeichenerklärung
siehe hintere Umschlagklappe

Fischer mit *fassonis*, traditionellen Riedgrasbooten, auf dem See Santa Giusta

Santa Giusta ⑳

Straßenkarte B4. 🚶 *4700.*
🛈 *Via Amsicora 17 (0783-35 45 00).*
🎭 *Sagra di Santa Giusta (14. Mai).*

Das Bauernstädtchen am Rand des Sees und der Marsch Santa Giusta entstand auf den Ruinen des römischen Ortes Ottona. Die Kathedrale **Santa Giusta**, ein pisanisch-romanisches Architekturjuwel mit arabischen und lombardischen Elementen am Eingang zur Stadt, wurde in der ersten Hälfte des 12. Jahrhunderts erbaut. Ihre schmale Fassade zieren Dreifach-Spitzbogenfenster. Die Säulen im Inneren unterscheiden sich im Stil und stammten ursprünglich aus den nahen Römerstädten Neapolis, Tharros und Othoca. Aus der Sakristei blickt man auf den See, eines der besten Angelreviere Sardiniens. Dort sieht man noch die langen *fassonis*, Riedgrasboote phönizischer Herkunft. Im Mai findet am Festtag der heiligen Giusta eine Regatta statt. Spezialität der Region ist *bottarga* (gesalzener Meeräschenrogen).

Specksteinskarabäus, in Santa Giusta ausgegraben

🏛 **Santa Giusta**
Via Manzoni. ☎ 0783-35 92 05.
⏰ tägl. 9–13, 15–19 Uhr
(im Winter 14–18 Uhr).

Arborea ㉑

Straßenkarte B4. 🚶 *3900.*
🛈 *Rathaus (0783-803 31).* 🎭 *Karfreitag: Darstellung der Leiden Christi.*
www.comune.arborea.or.it

Der Ort wurde 1930 unter den Faschisten gegründet und hieß zunächst Mussolinia. Arborea wurde im typischen Schachbrettmuster moderner Städte angelegt. Alle öffentlichen Bauten (Schule, Pfarrkirche, Hotel und Rathaus) stehen an der Piazza Maria Ausiliatrice, von der die Hauptstraßen abgehen.

Die Boulevards säumen Bäume, Gärten umgeben die neugotischen Häuser. Im **Palazzo del Comune** (Rathaus) sind archäologische Funde, u. a. aus der römischen Nekropole S'Ungroni nördlich von Arborea, ausgestellt, die man bei Landtrockenlegungen entdeckte.

Etwa neun Kilometer südwestlich liegt am Rand der Marsch Marceddi das hübsche Fischerdorf gleichen Namens, dessen Mittelpunkt ein alter Turm aus dem 16. Jahrhundert bildet.

🏛 **Palazzo del Comune**
Piazza Maria Ausiliatrice. ☎ 0783-803 31. ⏰ Mo–Fr 10–13 Uhr, Mo, Di auch 15–18 Uhr. ♿

Fordongianus ㉒

Straßenkarte C4. 🚶 *1200.* 🛈 *Via Traiano 7 (0783-601 23).* 🎭 *21. Apr und 21. Aug: Festa di San Lussorio.*

Das antike Forum Traiani war einst die größte römische Stadt im Landesinneren. Befestigungen schützten den Ort im Tirso-Tal vor den Bewohnern der Barbagia. Heute besteht das Zentrum aus roten und grauen Stein-

Kathedrale von Santa Giusta, ein Juwel romanischer Architektur

Hotels und Restaurants an der Westküste *siehe Seiten 176 und 186*

häusern. Mit am besten erhalten ist die Casa Madeddu, ein typisches altes »aragonisches Haus« aus dem frühen 17. Jahrhundert mit Türen und Fenstern im katalanischen Stil. In derselben Straße steht auch die Pfarrkirche San Pietro Apostolo (16. Jh.) aus rotem Trachyt, die fast vollständig umgebaut wurde. Die **Römischen Bäder** am Flussufer werden derzeit restauriert. Das warme Wasser von den Thermalquellen in dem rechteckigen Becken verwenden die Einheimischen zum Wäschewaschen. Der Portikus und die Räume mit Mosaikböden sind nicht zugänglich.

Südlich von Fordongianus steht die Landkirche San Lussorio, die Mönche um das Jahr 1100 über einer frühchristlichen Krypta errichteten.

Blick auf das Dorf Ales am Fuß des Monte Arci

Im Forum Traiani gefundene Ohrringe

Paulilatino ❷

Straßenkarte C4. 🏠 2500. 🛈 *Viale della Libertà 33 (0785-556 23).* 🎉 *Sagra di Santa Cristina (2. So im Mai).*

Das Dorf am Rand der Basalthochebene von Abbasanta umgeben Olivenhaine und Korkeichenwälder. Die dunklen Steinhäuser haben aragonische Türen und schmiedeeiserne Balkönchen. Aus gleichem Stein wurde im 17. Jahrhundert auch die Kirche San Teodoro gebaut. Diese aragonisch-gotische Kirche hat eine Fensterrose aus Buntglas und einen Glockenturm mit Zwiebelkuppel. Im **Palazzo Atzori** zeigt ein Volkskundemuseum Werkzeug und Haushaltsgegenstände.

🏛 Palazzo Atzori
Via Nazionale 127. ☎ 0785-554 38. ⏲ *Di–So 9–13 Uhr; Okt–März: 15–17.30 Uhr; Apr–Juni: 15.30– 18.30 Uhr; Juli–Sep: 16.30– 19.30 Uhr.* ⏺ *Mo.*

Umgebung: Etwa vier Kilometer von der Stadt entfernt führt eine Abzweigung von der SS131 zum Nuragher-Dorf **Santa Cristina**. Die archäologische Stätte ist von einer Steinmauer umgeben. Der Brunnentempel, der der einheimischen Muttergöttin gewidmet ist, stammt aus dem 1. Jahrtausend v.Chr. Der Brunnen ist gut erhalten. Eine breite Treppe führt in eine gewölbte Kammer hinab. In einem abgeteilten Bereich in der Nähe fanden wahrscheinlich Versammlungen statt. Der Charakter dieser heiligen Stätte wurde durch den Bau der Kirche Santa Cristina gewahrt, zu der auch heute noch die Gläubigen strömen. Die umliegenden *Muristenes*-Häuschen bieten wie die *cumbessias* Wallfahrern, die zum Fest der Heiligen hierherpilgern, Unterkunft.

Rechts von der Kirche befinden sich in einem weiteren archäologischen Bereich eine gut erhaltene Nuraghe und zwei rechteckige Steinbehausungen aus der Nuragher-Zeit.

🏛 Santa Cristina
Km 114,300, SS131 Cagliari– Sassari. 🛈 *Cooperativa Archeotour (0785-554 38).* ⏲ *tägl. 9 Uhr bis Sonnenuntergang.*

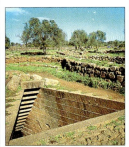

Stufen führen zum Tempel von Santa Cristina in Paulilatino

Ales ❷

Straßenkarte C4. 🏠 1700. 🛈 *Rathaus (0783-911 31).* 🎉 *Santa Madonna della Neve (1. So im Aug).* **www**.comune.ales.or.it

Der Hauptort der Marmilla liegt am Osthang des Monte Arci. Die Kathedrale San Pietro im oberen Teil erbaute 1686 der Architekt Domenico Spotorno aus Genua. Er verwendete die Ruinen der an dieser Stätte im 12. Jahrhundert errichteten Kirche als Baumaterial.

Zwei identische Glockentürme mit Keramikkuppeln krönen die elegante Fassade. In der Sakristei der Barockkirche befinden sich hübsche geschnitzte Möbel und ein Kruzifix aus dem 14. Jahrhundert, im Archivio Capitolare liegt eleganter Goldschmuck.

Am selben Platz stehen der Palazzo Vescovile und das Priesterseminar und Oratorium der Madonna del Rosario.

Ales ist auch Geburtsort von Antonio Gramsci (1891– 1937). An seinem Geburtshaus ist eine Gedenktafel angebracht *(siehe S. 125)*.

Umgebung: Ales ist ein hervorragender Ausgangsort für Wanderungen zu den höchsten Gipfeln des alten Kraters **Monte Arci**, Trebina Longa und Trebina Lada. Unterwegs sieht man Obsidiane – das schwarze vulkanische Glas wurde in dünne Scheiben geschnitten und zu Pfeilspitzen, Speeren und Spateln verarbeitet. Der Obsidian des Monte Arci war auf der ganzen Insel und ab dem 4. und 3. Jahrtausend v.Chr. im gesamten Mittelmeerraum sehr gefragt.

Norden und Costa Smeralda

Die Schönheit der Nordostküste kennt man von klassischen Bildern mit zerklüfteten Küsten, traumhaften Buchten, glitzernd-türkisfarbigem Meer und weißen Sandstränden. Die Inseln in der Meerenge von Bonifacio, nur einen Katzensprung von Korsika entfernt, bieten Reisenden Ruhe in unberührter Natur.

Das wichtigste Erschließungsprojekt im Nordosten ist die berühmte Costa Smeralda von Palau bis Olbia. Es wurde 1962 von einem Konsortium von Finanziers, darunter dem Aga Khan, gegründet. Einen solch radikalen Wandel wie die Nordostküste erlebten in den letzten 40 Jahren nur wenige Gebiete Sardiniens. Fast überall schossen Villen und Ferienanlagen aus dem Boden, aus kleinen Häfen wurden Marinas.

Die Umgebung ist außergewöhnlich schön und bietet atemberaubende Landschaften etwa am Capo d'Orso und Capo Testa. Noch immer erreicht der Duft der Macchia die Strände mit ihrem reinen, weißen Sand. Es gibt noch heute Gebiete, die sich dem Fremdenverkehr verschließen. Dieser wichtige Industriezweig bringt gleichzeitig viele Probleme mit sich. Man erkennt zunehmend, dass Restriktionen notwendig sind, wenn die einzigartige Insellandschaft erhalten bleiben soll.

Die Gallura-Region im Landesinneren bietet ein ganz anderes Bild. Hier gibt es riesige Korkeichenwälder und raues Terrain. Felsnasen aus Granit formen bezaubernde Landschaften wie die Valle della Luna nahe Aggius *(siehe S. 152)*. Typisch für diese Region sind das gesunde Essen, die Bewahrung traditionellen Kunsthandwerks und die vielen Zeichen einer bewegten Vergangenheit. Im Logudoro-Gebiet *(siehe S. 156f)* gibt es neben einer Nuraghe viele romanische Kirchen, deren schönste die schwarz-weiß gestreifte Steinkirche Santissima Trinità di Saccargia ist *(siehe S. 158f)*.

Insel Caprera, ideal zum Schwimmen und Sonnenbaden

◁ Die zwei Buchten der Insel Mortorio trennt ein dünner Landstreifen

Überblick: Norden und Costa Smeralda

Über den Hafen und Flughafen in Olbia erreichen die meisten Besucher nicht nur die Feriendörfer der Costa Smeralda, sondern auch das übrige Sardinien. Anziehungspunkt des Nordens ist die wunderschöne Küste mit großartigen Stränden und vom Wind ausgehöhlten Klippen. Von Olbia aus schlängelt sich die Straße nach Santa Teresa di Gallura und führt dann gen Westen an der Landspitze Castelsardo vorbei bis nach Porto Torres. Die im Landesinneren gelegene Hauptstadt der Gallura ist ein hervorragender Ausgangspunkt für Ausflüge in die Region.

Fantasievolle Formen bei den Kliffs am Capo d'Orso

Sehenswürdigkeiten auf einen Blick

Aggius ⓭
Ala dei Sardi ⓱
Arzachena ⓼
Berchidda ⓮
Buddusò ⓯
Calangianus ⓫
Castelsardo ㉓
Golfo Aranci ➋
Isola Rossa ㉔
Luogosanto ⓽
Maddalena-Archipel S. 146–149 ➏
Olbia ➊
Ozieri ⓳
Palau ➎
Pattada ⓲
Porto Cervo ➍
Porto Rotondo ➌
San Teodoro ⓰
Sant'Antonio di Gallura ⓾
Santa Teresa di Gallura ➐
Santissima Trinità di Saccargia S. 158f ㉑
Sassari S. 160–163 ㉒
Tempio Pausania ⓬

Tour
Logudoro-Tour S. 156f ⓴

Küstenstreifen am Capo Testa

Weitere Zeichenerklärungen *siehe hintere Umschlagklappe*

NORDEN UND COSTA SMERALDA

Im Norden und an der Costa Smeralda unterwegs

Die Costa Smeralda ist im Sommer recht gut mit öffentlichen Verkehrsmitteln ausgestattet. Es gibt viele Verbindungen nach Olbia (und zum Flughafen) und zu den wichtigsten Urlaubsorten im Nordosten. Durch die Gallura führen die SS125, die berühmte Orientale Sarda, die Olbia mit Palau verbindet, die SS133 von Palau nach Tempio Pausania und Ploaghe und die SS199 von Olbia nach Macomer.

Segeln an der Costa Smeralda

Romanische Klosterkirche von Tergu

Legende

- ═ Schnellstraße
- ─ Hauptstraße
- ═ Nebenstraße
- ─ Panoramastraße
- --- Eisenbahn (Hauptstrecke)
- ─ Eisenbahn (Nebenstrecke)
- △ Gipfel
- ⤫ Pass

Siehe auch

- *Übernachten* S. 176f
- *Restaurants* S. 187

Ruinen bei Cabu Abbas

Olbia ●

Straßenkarte D1 und 2. 🏠 *43 000.* ✈ 🚉 🚌 ℹ *0789-214 53.* 🎉 *San Simplicio (15 – 20. Mai).* **www**.comune.olbia.ss.it

Olbia ist nur 200 Kilometer von Civitavecchia auf dem italienischen Festland entfernt und war immer, noch vor der Hauptstadt Cagliari, der Hauptanlaufpunkt der Insel. Der Flughafen direkt außerhalb der Stadt, der die Costa Smeralda bedient, hat diese Rolle bestätigt.

Olbia ist eine moderne Stadt und häufig Zwischenstation auf dem Weg zur Küste. Sehenswürdigkeiten sind die Zisternen auf der Piazza Margherita – Zeichen der römischen Herrschaft – und die romanische Kirche **San Simplicio** aus dem 11. Jahrhundert, die im 13. Jahrhundert erweitert wurde.

Umgebung: In der Nähe von Olbia gibt es zwei sehenswerte prähistorische Stätten, die Nuragher-Anlage **Cabu Abbas** (4 km nordöstlich) und den heiligen Brunnen **Sa Testa**.

Um Cabu Abbas zu erreichen, folgt man vom alten Hafen in Olbia aus dem Corso Umberto und dann der Via d'Annunzio. Hinter dem Bahnhof sehen Sie die Landkirche Santa Maria Cabu Abbas. Von dort führt eine Schotterstraße zum Gipfel. Der Aufstieg dauert ungefähr eine Viertelstunde. Oben hat man einen herrlichen Blick auf die Insel Tavolara. Den Mittelpunkt der 200 Meter großen megalithischen Anlage bildet ein Brunnen mit einem Turm. Hier fand man 1937 die Überreste von Opfergaben – verbrannte Knochen und Teile von Töpferwaren.

Zum heiligen Brunnen Sa Testa fährt man über die SP82 nach Golfo Aranci zum Hotel Pozzo Sacro. Dort führen 17 Stufen von einem großen Hof zur Brunnenkammer.

Golfo Aranci ●

Straßenkarte D1. 🏠 *2100.* 🚉 🚌 ℹ *0789-469 15.* 🎉 *Assunta (15. Aug).* **www**.golfoaranci.com

Der Name »Aranci« bedeutet Orangen, doch Orangenhaine gibt es hier nicht. Der Ort verdankt den Namen einer falschen Interpretation der Bezeichnung *di li ranci* – »einige Krabben«. Das Dorf Golfo Aranci gehörte früher zu Olbia, wurde jedoch 1979 selbstständige Stadt. Seit 1882 verbindet eine zunehmende Zahl von Fähren das Festland mit dem Hafen von Golfo Aranci. Die Stadt ist auch der offizielle Anlaufhafen für die Fähren der Ferrovie dello Stato (italienische Staatsbahn).

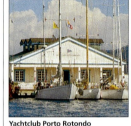

Yachtclub Porto Rotondo

Porto Rotondo ●

Straßenkarte D1. ℹ *0789-214 53.*

Porto Rotondo ist weniger eine Stadt als vielmehr ein gut geplantes Feriendorf, das während des Costa-Smeralda-Booms aus dem Nichts gestampft wurde. Die Gebäude, die um den obligatorischen Yachthafen entstanden, sollten so weit wie möglich in die natürliche Umgebung eingepasst werden. Das Ergebnis ist ansprechend, und Porto Rotondo ist trotz seines leicht künstlichen Flairs ein sehr beliebter Urlaubsort. Den Kai und die Piazzetta San Marco säumen berühmte Designer-

Sonnenuntergang über den Muschelbänken in der Bucht von Olbia

Hotels und Restaurants im Norden und an der Costa Smeralda *siehe Seiten 176f und 187*

Porto Rotondo aus der Luft

shops. Im Sommer sind die Cafés und Restaurants voller Besucher, die dort speisen, Freunde treffen, Musik hören oder ganz einfach das bunte Treiben beobachten. Außerhalb der Saison ist Porto Rotondo dagegen sehr ruhig und wirkt manchmal sogar etwas verlassen.

In der nach Plänen von Andrea Cascella erbauten Kirche San Lorenzo stehen Holzstatuen von Mario Ceroli, die verschiedene biblische Figuren darstellen.

Direkt außerhalb von Porto Rotondo liegt die malerische Landzunge Punta della Volpe, die den Golfo di Marinella vom Golfo di Cugnana trennt.

Architektur der Costa Smeralda

Fast 50 Jahre sind vergangen, seit ein Küstenstreifen im Nordosten Sardiniens, die Costa Smeralda oder Smaragdküste, zu einem der exklusivsten Urlaubsgebiete des Mittelmeerraums wurde. Noch 1962 waren die Strände das Revier von Weidevieh, das zum Überwintern auf die Inseln Mortorio, Soffi und Li Milani gebracht wurde. Um dieses Gebiet touristisch zu erschließen, gründete man den Consorzio Costa Smeralda. Ursprünglich gehörten ihm die Großgrundbesitzer an, später nahm man auch kleine Landeigner auf. Das Konsortium arbeitete Bauvorschriften aus und gründete einen Architektenausschuss, der die Entstehung aller Gebäude überwachen sollte. Die Architekten Luigi Vietti, Jacques Couelle, Giancarlo und Michele Busiri Vici, Antonio Simon Mossa, Raimond Martin und Leopoldo Mastrella erstellten Pläne für das Urlaubsgebiet. Es entstanden Luxushotels, Villen, Feriendörfer und Sportanlagen – der berühmte Yachtclub und eine der attraktivsten Golfanlagen im Mittelmeerraum – sowie Dörfer wie Porto Cervo.

Der neomediterrane Stil *kombiniert verschiedene Elemente, die häufig im Mittelmeerraum anzutreffen sind.*

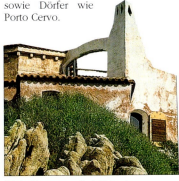

Bei der Planung von Porto Rotondo *beschlossen die Architekten, dass nur einheimische Pflanzen verwendet werden sollten. Kiefern, Pappeln und Eukalyptus waren verboten, weil sie nach Auffassung der Planer nicht mit Erdbeerbäumen, Myrte, Oleander und Mimosen harmonierten.*

Das verwendete Material *muss traditionell sein – Steine aus der Region, Kiesel, gebogene Dachziegel und Backstein.*

Luftaufnahme von Porto Cervo

Porto Cervo ❹

Straßenkarte D1. 🛈 0789-89 20 19.

Porto Cervo ist das Herz der Costa Smeralda und ein Paradies für europäische Prominente. Der Ort besitzt zwei Yachthäfen, in denen einige der eindrucksvollsten Privatyachten der Welt ankern. Im Sommer finden hier erstklassige Sportveranstaltungen wie Regatten und Golfturniere *(siehe S. 198 und 201)* statt. Der traditionelle Bummel am Kai, den Designershops auf der einen und Luxusyachten auf der anderen Seite säumen, ist quasi obligatorisch. In der Kirche Stella Maris hängt u. a. ein Gemälde, das El Greco zugeschrieben wird.

Umgebung: Zu den schönen Stränden bei Porto Cervo gehört etwa Liscia Ruja im Süden an der geschützten Cala di Volpe.

Palau ❺

Straßenkarte D1. 🚣 3300. 🛈 0789-70 85 56 oder 0789-70 95 70.

Palau ist Ausgangspunkt für Ausflüge zum Maddalena-Archipel, verdankt seine Anziehungskraft aber auch der Schmalspurbahn, die von Sassari über Tempio nach Palau fährt und Teil des Trenino Verde *(siehe S. 92f)* ist. Im Sommer herrscht vor allem im Yachthafen und am Fähranleger Hochbetrieb. Von hier aus kann man einige der faszinierendsten und berühmtesten Orte an der Küste besuchen, z. B. das zerklüftete Vorgebirge des Capo d'Orso (Bärenkap), das in einem vom Wind geformten bärenförmigen Felsen endet.

Die Punta Sardegna erreicht man über die Straße, die nach Monte Altura hochführt. Zum Strand der Cala Trana gelangt man nur zu Fuß. Von dort hat man einen erstklassigen Blick auf die Küste und die Inseln. Besonders schön ist die Aussicht bei Sonnenaufgang, auch wenn moderne Bauten langsam, aber sicher die einzigartige Schönheit dieses Teils von Sardinien zerstören.

Maddalena-Archipel ❻

Siehe S. 146–149.

Santa Teresa di Gallura ❼

Straßenkarte C1. 🚣 4200. 🛈 0789-75 41 27. 🎉 Festival (15.–18. Okt). **www**.comunesantateresagallura.it

Das Gebiet um Santa Teresa war bereits zur Römerzeit besiedelt und wegen seiner Granitvorkommen auch für Pisa von großer Bedeutung. Der heutige Ort wurde unter den Savoyern neu im Schachbrettmuster aufgebaut. Alle Straßen laufen an einem

Sonnenuntergang bei Palau

DER AGA KHAN UND DIE COSTA SMERALDA

Der Consorzio Costa Smeralda wurde 1962 von einer Gruppe ausländischer Investoren unter Leitung von Prinz Karim Aga Khan IV. gegründet. Damals war der reiche, charismatische Prinz, der in Harvard studierte, Mitte zwanzig. Angeblich hat er mehr als eine Milliarde Dollar ausgegeben, um an der Küste der Gallura-Region einen feudalen Jetset-Spielplatz mit Yachthäfen, Luxushotels, Villen und eleganten Restaurants zu schaffen, der mit der zerklüfteten sardischen Landschaft harmonieren sollte. Das Projekt erwies sich als sehr erfolgreich. Porto Cervo und die umliegenden Dörfer wurden bald zu beliebten Urlaubsorten, besonders bei der internationalen High Society, die im Sommer an den Kais von Porto Cervo flanieren.

Aga Khan IV.

Hotels und Restaurants im Norden und an der Costa Smeralda *siehe Seiten 176f und 187*

Santa Teresa di Gallura

Platz zusammen, an dem die Kirche San Vittorio steht. Die Stadt lebt vom Fischfang (auch Korallensammeln) und vom Fremdenverkehr.

Auf der felsigen Landzunge steht die Torre Longosardo, die im 16. Jahrhundert unter den Aragonier erbaut wurde. Sie bietet einen herrlichen Blick auf die Bucht Porto Longone und die weißen Klippen an der nur zwölf Kilometer entfernten Stadt Bonifacio auf Korsika.

Links läuft die Küste in den Strand Rena Bianca aus. Er endet nicht weit von der Isola Monica. Auf dieser winzigen Insel befinden sich die Überreste eines alten verlassenen Steinbruchs.

Leuchtturm auf dem Capo Testa

Umgebung: Etwa fünf Kilometer entfernt verbindet eine schmale Sandbank den felsigen **Capo Testa** mit dem Festland. Die Landspitze erreicht man über eine hübsche Straße entlang den Buchten Colba und Santa Reparata. Ein Spaziergang durch die Steinbrüche, die schon die Römer mit dem Granit für ihre Säulen im Pantheon versorgten, führt Sie, begleitet vom Duft der Macchia, zu dem weiß getünchten Leuchtturm auf dem Capo Testa.

Arzachena ❽

Straßenkarte D1. 🚹 *12 000.*
🛈 *0789-89 20 19.*

Noch vor rund 40 Jahren war Arzachena ein friedliches Hirtendorf, heute ist es das Zentrum des weltberühmten Urlaubsgebietes Costa Smeralda und hat eine beträchtliche Wandlung vollzogen. Ein durch Winderosion seltsam geformter, »Fungo« (Pilz) genannter Fels überragt den Ort. In der Umgebung gibt es viele Spuren prähistorischer Siedlungen, die bekanntesten sind die Nuraghe **Albucciu**, die **Tomba dei Giganti Coddu Vecchiu** und die Nekropole **Li Muri**.

🏛 Nuraghe Albucciu
Cooperativo Lithos. 📞 *335 127 68 49.*
🕘 *Ostern–15. Okt: tägl. 9–19 Uhr (keine Führungen zw. 13 & 15 Uhr); 16. Okt–Ostern: nach Anmeldung.*
✉ lithos@portocervo.net
Nehmen Sie von Arzachena aus die Straße nach Olbia, folgen Sie nach etwa 600 Metern der Abzweigung am Ortsende und dann dem Fußweg rechts. Klettern Sie an der Nuraghe die Leiter zum oberen und zum Seitenbereich empor. Die vorstehenden Kragsteine, die früher die ursprüngliche Holzkonstruktion trugen, sind noch intakt.

🏛 Tomba dei Giganti Coddu Vecchiu
Kontaktdaten und Öffnungszeiten: siehe Nuraghe Albucciu.
Wenn Sie zu den eindrucksvollen Gigantengräbern wollen, fahren Sie auf der SS427 Richtung Calangianus und biegen nach etwa sechs Kilometern rechts nach Luogosanto ab. Nach weiteren 1,8 Kilometern mündet diese Straße in die Capichera-Straße, 500 Meter weiter zweigt ein kleiner Pfad rechts zu den Gräbern ab. Im Zentrum der Stätte steht eine vier Meter hohe Stele, umgeben von einer halbkreisförmigen Mauer aus in die Erde eingelassenen Steintafeln.

🏛 Li-Muri-Nekropole
Kontaktdaten und Öffnungszeiten: siehe Nuraghe Albucciu.
kombinierte Archäologie- und Naturtouren vorab buchen.
Folgen Sie nach Arzachena den Schildern nach Calangianus (SS427) und biegen dann rechts nach Luogosanto ab. Nach 4,5 Kilometern führt eine Schotterstraße rechts zur Li-Muri-Nekropole.

Die Gräber dieser antiken Stätte sind Grabkammern, die konzentrische Steinkreise umgeben. Diese Kreise sind Zeugnis einer Zeit, die Archäologen als Arzachena-Kultur bezeichnen.

Vom Mistral aufgepeitschte Brandung vor dem Capo Testa

Maddalena-Archipel ❻

Provencegrasmücken

Sieben Inseln (Maddalena, Caprera und Santo Stefano im Südosten, Spargi, Budelli, Razzoli und Santa Maria im Nordwesten) bilden den Arcipelago della Maddalena. Jenseits dieses Archipels liegt die Meerenge von Bonifacio, die 1997 zum maritimen Naturpark erklärt wurde. Charakteristisch für diese Inseln, die während der Römerzeit als *Cuniculariae* oder »Kanincheninseln« bekannt waren, sind zerklüftete Küsten, von Wind- und Wassererosion geformte Felsen und eine unverwüstliche Macchia-Vegetation. Im 18. Jahrhundert wurde Maddalena als Militärbasis genutzt – die Insel ist ein guter Landeplatz mit einer strategisch günstigen Lage. Neben Maddalena sollte man unbedingt auch Caprera besuchen, wo der italienische Held Giuseppe Garibaldi lebte und begraben wurde.

Budelli
An der Küste dieser »Taucher-Insel« wachsen Kakteen.

Spargi
Diese wie Budelli, Razzoli und Santa Maria unbewohnte Insel ist mit ihrem fantastisch klaren Wasser und einsamen Stränden ideal zum Schwimmen, Schnorcheln und Sporttauchen.

Eine malerische, rund 20 Kilometer lange Straße führt um die Insel und bietet herrliche Sicht auf den Archipel, Korsika und die vier korsischen Inseln von Lavezzi.

Vogelwelt
Die vielen Felsformationen dieses Archipels werden zur Freude von Vogelliebhabern häufig von Seevögeln, etwa Kormoranen, besucht.

★ **La Maddalena**
Sie ist die wichtigste Stadt auf dem Archipel. Die Hauptzentren der Stadt sind die Piazza Umberto I und die Piazza Garibaldi. Im Hafen werden viele Touren zu den benachbarten Inseln angeboten.

Hotels und Restaurants im Norden und an der Costa Smeralda *siehe Seiten 176f und 187*

MADDALENA-ARCHIPEL

Regatten
Der Westwind, der auf dem Maddalena-Archipel eigentlich ständig weht, macht diesen zu einem beliebten Austragungsort für Regatten.

INFOBOX

Straßenkarte D1.
🚢 von Palau, Abfahrt alle 20 Min. im Sommer (nach Mitternacht jede Stunde) und Winter (nur bei gutem Wetter).
📞 0789-73 63 21.
Caprera *ist von Maddalena über eine 600 Meter lange Brücke über den Passo della Moneta erreichbar. Die Überfahrt mit Privatautos ist nicht erlaubt!*
www.lamaddalena.com

Der Guardia Vecchia ist der höchste Berg der Insel. Die Savoyer wählten ihn als Standort für die Festung San Vittorio. Heute befindet sich hier ein Leuchtturm.

Monte Teialone ist der höchste Punkt auf Caprera.

Brücke über den Passo della Moneta
Diese 1891 gebaute Brücke verbindet die Inseln Maddalena und Caprera.

Caprera
Die Insel Caprera ist rund 1600 Hektar groß.

★ Garibaldis Grab
Der italienische Freiheitsheld wurde 1882 auf Caprera begraben.

NICHT VERSÄUMEN

★ Garibaldis Grab

★ La Maddalena

Überblick: Maddalena-Archipel

Der kleine Maddalena-Archipel ist besonders beliebt bei Seglern, Fans des Unterwasserfischens, Ruhesuchenden und Freunden unberührter Natur. Mit Ausnahme der beiden größten Inseln ist der Archipel unbewohnt. Zusammen mit den vielen kleinen anderen Inseln ist er im Sommer ein perfektes Ziel für Bootsausflüge und zum ungestörten Sonnen und Baden.

Sardiniens regionales Marinehauptquartier in La Maddalena

La Maddalena

Straßenkarte D1. 12 000. 0789-73 63 21. von Palau. Santa Maria Maddalena (20–22. Juli).

Die heutige Hauptstadt der Insel wurde 1770 gegründet und steht an der Stelle eines kleinen Dorfes am Rand der Bucht Cala Gavetta. Nach der fehlgeschlagenen Invasion der Franzosen 1793 machte der berühmte britische Admiral Horatio Nelson 1804 hier Station. 1887 verwandelten die savoyischen Herrscher den gesamten Archipel in einen Marinestützpunkt. An der Via Amendola, die am Ufer entlangführt, zeugen Gebäude aus dem 19. Jahrhundert von der rasanten Entwicklung der Stadt in jener Zeit. Im Rathaus (Municipio) an der Piazza Garibaldi ist eine französische Bombe von 1793 ausgestellt, die Zeugnis ablegt vom vergeblichen Versuch der Franzosen, Sardinien zu erobern.

Der traditionelle abendliche Bummel der Einheimischen konzentriert sich vor allem im Sommer um die Via Garibaldi herum. Nicht weit entfernt steht die Kirche Santa Maria Maddalena, in der zwei Kandelaber und ein Silberkreuz zu sehen sind. Sie sind Geschenke von Admiral Nelson an die Inselbewohner. La Maddalena ist noch immer Hauptquartier des regionalen Marinestützpunktes Sardinien.

Panoramastraße

Die etwa 20 Kilometer lange Straße führt um die Insel herum und durch die Cala Spalmatore und die Buchten Stagno Torto und Baia Trinità.

Auf Ihrem Weg von La Maddalena aus sehen Sie die Trinità-Kirche, dann die Abzweigung zum Monte Guardia Vecchia, auf dessen Gipfel die savoyische Festung San Vittorio steht, schließlich die Insel Giardinelli, die ein schmaler Landstreifen mit La Maddalena verbindet. Weiter nördlich liegen Porto Massimo, die Buchten Abbatoggia und Cala d'Inferno sowie die andere große Festungsanlage der Insel, das Forte dei Colmi. Im ersten Abschnitt der Route liegt das Schifffahrtsmuseum **Museo Archeologico Navale »Nino Lamboglia«** mit Funden der »Nave di Spargi«, eines römischen Frachtschiffs.

🏛 Museo Archeologico Navale »Nino Lamboglia«
Località Mongiardino. tägl. 9.30–12.30 Uhr. Apr–Sep: So. 0789-79 06 60 oder 79 06 33.

Caprera
Straßenkarte D1. 0789-73 63 21. Die kleine Insel mit 34 Kilometern Küste ist über die sechs Kilometer lange Brücke Passo della Moneta mit der Insel La Maddalena verbunden. Wanderer können die Stufen zur Spitze des 212 Meter hohen Monte Teialone erklimmen.

Die Insel Caprera ging 1856 *(siehe S. 40f)* in den Besitz von Giuseppe Garibaldi über. Sein Anwesen ist Teil des Museums **Compendio Garibaldino**. Ein Rundgang führt durch die gesamte Wohnanlage, einschließlich der Ställe, Ankerplätze und der Casa Bianca (weißes Haus), in der Garibaldi wohnte. Im Stall steht eine dampfgetriebene Dreschmaschine. In der Casa Bianca erinnern Exponate an Garibaldis abenteuerliches Leben: Waffen, Flaggen, Bilder, Kleidung (unter anderem sein berühmtes rotes Hemd) und ein Modell der Schlacht

---

GARIBALDI UND CAPRERA

Der legendäre italienische Held und Revolutionär Giuseppe Garibaldi floh 1849 nach dem Sturz der römischen Republik auf die Insel Caprera. Nach dem Tod seiner Frau Anita im Jahr 1855 beschloss Garibaldi, den größten Teil der Insel zu kaufen, den Rest erhielt er von englischen Freunden als Geschenk. Garibaldi, der eine Schlüsselrolle bei der Einigung Italiens spielte, ließ sich 1857 endgültig auf Caprera nieder und starb dort am 2. Juni 1882.

Giuseppe Garibaldi mit dem berühmten roten Hemd

Der berühmte rosa Sandstrand bei Budelli

von Solferino. Garibaldis Lieblingszimmer war der Salon. Bevor er starb, ließ er sich dorthin bringen. Der Kalender und die Uhren in diesem Zimmer zeigen noch das Datum und die genaue Zeit seines Todes: 2. Juni 1882, 18.20 Uhr.

In Caprera befindet sich auch die Segelschule Centro Velico Caprera *(siehe S. 199)*.

🏛 **Compendio Garibaldino**
📞 *0789-72 71 62.* 🕓 *Di–So 9–13.30 Uhr (Juni–Sep: 9–18.30 Uhr).* ⊘ *1. Jan, 25. Dez.* 🚫 🔓 ♿
www.compendiogaribaldino.it

Santo Stefano
Straßenkarte D1.
ℹ *0789-73 63 21.*
Die kleine Insel zwischen Palau und der Insel Maddalena wird regelmäßig von verschiedenen Booten angefahren, die im Hafen von La Maddalena ablegen. Die Hauptsehenswürdigkeit der Insel ist die Festung Santo Stefano (oder San Giorgio) aus dem späten 18. Jahrhundert, die auch Fortezza Napoleone genannt wird.

Am Strand von Pesce an der Westküste liegt ein ruhiges Feriendorf.

Spargi
Straßenkarte D1. 🚢 *von La Maddalena.* ℹ *0789-73 63 21.*
Spargi hat lediglich einen Durchmesser von etwas mehr als zwei Kilometern und ist gänzlich unbewohnt. Auf der ziemlich kargen Insel mit der steilen, unzugänglichen Küste gibt es einen hübschen Badestrand, der jedoch keinerlei Einrichtungen aufweist. An der Südküste gegenüber der Cala Corsara, die von Booten regelmäßig angelaufen wird, fand man ein Römerschiff. Seine Fracht ist nun im Museo Archeologico Navale »Nino Lamboglia« in La Maddalena ausgestellt.

Budelli
Straßenkarte D1.
ℹ *0789-73 63 21.*
Die unbewohnte Insel zeichnet sich durch ihren einzigartigen rosa Sandstrand aus. Es gibt zwar keine touristischen Einrichtungen, doch die herrliche unberührte Natur ist einen Besuch wert. Michelangelo Antonioni drehte hier.

Das klare, saubere Wasser ist ideal zum Sporttauchen – um die Meeresfauna und -flora zu beobachten oder um Fische zu harpunieren.

SEGELN IM NORDEN SARDINIENS

Die Meerenge von Bonifacio sprenkeln kleine Inselchen und Felsen mit Leuchttürmen, die wie Bojen aus dem Wasser ragen. Sie machen die Meerenge zu einem idealen Gebiet für Regatten. Es weht stets eine Brise, und im Sommer hat der Westwind eine konstante Geschwindigkeit von 40 km/h.

Die größte Segelanlage Nordsardiniens ist der vom Aga Khan gegründete weltberühmte Costa-Smeralda-Yachtclub in Porto Cervo. Er richtet mehrere große Segel- und andere Wettbewerbe aus. Die bekanntesten sind der Sardinia Cup, eine internationale Hochseemeisterschaft in geraden Jahren, und die Settimana delle Bocche, ein Sommerrennen für Schnellboote aus ganz Italien.

In den ungeraden Jahren bietet der alte Hafen von Porto Cervo Platz für etwa 50 Oldtimer-Boote, vom *gozzo* mit dem berühmten Lateinsegel bis zu 30 Meter langen Schonern. Die beliebte Bootsschau findet seit 1982 statt. Abschluss dieses Ereignisses bilden gewöhnlich die Yacht-Weltmeisterschaften für Boote der Maxi-Klasse.

Auch Europa- und Weltmeisterschaften in zahlreichen Yachtklassen finden hier statt. Der Costa-Smeralda-Yachtclub vertrat Italien beim America's Cup 1983 mit der *Azzurra*. 1987 organisierte der Club Regatten, um den italienischen Vertreter für den America's Cup im australischen Perth zu ermitteln.

Regatta in der Meerenge von Bonifacio

San Trano, eine Einsiedelei bei Luogosanto (12. Jh.)

Luogosanto ❾

Straßenkarte C1. 🚶 *1900.*
ℹ️ *Rathaus (079-657 90).*
🎉 *San Quirico (1. So im Aug).*

Die Ortschaft inmitten der Macchia ist für ihren bitteren Honig bekannt, der gerne zu *seadas (siehe S. 181)* serviert wird. Luogosanto ist mit seiner grünen Umgebung und den vom Wind ausgehöhlten rosa-grauen Felsen ein typisches Dorf der Gallura. Alle sieben Jahre wird mit einer farbenfrohen, feierlichen Zeremonie die Öffnung der Porta Santa (heiligen Tür) der Kirche Nostra Signora di Luogosanto zelebriert.

Der Festtag des hl. Quirico endet mit einem Abendessen für alle Dorfbewohner, bei dem es *carr'e cogghju* gibt – Schweinefleisch und Kohl.

Einen Kilometer östlich von Luogosanto dominiert die 410 Meter hoch gelegene Einsiedelei San Trano die nördliche Umgebung des Ortes. Die Kirche wurde im 12. Jahrhundert zum Gedenken an die heiligen Einsiedler San Nicola und San Trano gebaut, die der Legende zufolge in der kleinen Höhle hinter dem Altar lebten.

In der Nähe entspringt die Filetta-Quelle, deren Wasser auf der Insel berühmt ist. In den letzten Jahren hat man um die Quelle herum Treppen und Plateaus gebaut.

Sant'Antonio di Gallura ❿

Straßenkarte D1. 🚶 *1700.* 🚌
ℹ️ *Rathaus (079-66 90 13).* 🎉 *Sant'Antonio (letztes Wochenende im Sep).*

Das Dorf war schon immer ein wichtiges Agrar- und Schafzuchtzentrum. Auf einem Felsvorsprung bietet seit kurzer Zeit der kleine, zentral gelegene archäologische Park mit seinen vom Wind geformten Felsen eine faszinierende Szenerie. Die Stätte war in vorgeschichtlicher Zeit besiedelt. In der ersten Septemberwoche feiert man die Festtage von Sant'Antonio, San Michele und Sant'Isidoro mit einer farbenprächtigen Prozession. Geschmückte Ochsen und Traktoren folgen den Heiligenstatuen durch die Straßen.

Umgebung: Zwei Kilometer entfernt liegt der Liscia-Stausee mit einem Volumen von 150 Millionen Kubikmetern Wasser.

Calangianus ⓫

Straßenkarte C2. 🚶 *4800.* 🚌
ℹ️ *Rathaus (079-66 00 00).*
🎉 *Sant'Isidoro (3. So im Sep).*

Die Wälder um die Stadt Calangianus sind deutlich von der Korkernte gezeichnet: Die Korkeichen haben die charakteristische rötliche Farbe, die sich so lange hält, bis die Borke wieder wächst, während die Korkstreifen selbst zum Trocknen aufeinandergehäuft werden.

Calangianus ist das Zentrum der Korkproduktion der Gallura mit Werkstätten und Fabriken, die das Material verarbeiten. Eine Handelsschule konzentriert sich auf die Kultivierung der Korkeichen und die Nutzung der Borke. Jedes Jahr im September finden in

Liscia-Stausee bei Calangianus

Calangianus eine Ausstellung und eine Handelsmesse statt, die sich um die Korkeiche, ihre vielen Nebenprodukte und deren Nutzen sowohl für die Industrie als auch den häuslichen Bereich drehen.

Im Zentrum der Altstadt steht an einem kleinen abgeschiedenen Platz die kleine Pfarrkirche Santa Giusta aus dem 17. Jahrhundert.

In der Gallura hergestellte Korkartikel

Umgebung: Nordwestlich von Calangianus stehen nahe dem Dorf **Luras** einige prähistorische Dolmen. Gehen Sie durch das Dorf in Richtung Luogosanto, und biegen Sie kurz vor dem Ortsende rechts ab. Folgen Sie am Ende der Teerstraße der Schotterstraße nach rechts, die zum **Dolmen di Ladas** führt, dem beeindruckendsten dieser Steingräber. Den sechs Meter langen und 2,20 Meter breiten Dolmen mit rechteckigem Grundriss bedecken zwei Granitplatten.

Tempio Pausania ⑫

Straßenkarte C2. 14 000.
i *Pro Loco (079-635 00 80).*
🎭 *Karneval (Faschingsdienstag).*

Moderne Häuser drängen in der Hauptstadt der Gallura zunehmend die reizende Altstadt in den Hintergrund, wo sich zwei- und dreistöckige Gebäude aus dunklem Stein mit den typischen Balkonen verstecken. In der Nähe der zentralen Piazza Gallura mit dem Rathaus und anderen öffentlichen Gebäuden steht die **Kathedrale** aus dem 15. Jahrhundert, die im 19. Jahrhundert umgebaut wurde. Einen Besuch lohnen auch das gelegene Oratorio del Rosario und die kleine Kirche **Santa Croce**.

Das Wasser der **Rinaggiu-Quellen** nahe der Stadt ist für seine Heilkraft berühmt. Neben den traditionellen Feiern findet hier im Juli ein internationales Folklore-Festival statt *(siehe S. 27).*

Umgebung: Von der Staatsstraße SS133 führt eine Abzweigung zu der Nuraghe **Maiori**, einer der besterhaltenen megalithischen Anlagen in diesem Gebiet.

Detail von Santa Croce

Wenn Sie von Tempio Pausania aus auf der Staatsstraße SS392 etwa 17 Kilometer Richtung Süden fahren, erreichen Sie beinahe den Gipfel des 1362 Meter hohen **Monte Limbara**, den Sie von der Teerstraße aus in wenigen Minuten zu Fuß erklimmen können.

Etwa sechs Kilometer von Tempio Pausania entfernt steht an der Staatsstraße SS392 das Rasthaus Curadoreddu. Von dort geht es nach links zu einer verlassenen Fischfarm, wo man ein spektakuläres Felsenbecken und Wasserfälle bewundern kann. Das Wasser stürzt in Kaskaden zwischen den Felsen hinab. Am beeindruckendsten ist dieses Naturschauspiel im Winter.

Bett des Bergbaches in der Nähe von Curadoreddu

KORK UND KUNSTHANDWERK AUS DER GALLURA

Kork aus der Borke der Korkeiche *(Quercus suber)* war auf Sardinien immer ein wesentlicher Wirtschaftsfaktor. Das Material findet im Alltag und im Kunsthandwerk Verwendung. Aus Kork werden Küchenutensilien wie Löffel, Schöpflöffel (etwa der *s'uppu,* eine kleine Schöpfkelle für Wasser), Eimer, Behälter für Wasser und Wein sowie Servierteller *(agiones)* für Braten und andere Gerichte hergestellt. Heute produziert man im Gebiet um Tempio Pausania über 90 Prozent der in Italien verwendeten Korken. Kork wird auch als Bau- und Isoliermaterial eingesetzt. Dank seines geringen Gewichtes, seiner Widerstandsfähigkeit gegenüber Verschleiß durch Luft und Wasser und seiner isolierenden Eigenschaft ist Kork vielseitig verwendbar.

Korkstreifen für die Weiterverarbeitung

Kork kann erst vom Baum geschält werden, wenn dieser 25 bis 30 Jahre alt ist. Die erste Schicht bringt nichts ein. Neun oder zehn Jahre nach dem ersten Schälvorgang erhält man die wahre – und gewinnbringende – Borkenschicht. Danach schält man die Borke alle neun bis zehn Jahre und lagert die Schichten vor der Weiterverarbeitung gründlich ab.

Geschälte Korkeiche

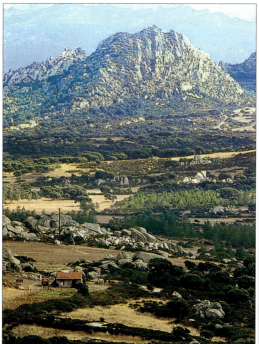

Valle della Luna (Tal des Mondes) bei Aggius

Aggius ⓭

Straßenkarte C1. 🏠 *1200.*
ℹ️ *Rathaus (079-62 03 39).* 🎉 *Santa Vittoria und Madonna del Rosario (1. So im Okt).* **www**.aggius.net

Die Natur formte dieses Dorf und seine Umgebung. Eine Felsnase aus Granit überragt die Landschaft um Aggius, die höheren Lagen des Parco Capitza und das Labyrinth von Felsformationen in der nahe gelegenen Valle della Luna.

Aggius wurde einst von der Familie Doria aus Genua und von den Aragoniern regiert. Seinen heutigen Wohlstand verdankt es dem Abbau und der Verarbeitung von Granit. Auch das lokale Kunsthandwerk besitzt große wirtschaftliche Bedeutung. Dies gilt besonders für die Teppichherstellung, bei der in jedem Stadium traditionelle Techniken angewendet werden.

Es macht Freude, durch das Zentrum von Aggius zu spazieren. Seine liebevoll restaurierten alten Steinhäuser gehören zu den hübschesten der Gallura-Region. Am ersten Sonntag im Oktober wird hier das *di li 'agghiani* für Junggesellen gefeiert, ein Fest, bei dem man traditionell *suppa cuata* (Brot- und Käsesuppe) serviert.

Die Straße nach Isola Rossa führt zur **Valle della Luna**, bizarren Felsformationen, die durch Vergletscherung entstanden.

In einer Linkskurve zweigt eine Schotterstraße nach rechts ab. Folgen Sie dieser fast bis zur Brücke, und biegen Sie dann in die kleine Straße zur Rechten, die bis zur Nuraghe **Izzana** in der Mitte des Tales führt.

Felsformationen über Aggius

Berchidda ⓮

Straßenkarte C2. 🏠 *3400.* 🚉
ℹ️ *Rathaus (079-70 39 01).*

Berchidda liegt am Südhang des Monte Limbara in einer bergigen Landschaft, die sich bis zum Monte Azzarina erstreckt. Das kleine Dorf lebt von Schafzucht, Molkereiprodukten, Korkverarbeitung und Weinbau. Der bekannteste Wein ist der Vermentino (einer der besten sardischen Weißweine), und auch der hiesige Pecorino-Käse ist von ausgezeichneter Qualität.

Etwa vier Kilometer vom Zentrum entfernt erreicht man nach einem steilen Anstieg die Ruinen des **Castello di Montacuto**, einst die Burg von Adelasia di Torres und ihrem Gatten Ubaldo Visconti, bevor sie unter die Herrschaft der Familien Doria und Malaspina vom Festland geriet. Im Hintergrund erhebt sich der Monte Limbara, das geografische Herz der Gallura-Region.

Käse und der erfrischende weiße Vermentino-Wein sind bekannte Spezialitäten aus Sardinien

Budduso ⓯

Straßenkarte C2 und D2. 🏠 *6500.*
ℹ️ *Rathaus (079-715 90 00).*

Dank Schafzucht, Granitabbau sowie Verarbeitung und Verkauf von Kork ist Budduso recht wohlhabend.

Die gepflasterten Straßen im alten Teil der Stadt schlängeln sich um Gebäude aus dunklem Stein. In der Römerzeit führte die Straße von Karalis (Cagliari) nach Olbia durch

Hotels und Restaurants im Norden und an der Costa Smeralda siehe Seiten 176f und 187

Budduso (damals: Caput Thirsi). Die Kirche **Santa Anastasia** und die Gemälde in der Sakristei sind einen Besuch wert, lohnend ist auch ein Ausflug in die nahe gelegenen **Monti di Ala**.

Umgebung: In der Nähe befinden sich an der Straße nach Mamone die Nuraghe **Iselle** (Richtung Pattada) und, etwas weiter, die Nuraghe **Loelle**.

Cuile oder Schäferhütte

San Teodoro ⓰

Straßenkarte D2. 🏠 *2900.*
🛈 *0784-86 57 67.*
www.santeodoroturismo.com

Südlich der Landspitze Capo Coda Cavallo, gleich gegenüber der felsigen Insel Tavolara, ist in den letzten Jahren das Dorf San Teodoro dank einer wachsenden Zahl an Feriengästen schnell gewachsen.

Das Dorf ist ein guter Ausgangspunkt für Ausflüge an den langen Sandstrand Cinta, der den **Stagno di San Teodoro** vom Meer trennt. Dieses 200 Hektar große Gebiet mit See und Marschland nahe der Orientale Sarda gehört zu den wenigen noch verbliebenen Marschgebieten an der Küste südlich von Olbia. Auf dem Wasser sieht man häufig Stockenten und Blesshühner. Wenn diese Tiere einen Greifvogel oder eine andere Gefahr erspähen, bilden sie schnell große Gruppen und beginnen ein lautes Getöse, um sich zu verteidigen. Man kann auch Reiher bei der Futtersuche beobachten und kreisende Falken sehen, die zu Italiens kleinsten Greifvögeln zählen.

Isola di Tavolara

Die Insel besteht aus einem 500 Meter hohen Kalksteinberg. Die Ostseite ist militärisches Sperrgebiet, doch im tief gelegenen Sandgebiet Spalmatore di Terra gibt es Strände, einen kleinen Hafen, diverse Restaurants und ein paar Häuser. Tavolara bildet mit den Inseln Molara und Molarotto, Heimat von über 150 Mufflons, ein Wasserschutzgebiet. Höhlen und Spalten überziehen die Granitklippen. Im Gebiet Spalmatore di Terra wachsen Seelilien. Wacholder, Helichrysum, Rosmarin und Mastixsträucher bedecken den Fels. Carlo Alberto, König von Piemont und Sardinien, soll auf der Insel gelandet sein, um die legendären »Ziegen mit den goldenen Zähnen« zu suchen (das Phänomen ist auf das Gras, das die Tiere fressen, zurückzuführen). Er war so fasziniert von der Insel, dass er ihren einzigen Bewohner, Paolo Bertolini, zum »König von Tavolara« erklärte. Im Sommer verkehren Boote von Olbia *(siehe S. 142)* und Porto San Paolo aus. Weitere Infos unter: www.tavolara.it

Die unverwechselbare Silhouette der Insel Tavolara

Granitfelsen ... enen Enten ... Rastplatz.

Graureiher

Falke

Das ruhige, klare Wasser birgt viel Futter für die Vögel.

Das Ufer ist ideal für Schlammbewohner.

Kiebitz

Stagno di San Teodoro

Das Dorf Ala dei Sardi

Ala dei Sardi [17]

Straßenkarte D2. 2000.
Budduso Rathaus (079-715 90 00). San Francesco (4. Okt).

Felsen, Macchia und Wälder mit gewaltigen Korkeichen, die offensichtlich vor Kurzem geschält wurden, prägen die Landschaft um Ala dei Sardi. Das Plateau, auf dem der Ort über der Bucht von Olbia liegt, ist der letzte Ausläufer des felsigen Landesinneren. Kleine, für die Gegend typische Häuser aus Granit säumen die Hauptstraße von Ala dei Sardi.

Umgebung: Nahe dem Dorf liegt unweit der Straße nach Budduso fast vollständig unter Büschen begraben die Nuraghe **Ruju**, das Relikt eines prähistorischen Dorfes.

Folgt man den Wegweisern Richtung Monti, kreuzt die Straße ein großes Plateau mit unglaublich unterschiedlich geformten Felsformationen. An einer Gabelung biegt die Straße ab und führt durch eine wunderbare Landschaft zur romanischen Kirche San Pietro l'Eremita. Immer wieder gewähren auf diesem Weg Spalten die Aussicht auf das Meer oder die Insel Tavolara *(siehe S. 153)*. Die ehemalige Einsiedelei wurde vor einiger Zeit restauriert und ist alljährlich im August zu Ferragosto (Mariä Himmelfahrt) Wallfahrtsziel von Pilgern aus den umliegenden Dörfern.

Pattada [18]

Straßenkarte C2. 3800.
Rathaus (079-75 51 14). Santa Sabina (29. Aug).

Pattada liegt zentral in einem Gebiet mit vielen Nuraghen und anderen historischen Relikten. Die weltbekannten Stahlmesser des Ortes werden hier seit Jahrhunderten dank reicher Eisenerzvorkommen produziert. Die Dorfschmiede arbeiten noch immer nach traditioneller Art: Sie fertigen Klingen aus Stahl und Griffe aus Tierhorn. Auf dem italienischen

Wald Sa Fraigada bei Pattada

MESSER AUS PATTADA

Das beste Messer für Schafhirten ist die in Pattada hergestellte *resolza* (vom lateinischen *rasoria*, Rasiermesser), ein Klappmesser mit einer bis zu 14 Zentimeter langen Stahlklinge. Die Schmiede verwenden nur traditionelle Materialien. Der Stahl wird in der Schmiede auf einem Amboss zurechtgehämmert. Der Griff besteht aus Holz bzw. aus Mufflon-, Schaf- oder Hirschhorn. Bereits Mitte des 19. Jahrhunderts wurden in Pattada Messer hergestellt. Die besten entstehen noch immer in sorgfältiger Handarbeit. Manche der heutigen Meister, wie Salvatore Giagu oder Maria Rosaria Deroma, lassen sich von den ältesten Pattada-Messern inspirieren – etwa von der *corrina* mit fest stehender Klinge, die noch auf das 18. Jahrhundert zurückgeht.

Es ist äußerst schwierig, echte Pattada-Messer zu kaufen. Die Herstellung braucht Zeit und ist kompliziert, doch man kann sich durchaus ein eigenes Messer anfertigen lassen. Dies dauert allerdings rund ein Jahr.

Scheide

Der Griff ist aus Holz oder Horn.

Klinge aus handgeschmiedetem Stahl.

Auswahl von Pattada-Messern

NORDEN UND COSTA SMERALDA

Stausee, den der Rio Mannu bei Pattada bildet

Festland findet man inzwischen Dutzende von Imitationen dieser sardischen Messer.

Umgebung: Nahe Pattada liegen die weiträumigen, durch Wiederaufforstung entstandenen Grünzonen **Fiorentini** mit Ruinen der mittelalterlichen Burg Olomene.

Tongeschirr aus der Grotta di San Michele

Ozieri ⓳

Straßenkarte C2. 🏠 12 000. 🚉
🛈 Rathaus (079-78 12 00); Pro Loco (079-78 61 94); Comunità Montana del Monte Acuto (079-781 06 00).
🎉 Sant'Antioco di Bisarcio (2. So im Mai). **www**.comune.ozieri.ss.it

Das in einer natürlichen Senke gelegene Ozieri zählt mit seinen interessanten Traditionen und Bauten zu den reizvollsten Sehenswürdigkeiten im Nordosten von Sardinien. Ozieris faszinierende Geschichte reicht Jahrtausende zurück und hat zu unserem Wissen über die frühesten pränuraghischen Kulturen beigetragen.

Die Stadt passt sich mit ihrer vielfältigen Architektur und Anlage perfekt an den bergigen Standort an. Auf den hohen Häusern kann man gelegentlich blumenübersäte Dachterrassen ausmachen.

Die wichtigsten Attraktionen der Stadt sind die **Piazza Carlo Alberto** und die **Piazza Fonte Grixoni**, in deren Mitte ein alter Brunnen steht. Die klassizistische **Kathedrale** am Rand der Altstadt birgt ein herrliches sardisches Polyptychon aus dem 16. Jahrhundert. Es stammt von einem als Maestro di Ozieri bekannten Künstler. Das Gemälde stellt das Wunder der Madonna von Loreto dar und zeigt spanische wie flämische Einflüsse. Das **Museo Archeologico** im Kloster San Francesco aus dem 17. Jahrhundert zeigt Funde aus Grabungen in der Umgebung. Die meisten Exponate stammen aus der Ozieri-Kultur, die hier in der Zeit von 3500 bis 2700 v. Chr. dominierte. Das Museum wird auch nach der Höhle, aus der die wichtigsten Funde stammen, San Michele genannt.

In der Gegend um Ozieri gibt es viele historische und archäologische Stätten und Ruinen, etwa *domus de janas* in Butule, die Nekropole San Pantaleo und einen Dolmen in Montiju Coronas.

Die **Grotta di San Michele** liegt hinter Ozieris Krankenhaus in der Nähe des Sportstadions, bei dessen Bau ein Teil der Höhle zerstört wurde. Hier fand man bemalte Keramiken, aber auch Menschenknochen, die Statuette einer Muttergöttin und Obsidianstücke vom Monte Arci.

All diese Funde unterstützen die Theorie, dass von der älteren Bonu-Ighinu-Kultur bis in die Zeit der Ozieri-Ära eine gewisse Kontinuität vorhanden war.

🏛 Museo Archeologico di Ozieri
Piazza Canonico Spano.
📞 079-785 10 52. 🕒 Di–Sa 9–13 Uhr, 16–19 Uhr, So 9.30–12.30 Uhr. ♿ 📷

⛰ Grotta di San Michele
Krankenhaus Ozieri. 🕒 Apr–Sep.
🎫 Eintrittskarte gilt für Museum und Höhle.

Ozieris Häuser sind terrassenartig an den Hang gebaut

Logudoro-Tour ⑳

Detail an Sant'Antioco di Bisarcio

Nach dem Untergang des Römischen Reiches spielte Sardinien erst wieder nach dem Jahr 1000 eine zentrale Rolle im Mittelmeerraum, als Kaufleute, Soldaten und Prediger aus Pisa und Genua mit den unterschiedlichen Kulturen der Insel in Kontakt traten. Die romanischen Kirchen im Norden Sardiniens sind das Ergebnis dieser Begegnung. Es ist schwierig zu beurteilen, wie groß der Anteil einheimischer Künstler und Handwerker an einem Denkmal ist und wie hoch jener aus Pisa und Genua. Wie auch immer – im Osten Sassaris stehen einige romanische Kirchen, von deren Art nur wenige auf dem italienischen Festland zu finden sind.

Nostra Signora di Tergu ⑦
Die Kirche steht auf den Ruinen eines Klosters, das die Mönche von Montecassino aus der Toskana errichteten.

Santissima Trinità di Saccargia ①
Die Santissima Trinità wurde aus Lagen von weißem und schwarzem Stein erbaut. Sie ist das bedeutendste romanische Baudenkmal im Norden Sardiniens und wurde Anfang des 20. Jahrhunderts restauriert *(siehe S. 158f)*. Fresken von Christus und den Heiligen zieren die Apsis.

San Michele di Salvenero (Ploaghe) ②
Im 12. Jahrhundert errichteten Mönche aus Vallombrosa diese Kirche in der Nähe des inzwischen verschwundenen Dorfes Salvenero. Sie wurde zweimal restauriert (im 13. Jh. und 1912), doch um ihre Zukunft sicherzustellen, benötigt sie mehr Aufmerksamkeit und Pflege. Zurzeit steht sie unbeachtet an einer verkehrsreichen Straßenkreuzung.

Santa Maria del Regno (Ardara) ③
Die pisanisch-romanische Kirche Santa Maria mit dem berühmten *Retablo Maggiore di Ardara*, einem der besten Sardiniens, wurde 1107 geweiht. Die Gemälde der Altarstufe schuf der Sarde Giovanni Muru (1515).

LOGUDORO-TOUR

San Pietro di Simbranos (oder delle Immagini) ⑥
Das Basrelief an der Fassade, das einen Abt und zwei Mönche zeigt (die *immagini* oder »Bilder«), gab der Kirche ihren traditionellen Namen. San Pietro in der Region Bulzi wurde zunächst 1113 errichtet, ein Jahrhundert später dann in der jetzigen Form wiederaufgebaut. Das abgelegene Gebäude liegt verloren zwischen Felsenschluchten und wirkt auf eigentümliche Weise faszinierend.

INFOBOX

Straßenkarte C2.
Santissima Trinità di Saccargia und Sant'Antioco di Bisarcio ☐ *normale Öffnungszeiten;* **San Michele di Salvenero** ● **Nostra Signora di Castro** ☐ *variabel, die cumbessias können besichtigt werden;* **Santa Maria del Regno di Ardara** ☐ *fragen Sie im Haus des Pfarrers;* **Nostra Signora di Tergu** ● *meist nur von außen zu sehen;* **San Pietro di Simbranos** ☐ *normale Öffnungszeiten oder fragen Sie den Pfarrer.*

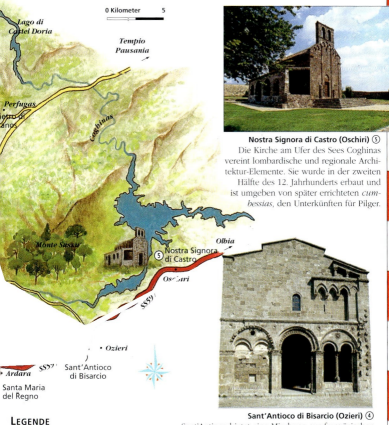

Nostra Signora di Castro (Oschiri) ⑤
Die Kirche am Ufer des Sees Coghinas vereint lombardische und regionale Architektur-Elemente. Sie wurde in der zweiten Hälfte des 12. Jahrhunderts erbaut und ist umgeben von später errichteten *cumbessias*, den Unterkünften für Pilger.

Sant'Antioco di Bisarcio (Ozieri) ④
Sant'Antioco bietet eine Mischung aus französischen Einflüssen und romanischen Elementen aus Pisa. Ihr Bau dauerte vom 11. bis ins späte 12. Jahrhundert. Von den anderen Kirchen dieser Region unterscheidet sie sich durch ihre architektonische Komplexität, die sich in dem zweistöckigen Portal, den kleinen Fenstern und den dekorativen Details an der Fassade zeigt.

LEGENDE
— Hauptstraße
— Nebenstraße
— Fluss

Santissima Trinità di Saccargia ㉑

Fries am Portikus

Schlicht und doch beeindruckend steht Sardiniens berühmteste romanische Kirche in einem windgepeitschten Tal. Ihr Name kommt wahrscheinlich von *sa acca argia*, »die gefleckte Kuh«. Der Legende nach kniete eine Kuh an dieser Stelle zum Gebet nieder, deshalb schmücken geschnitzte Kühe die vier Seiten eines Kapitells im Portikus. Auch erzählt man, dass Konstantin, der Herrscher über die Region, um 1112 die Kirche den Kamaldulenser-Mönchen schenkte, die sie in der Folge mithilfe toskanischer Baumeister, Handwerker und Arbeiter vergrößerten. Zunächst fügten sie die Apsis und den Glockenturm mit seinen Schichten aus schwarzem Trachyt und weißem Kalkstein hinzu. Später bauten sie die überdachte Vorhalle, die einzige an einer Kirche auf Sardinien. In dem nur durch kleine Öffnungen in den Seitenwänden erleuchteten Mittelschiff herrscht eine besondere Atmosphäre.

Tierfries
Tierskulpturen lockern das strenge Äußere der Kirche etwas auf.

★ Fassade
Die Fassade schmücken zwei Reihen von Blendbogen, die jeweils Fensterrosen und bunte Rauten zieren. Der zentrale Bogen hat eine kreuzförmige Öffnung.

Der Turm ist 41 Meter hoch und an jeder Seite acht Meter breit.

★ Kuhkapitell
Vielleicht wurde die Kirche nach diesen Kühen an einem der Kapitelle benannt, obwohl der Portikus erst später hinzukam.

Hotels und Restaurants im Norden und an der Costa Smeralda *siehe Seiten 176f und 187*

SANTISSIMA TRINITÀ DI SACCARGIA

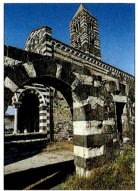

INFOBOX

Straßenkarte C2. Biegen Sie zehn Kilometer nach Sassari von der SS131 auf die SS597 nach Olbia ab. 079-43 53 75. tägl. 8–20 Uhr (Okt–März: bis 13 Uhr).

Doppelbogenfenster
Diese stammen aus dem späten 12. Jahrhundert.

Das schwarz-weiße Streifendekor zeugt von pisanischem Einfluss.

Klosterruinen
Vom ersten, bedeutendsten Kamaldulenser-Kloster Sardiniens sind nur einige wenige schwarz-weiße Steinbogen geblieben.

Christusfresko
Der segnende Christus hält ein Buch in der Hand.

Das flügellose **Schiff** wurde nach der Apsis (1116) erbaut.

Kapitelle im Portikus
Säulen mit geschnitzten Kapitellen stützen den Portikus. Sie zeigen klassische romanische Pflanzen- und Tiermotive.

★ **Fresken der Apsis**
Romanische Fresken sind selten auf Sardinien – diese stammen von pisanischen Künstlern.

NICHT VERSÄUMEN

★ Fassade

★ Fresken der Apsis

★ Kuhkapitell

Sassari

Wappen von Sassari

Sassari, in ökonomischer, politischer und kultureller Hinsicht Sardiniens zweitwichtigste Stadt, liegt zwischen Olivenhainen und fruchtbaren, bewirtschafteten Tälern auf einer Hochebene, die sich zum Meer hin senkt. Die Geschichte der Stadt prägen Invasionen, Eroberungen und Überfälle, aber auch hartnäckige Rebellion und Aufstände. Pisaner, Genuesen und Aragonier versuchten sie zu unterwerfen, doch die unbezähmbaren Bürger konnten ihre Unabhängigkeit bewahren. Sassaris Lokalheld ist Giovanni Maria Angioy, der den Aufstand von 1796 gegen die savoyische Regierung anführte, um alle diese die Feudalherrschaft einführen wollte. Zwei Präsidenten Italiens, Antonio Segni und Francesco Cossiga, wurden in Sassari geboren, ebenso der Vorsitzende der Kommunistischen Partei Italiens, Enrico Berlinguer *(siehe S. 44f)*.

Das Fest *Li Candareri* **in Sassari**

Überblick: Sassari

Die Altstadt mit ihren krummen, von den Hauptstraßen abzweigenden Gassen umgab früher eine Mauer, die entlang der heutigen Straßen Corso Vico, Corso Trinità, Via Brigata Sassari und Corso Margherita verlief. Heute sind davon nur noch einige Reste vorhanden, etwa am Anfang des Corso Trinità. Die Altstadt konnte dennoch ihr ursprüngliches Aussehen bewahren, wirkt aber etwas verwahrlost.

Für einen Spaziergang durch die Altstadt genügt in der Regel ein Vormittag. Die wichtigsten Sehenswürdigkeiten sind der Dom, der Brunnen Fontana del Rosello, das Museo Nazionale »G. A. Sanna« und schließlich die Kirchen Sant'Antonio, Santa Maria di Betlem und San Pietro in Silki.

Dom

Piazza Duomo. 079-23 20 67.
tägl. 16–19 Uhr.
www.diocesi.sassari.it

Die Kathedrale von Sassari ist San Nicola (hl. Nikolaus) gewidmet. Ihre imposante Barockfassade steht in auffälligem Kontrast zu ihrer Größe und der kleinen, einfachen und eleganten Piazza Duomo aus dem 18. Jahrhundert mit ihrer charakteristischen Halbkreisform. Der Dom, der im Lauf der Jahrhunderte nach und nach vergrößert wurde, steht an der Stelle einer romanischen Basilika, von der die Grundsteine der Fassade und der Glockenturm erhalten geblieben sind.

Ende des 15. Jahrhunderts erfuhr der Originalbau grundlegende Umbauten, die nicht nur seine Form veränderten, sondern ihm auch seine ungewöhnlichen Proportionen verliehen. Die Seitenmauern werden von Pfeilern gestützt, die mit Wasserspeiern in Form von mythischen Tieren verziert sind, während das Innere im gotischen Stil gestaltet wurde.

Im späten 18. Jahrhundert wurde der obere Teil der Fassade durch großflächige Verzierungen radikal umgestaltet: Voluten, Blumen, Putten und Fantasiefiguren kamen hinzu. In der Mitte steht die Statue von San Nicola, daneben sind in drei Nischen die Märtyrer Gavino, Proto und Gianuario zu sehen. Der untere Teil des Campanile wurde später mit einem Achteck aus mehrfarbigen Majolika-Kacheln verziert, die den ursprünglich lombardischen Stil dieses Teiles überdecken. Der komplett restaurierte Innenraum bewahrt trotz des üppig verzierten Barockaltars seine klaren gotischen Linien. Das Chorgestühl, eine Arbeit sardischer Künstler (18. Jh.), ist besonders sehenswert.

Das Museo del Duomo erreicht man durch die Cappella Aragonese (aragonische Kapelle) zur Rechten. Es beherbergt ein Tafelbild eines

Detail der Fassade der Kathedrale von Sassari

SASSARI

Fontana del Rosello, ein Brunnen aus der Renaissance

INFOBOX

Straßenkarte B2. 130 000.
079-29 95 44 oder
29 95 46; 079-23 17 77.
*Antiquitätenmarkt auf der
Piazza Santa Caterina (letzter So
im Monat); Maggio Sassarese
(Osterwoche); Cavalcata Sarda
(vorletzter So im Mai); Faradda
de li Candareri (14. Aug).*
www.comune.sassari.it

anonymen Künstlers aus dem 15. Jahrhundert. Auch eine Silberstatue von San Gavino ist zu sehen, mit aufwendigen Prägearbeiten, wie sie im späten 17. Jahrhundert in Mode waren.

₩ Fontana del Rosello
Via Col di Lana.

An der Piazza Mercato führt zur Rechten der Kirche Santissima Trinità eine kleine, Col di Lana genannte Steintreppe zur Fontana del Rosello, dem Brunnen am unteren Ende der Valverde-Schlucht.

Leider ist von dem steilen Tal und den Wäldern, die einst die schöne Naturkulisse für dieses kleine Renaissance-Juwel bildeten, nur sehr wenig erhalten. Doch dies hat die Liebe der Einwohner zu ihrem Brunnen, der heute ein Wahrzeichen der Stadt ist, nicht erschüttern können.

Die Fontana war einst der Treffpunkt für das aufgeklärte Bürgertum. Die örtlichen Wasserträger schöpften das Wasser aus acht Löwenmäulern, die in der Basis des Brunnens gemeißelt sind.

Künstler aus Genua, die noch eine Vorliebe für den klassischen Renaissance-Stil hegten, schufen den Brunnen im frühen 17. Jahrhundert.

Der Sockel besteht aus zwei übereinanderliegenden weißen und grünen Marmorblöcken. Statuen symbolisieren die vier Jahreszeiten. Die Originale wurden während der gewaltsamen Aufstände in den Jahren 1795/96 zerstört *(siehe S. 160)*.

In der Mitte sind um eine bärtige, Giogli genannte Gottheit kleine Türme angeordnet, die die Stadt verkörpern. Zwei Bogen auf der Brunnenspitze schützen die Statue des heiligen Gavinus.

🏛 Sant'Antonio Abate

Piazza Sant'Antonio. ⏰ *tägl. 7–10 Uhr, Sa auch 16.30–19.30 Uhr.*

Die prächtige Barockfassade der Kirche aus dem frühen 18. Jahrhundert dominiert mit ihrer Eleganz und den harmonischen Proportionen den von Bäumen gesäumten Platz am Ende des Corso Trinità.

Der obere Teil des Portals trägt das Emblem der Bruderschaft, die für den Bau der Kirche verantwortlich war. Der Innenraum (Lateinisches Kreuz) birgt einen der elegantesten Hochaltäre Sassaris, den ein geschnitztes und vergoldetes Altarbild schmückt. Bartolomeo Augusto aus Genua malte die Bildertafeln im späten 18. Jahrhundert.

Die Kirche steht an der Piazza Sant'Antonio, einst Standort des alten Nordtores mit gleichem Namen und Mittelpunkt des geschäftlichen und politischen Lebens. Einzige Zeugen der Vergangenheit sind Teile der mittelalterlichen Stadtmauer und ein mit Zinnen versehener Turm links von der Kirche.

🏛 Santa Maria di Betlem

Piazza Santa Maria. 📞 *079-23 57 40.* ⏰ *tägl. 7.30–12 Uhr, 17–19 Uhr.*

Die Kirche Santa Maria di Betlem steht auf dem gleichnamigen Platz am nordwestlichen Zugang zur Stadt. Sie wurde 1106 von Benediktinermönchen erbaut und später den Franziskanern gestiftet. Leider wurde der elegante Originalbau Opfer ständiger Umbauten im 18. und 19. Jahrhundert, sodass die ursprüngliche leichte, klare Form verloren ging. Einziger erhaltener Teil der früheren Kirche ist

Romanische Kirche San Pietro in Silki, Sassari

Detail eines Jugendstilhauses

die Fassade (13. Jh.) mit kleinen Säulen und Kapitellen sowie einer hübschen Fensterrose (15. Jh.). Das einst karge gotische Innere verschandeln schwerfällige Barockdekorationen und Altäre. Doch sind die Seitenkapellen intakt. Jede von ihnen ist einem Handwerk gewidmet, zur Erinnerung an die soziale Rolle der Kirche innerhalb der Gemeinde. Am 14. August, dem Tag des Festes *Faradda di li candareri*, werden in einer Prozession Votivkerzen der einzelnen Gilden von der Chiesa del Rosario hierhergetragen. Um den Kreuzgang ist teilweise eine Mauer gezogen worden, er kann aber noch besichtigt werden. Der dortige Brigliadore-Brunnen aus Granit (14. Jh.) war einst die Hauptquelle der Wasserversorgung Sassaris.

🏛 San Pietro in Silki

Via delle Croci. 📞 *079-21 60 67.* ⏰ *tägl. 6–12 Uhr, 15.30–18 Uhr.*

Die romanische Kirche San Pietro in Silki überragt einen hübschen, baumumstandenen Platz und heißt wohl nach dem mittelalterlichen Viertel, das hier im 12. Jahrhundert entstanden war. Hinter der schlichten Fassade (17. Jh.) verbirgt sich ein großes Atrium, das zum Hauptschiff mit seinen vier Seitenkapellen führt. Die erste wurde in der zweiten Hälfte des 15. Jahrhunderts der Madonna delle Grazie gewidmet. Sie wurde nach einer Statue der Jungfrau Maria benannt, die man in einer Säule auf dem Kirchplatz gefunden hatte und zu den besten katalanisch-gotischen Statuen Sardiniens gehört.

Gegenüber von San Pietro steht das Kloster Frati Minori mit einer Bibliothek, die mit über 14000 Bänden aus aufgegebenen Franziskanerklöstern eine der bestsortierten der Insel ist.

🏛 Corso Vittorio Emanuele

Die Hauptstraße der Stadt führt durch das Herz der Altstadt und verbindet die Piazza Sant'Antonio mit der Piazza Cavallino. Den Corso säumen Häuser aus dem 19. Jahrhundert und Gebäude, die von den Aragoniern stammen (16. Jh.). Oft erhascht man einen Blick in die Höfe und Innenbereiche, die ihren früheren Glanz erahnen lassen. Die Hauptgeschäftsstraße Sassaris bietet Läden aller Art.

🏛 Mostra Permanente dell'Artigianato

Viale Tavolara. 📞 *079-23 01 01.* ⏰ *Mo–Sa 9.30–13 Uhr, 17–20 Uhr.* 📷

Gegenüber dem Park Emiciclo Garibaldi zeigt ein Laden in einem modernen Gebäude

Kirche Santa Maria di Betlem in Sassari

Hotels und Restaurants im Norden und an der Costa Smeralda siehe Seiten 176f und 187

in einer Dauerausstellung sardischen Kunsthandwerks die besten Arbeiten der diversen Genossenschaften Sardiniens. Die Räume führen auf einen Innengarten, der Licht auf die wertvollen Objekte in den Vitrinen fallen lässt. Zu ihnen zählen Filigranhalsketten und -ohrringe, nach alten Vorlagen gefertigter Korallenschmuck und mit traditionellen Techniken getöpferte Tonwaren und Keramiken.

An den Wänden hängen traditionelle sardische Teppiche, die mit ihren geometrischen Mustern abstrakten Gemälden gleichen. Auch feine Klöppelspitze findet man und – interessant, wenn auch nicht so wertvoll – Körbe aus Zwergpalmenblättern, Terrakottatöpfe und andere Gebrauchsgegenstände, deren Design und Machart über die Jahrhunderte weitergegeben worden sind. Die ausgestellten Produkte werden verkauft.

🏛 Museo Archeologico Nazionale »G. A. Sanna«
Via Roma. 📞 079-27 22 03.
🕐 Di–So 9–20 Uhr. 📷 🎫 ♿

Das archäologische Museum Sassaris wurde von der Familie Sanna dem italienischen Staat gestiftet. Sie baute es 1931 für die Funde, die Giovanni Antonio Sanna, eine wichtige Figur der Inselgeschichte und Leiter der örtlichen Mine, zusammentrug.

Zwei komplette Etagen sind den verschiedenen Epochen der sardischen Kultur von der Jungsteinzeit bis zum Mittelalter gewidmet. Pfeilspitzen, nuraghische Bronzestatuetten,

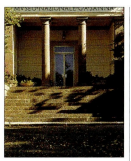

Eingang des Museo Archeologico Nazionale »G. A. Sanna« in Sassari

Amphoren, Möbel, Waffen, Werkzeug, Schmuck und Keramik sind in chronologischer Reihenfolge ausgestellt. Im Erdgeschoss illustrieren Bilder die Entwicklung Sardiniens, und in jedem Raum hängen Zeittafeln zur Inselgeschichte.

Auch Rekonstruktionen prähistorischer Bauten sind zu betrachten, etwa Wohnhäuser, *domus de janas* (Felsengräber) und Hünengräber. Im letzten Saal findet sich zwischen Grundrissen, Sarkophagen und Statuen ein rekonstruiertes Bodenmosaik aus einer römischen Patriziervilla in der Nähe von Turris Libisonis (heute: Porto Torres). Darauf sind Hummer, Seepferdchen und Robben zu sehen, die einander nachjagen. Im nächsten Raum zeigt eine kleine Galerie Arbeiten sardischer Künstler (ab 14. Jh.). Die Abteilung traditionelles Kunsthandwerk zeigt Trachten, Schmuck, Musikinstrumente und Werkzeuge, die noch heute im Norden Sardiniens verwendet werden.

🏛 Piazza d'Italia
Der wohlproportionierte Platz liegt am Rand eines Stadtviertels aus dem 19. Jahrhundert. Ihn säumen klassizistische Gebäude, hohe Palmen und gepflegte Blumenbeete. Über das Ensemble wacht eine Statue von König Vittorio Emanuele II.

Eines der schönsten Gebäude ist der klassizistische Palazzo della Provincia (Gebäude der Provinzregierung). Der Sitzungssaal ist der Öffentlichkeit zugänglich. An den Wänden hängen Gemälde, die wichtige Ereignisse in der politischen Geschichte der Stadt zeigen, z. B. *Die Verkündung der Sassari-Statuten* und *Giovanni Maria Angioy zieht in Sassari ein (siehe S. 160)*. Die angrenzenden Königsgemächer wurden 1884 anlässlich des Besuches des Königs von Sardinien gebaut. Im Sommer finden im Hof Konzerte und Theateraufführungen statt.

Unter den hübschen Bargone- und Crispi-Arkaden im Nordwesten des Platzes befinden sich die ältesten Bars und *pasticcerie* (Konditoreien) der Stadt. Von hier aus gelangt man zur Piazza Castello.

🏛 Santa Caterina
Via Santa Caterina.
📞 079-23 16 92.
🕐 nachmittags zur Messe.

Die gegen Ende des 16. Jahrhunderts für den Jesuitenorden errichtete Kirche vereint sardische Gotik mit Elementen der Renaissance. Im Inneren sind einige Gemälde von Giovanni Bilevelt (1576–1644) zu sehen.

Sassaris Piazza d'Italia, flankiert vom klassizistischen Palazzo della Provincia

Hafen von Castelsardo

Castelsardo ㉓

Straßenkarte C2. 5500.
Pro Loco (079-47 15 06). Lunissanti-Prozession (Ostermontag).
www.comune.castelsardo.ss.it

Der auf einer vulkanischen Landspitze gelegene Ort wurde 1102 von der genuesischen Adelsfamilie Doria gegründet und hieß bis 1448 Castelgenovese. Danach wurde er nach den neuen Eroberern der Stadt Castellaragonese genannt. Seinen heutigen Namen erhielt der Ort im Jahr 1776.

Das dominanteste Bauwerk in Castelsardo ist das **Castello**, in dem heute ein Museum mit traditionellen Korbflechtarbeiten untergebracht ist. Die Kathedrale Sant'Antonio Abate ragt am Meer auf. Die engen Gassen im Stadtzentrum werden von kleinen Läden gesäumt. Fischliebhaber werden sich hier äußerst wohlfühlen, denn die Küche basiert auf frisch gefangenem Fisch und Hummer.

Alljährlich findet in Castelsardo am Ostermontag die traditionelle **Lunissanti**-Prozession statt. Brennende Fackeln erleuchten die Straßen, maskierte Gestalten schreiten langsam zu den Klängen der drei Lieder *Lu Stabat*, *Lu Jesu* und *Lu Miserere*. Die Melodien sind mehrere Jahrhunderte alt. Vermutlich stammen sie noch aus der Zeit vor der katalanischen Herrschaft und sind seitdem stets mündlich weitergegeben worden. Die feierliche Prozession, wohl eine der schönsten und bekanntesten unter den vielen sardischen Osterfesten, endet dann in der Kirche **Santa Maria**.

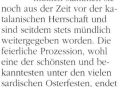

Korbarbeit

🏛 Castello und Museo dell'Intreccio
Via Marconi. 079-47 13 80.
tägl. 9.30–13 Uhr, 15–17.30 Uhr
(Juli, Aug: 9 Uhr–Mitternacht).
Die Festung aus dem 13. und 14. Jahrhundert beherbergt heute das **Museo dell'Intreccio** (Museum für Korbwaren). Die Körbe werden aus Palmen, Zuckerrohr und Affodill hergestellt. Von Burgterrassen aus hat man einen schönen Blick auf den Golfo dell'Asinara, an klaren Tagen sogar bis Korsika.

Sant'Antonio Abate in Castelsardo

⛪ Cattedrale di Sant'Antonio Abate
Via Seminario. tägl. 8–18 Uhr.
Die Kathedrale wurde im 17. Jahrhundert auf einer romanischen Kirche errichtet. Ihr Glockenturm ist mit Majolika-Kacheln gedeckt. Vom Turm aus hat man einen wunderbaren Blick auf das Meer. In der Kathedrale stehen geschnitzte Holzmöbel aus dem 16. Jahrhundert.

Castelsardo mit der namensgebenden Burg

Hotels und Restaurants im Norden und an der Costa Smeralda *siehe Seiten 176f und 187*

NORDEN UND COSTA SMERALDA

Roccia dell'Elefante (Elefantenfelsen) bei Castelsardo

🏛 Santa Maria
Via Vittorio Emanuele. ☐ *bitten Sie den Pfarrer um den Schlüssel.*

Die Kirche in der Altstadt von Castelsardo hat keine Fassade und ist nur durch einen Seiteneingang zu betreten. Im Inneren birgt sie ein Kreuz aus dem 14. Jahrhundert, das als *Cristo Nero* (schwarzer Christus) bekannt ist. Die Kirche ist Ausgangs- und Endpunkt der Lunissanti-Osterprozession.

🏛 La Roccia dell'Elefante
An der Straße bei Multeddu, unweit von Castelsardo, steht die Roccia dell'Elefante (nicht zu verwechseln mit dem »Elefantenfelsen« gleichen Namens in der Bucht Cala di Volpe, *siehe Titelbild*). Wind formte den dunklen Trachytblock zu einem Elefanten mit herunterhängendem Rüssel. In alter Zeit war dieser Platz eine Grabstätte. Noch immer kann man an der Basis kleine gemeißelte Öffnungen für verschiedene *domus de janas* (Felsgräber) erkennen.

Isola Rossa ㉔

Straßenkarte C1.

Wo sich die Ausläufer der Berge der Gallura zum Meer erstrecken, hat der Wind die rosafarbenen Felsen zu fantastischen Gestalten geformt. Das kleine Fischerdorf Isola Rossa liegt unterhalb eines imposanten Wachturms aus dem 16. Jahrhundert auf einer Landspitze. Das Dorf erhielt seinen Namen (»rote Insel«) nach der kleinen, rötlichen Felsinsel in der Bucht. Jeden Tag werden die Fischerboote auf den Strand vor dem Dorf gezogen, nachdem der Fang eingebracht ist.

Es lohnt sich auf jeden Fall, hier die Küste zu erforschen. Dies gilt besonders für die östliche Seite, wo der Monte Tinnari über dem Meer aufragt. Richtung Westen wird die Küste langsam flacher bis hin zur Mündung des Rio Coghinas, nicht weit entfernt von Castelsardo.

Umgebung: Unweit von Isola Rossa liegt das Bauernstädtchen **Trinità d'Agultu**, das sich im 19. Jahrhundert rund um die gleichnamige Kirche entwickelte. Wie so häufig auf Sardinien wurde die einfache Landkirche zu einem Heiligtum und einer Pilgerstätte. Wenn die religiösen Feste gefeiert werden und die Wallfahrten stattfinden, ist der Ort noch immer ein regionales Handelszentrum.

Fischereiflotte in Isola Rossa

FISCHEREI AUF SARDINIEN

Die Sarden sind traditionell eine Nation von Schafhirten, doch ist auch die Fischerei von Bedeutung, obwohl sie seit Jahrhunderten vor allem von Einwanderern betrieben wurde: von den Bewohnern der Insel Ponza bei Castelsardo und von Neapolitanern, die das Dorf Isola Rossa Anfang des 20. Jahrhunderts gründeten. Heute bildet in beiden Orten die Muschel- und Schaltierzucht eine wichtige Einnahmequelle. Den Thunfischfang, der an der Nordwestküste einst weitverbreitet war, gibt es heute auf Sardinien nicht mehr. Die kleinen Trawler konnten nicht mit der Hochseefischerei konkurrieren, die heute schon quasi-industriell betrieben wird.

Herstellung eines Hummerkorbes

Zu Gast auf Sardinien

Übernachten 168-177

Restaurants 178-187

Shopping 188-191

ÜBERNACHTEN

Die legendäre Schönheit der sardischen Strände hat die touristische Erschließung stark beflügelt. Besonders an der Küste findet man eine Riesenauswahl an Hotels und Feriendörfern. Die weltberühmten exklusiven Hotels aus den frühen 1960er Jahren an der Costa Smeralda sind für gut betuchte Gäste, doch auch günstige Unterkünfte sind leicht zu finden. Der Süden lockt mit Luxusanlagen, die Westküste mit zahlreichen seriösen familienbetriebenen Unterkünften. An der Ostküste bieten die vielen gut ausgestatteten Feriendörfer meist die Möglichkeit zur Selbstverpflegung. Im Landesinneren, vor allem in der Region um Gennargentu und Barbagia, organisieren hervorragende Hotels oft Ausflüge und Wanderungen. Weitere Informationen, Verzeichnisse und Beschreibungen von Hotels, von Ferien auf dem Bauernhof und Ferienanlagen sind auf den Seiten 171 und 174–177 aufgeführt.

Logo von ESIT, Sardiniens Tourismusverband

Hotel Torre Moresca an der Cala Ginepro, Orosei *(siehe S. 175)*

HOTELKATEGORIEN

Hotels auf Sardinien sind – wie überall in Italien – nach einem Sterne-System eingestuft. Ein Stern steht für ein Minimum an Komfort, fünf Sterne für luxuriöse Ausstattung. Die Vier-Sterne-Kategorie bietet erstklassigen Service, ohne den hohen Preis eines Fünf-Sterne-Hotels zu verlangen. In Drei-Sterne-Unterkünften, besonders Familienbetrieben, bekommt man zuweilen viel für sein Geld, doch ist dies hier leider eher die Ausnahme als die Regel.

Zu den meisten Hotels gehört ein Restaurant, das nicht nur den Hotelgästen offensteht. Alle Hotels, gleich welcher Kategorie, haben eine Reihe an Service-Angeboten. So verleihen z. B. Hotels am Meer Strandutensilien wie Schirme und Liegen.

◁ **Die warmen, türkisblauen Küstengewässer Sardiniens**

FERIENANLAGEN

Die meist an der Küste gelegenen Feriendörfer bieten eine breite Palette an Unterkünften. Die Auswahl reicht von riesigen Anlagen mit Hunderten von Apartments und gutem Service bis zu kleineren, eleganten und teureren Häusern. Größere Ferienanlagen vereinen in sich mehrere Unterkunftsangebote und -kategorien. In Forte Village etwa gibt es sieben verschiedene, jeweils in einem anderen Stil gehaltene Hotels – die Palette reicht vom Le Dune mit 43 bis zum Castello mit 175 Zimmern. In manchen Orten hat man die Wahl zwischen Apartments mit Service oder einem gewöhnlichen Drei- oder Vier-Sterne-Hotel mit einer Reihe von Nebenkosten. In den All-inclusive-Angeboten mancher Feriendörfer sind sogar die Getränke an der Bar enthalten. In vielen Ferienanlagen und Hotels muss man Halb- oder Vollpension buchen.

Logo des Hotels Sporting in Porto Rotondo

In manchen Anlagen entscheiden sich die Urlauber für Apartments oder Bungalows mit Selbstversorgung, können allerdings zusätzlich im Pauschalarrangement enthaltenen Service in Anspruch nehmen. Dabei handelt es sich in der Regel um Sport- oder Unterhaltungsangebote mit Disco oder Nachtclub, Babysitter-Dienste, Strandutensilien, Swimmingpool und den Besuch der hoteleigenen Bars und Restaurants. Viele Anlagen stellen auch Wassersportausrüstungen zur Verfügung.

Will man weniger als einen Monat am Ort bleiben, ist ein Apartment in einer Ferienanlage eine gute Alternative zum Mieten eines ganzen Hauses, denn hier hat man sowohl seine Unabhängigkeit als auch Zugang zu einer Reihe nützlicher Einrichtungen und Service-Angebote.

Ein Verzeichnis der bekanntesten Ferienanlagen finden Sie auf Seite 171.

Straßencafé in Porto Cervo

ÜBERNACHTEN

Hotel Victoria in Tortoli, nahe Arbatax *(siehe S. 175)*

PREISE

Das italienische Gesetz verpflichtet Hotels, an jeder Zimmertür eine Preisliste des Nationalen Fremdenverkehrsverbandes mit den Höchstpreisen des laufenden Geschäftsjahres auszuhängen. Die angegebenen Preise dürfen nicht überschritten werden. Die auf dieser Liste oder vom Hotelpersonal bei der Buchung angegebenen Preise enthalten normalerweise Steuern und Service. Um Missverständnissen vorzubeugen, sollte man sich jedoch stets vorher erkundigen, ob das Frühstück inbegriffen ist.

Hotels an der Küste bieten oft nur Halb- oder Vollpension an. In der Nebensaison lohnt es sich, nach Preisnachlässen zu fragen. In der Hauptsaison sind diese ausgeschlossen. Im Sommer sind die Preise oft doppelt so hoch wie im Winter, am teuersten sind die zweite und dritte Augustwoche. Dies gilt für Hotels und für Ferienanlagen, wobei hier Wochenpreise als Kalkulationsgrundlage dienen.

Die Lage des Hotels hat natürlich Einfluss auf die Preise. An der Küste sind alle Unterkünfte teurer als im Inland. Für Gruppen oder längere Aufenthalte ist es häufig möglich, Sonderkonditionen auszuhandeln.

EXTRAS

Meist sind Getränke zu den Mahlzeiten nicht im Pauschalpreis enthalten, ebenso wenig Getränke aus der Minibar, Zimmerservice und Telefonate vom Zimmer.

Zuweilen wird die Klimaanlage extra berechnet. Der Blick auf Sardiniens reizvolle Küste kann auch als willkommene Einkommensquelle gesehen werden. Ein Zimmer mit Meerblick wird meist teurer berechnet. Nach Extrakosten sollte man also immer bei der Buchung oder der Wahl des Zimmers fragen. Trinkgelder in Hotels liegen im Ermessen des Gastes.

NEBENSAISON

Wenn Sie Sardinien außerhalb der Hochsaison besuchen, informieren Sie sich unbedingt vorher über die Verfügbarkeit von Unterkünften. Die meisten Hotels sind nur zur Saison geöffnet, d. h. etwa ab Ostern bis zum Herbst. Das Ende der Saison ist häufig von nicht vorhersehbaren Umständen, wie einem plötzlichen Wetterumschwung, abhängig.

BUCHUNG UND BEZAHLUNG

Buchung weit im Voraus ist erforderlich, wenn Sie im Sommer, besonders im Juli und August, anreisen und an der Küste wohnen möchten, denn die Insel ist zu dieser Zeit von Urlaubern überschwemmt. Buchen Sie Ihr Hotel unabhängig von der Anreise, müssen Sie mit großer Wahrscheinlichkeit vorab eine Anzahlung leisten, entweder per Kreditkarte oder über internationale Geldanweisung. Bei Ihrer Ankunft im Hotel oder in der Ferienanlage werden Sie an der Rezeption gebeten, für das polizeiliche Melderegister Ihren Personalausweis vorzulegen. Dies ist ebenso gesetzliche Vorschrift wie die Bestätigung beim Auschecken.

CAMPING

Am günstigsten sind auf Sardinien Ferien auf dem Bauernhof *(agriturismo)* oder Campingurlaube. Die Insel besitzt gute Campingplätze, die z. T. in ruhigen Gebieten mit schönem Blick liegen. Meist befinden sie sich an der Küste und oft in Eukalyptus- oder Kiefernwäldern. Im Landesinneren sind sie rar.

Im Sommer sind die Campingplätze genau wie die Hotels überlaufen. Auf Rundreisen sollte man aus diesem Grund schon am Vormittag mit der Suche nach einem Platz beginnen, wenn man nicht reserviert hat.

Einige Plätze vermieten auch Bungalows mit Bad und Kochnische. Die Preise sind teilweise horrend.

Die meisten Campingplätze sind von Ostern bis Oktober geöffnet, einige bieten um Weihnachten Bungalows und Wohnwagen mit Heizung.

Campen außerhalb der offiziellen Plätze ist streng verboten und am Strand besonders ungern gesehen. Wollen Sie Ihr Zelt in einem staatlichen Forst oder auf Privatgelände aufschlagen, brauchen Sie eine Genehmigung des Besitzers oder Verwalters.

Hotel Hieracon auf der Insel San Pietro *(siehe S. 174)*

Ferienhof L'Agnata in Tempio Pausania

AGRITURISMO

Ferien auf dem Bauernhof *(agriturismo)* bieten eine ausgezeichnete Gelegenheit, sardische Bräuche und Traditionen kennenzulernen. Die Unterkünfte sind zwar oft einfach gehalten, doch die Zimmer sind zumeist gemütlich eingerichtet. Sardische Bauernhöfe liegen in der Regel nicht abgeschieden auf dem Land: Traditionell steht mindestens die Hälfte der Häuser in Dörfern. Bauern und Hirten wohnen häufig im Dorf und fahren einige Kilometer zu ihren Feldern oder ihren Herden.

Die meisten *agriturismi* findet man in den Provinzen Sassari und Oristano, nur wenige in der Region Cagliari. Je nach Ihren Bedürfnissen mag der einzige Nachteil in einem Mangel an Privatsphäre liegen: Gäste und Gastgeber essen an einem Tisch. Bis zu Ihrer Abreise werden Sie festgestellt haben, dass sie inzwischen zur Familie gehören. Die Mahlzeiten werden aus den eigenen Erzeugnissen – Käse, Fleisch, Gemüse und Honig – nach regionaler Tradition zubereitet. So kann man regionale Spezialitäten gut kennenlernen. In der Regel bieten Bauernhöfe Unterkunft mit Halb- oder Vollpension wochenweise an. Viele organisieren Wanderungen, Ausritte, Mountainbike- oder Kanuausflüge. *Agriturismi* bieten mitunter Mahlzeiten auch für Gäste an, die nicht dort wohnen. Eine gute Informationsquelle ist die in vielen Fremdenverkehrsbüros erhältliche Broschüre *AgriSardinia*.

Typisches Ferienhaus, wie man es in der Region Sulcis mieten kann

FERIENHÄUSER

Das Mieten eines Hauses ist eine preiswerte Lösung für Familien oder Gruppen. Besonders für Familien mit Kleinkindern ist dies eine gute Alternative zum Hotel, zumal sich die Reinigungskosten für eine Woche oder einen längeren Aufenthalt nicht wesentlich unterscheiden.

Wollen Sie ein Haus mieten, wenden Sie sich an die örtlichen Fremdenverkehrsbüros. Diese geben regelmäßig spezielle Verzeichnisse mit Privatunterkünften in der Umgebung, inklusive der Preise, heraus. Reisebüros und Reiseveranstalter haben diese Art der Unterbringung ebenfalls im Programm.

Mietpreise gelten meist für eine Woche. Oft wird eine Anzahlung verlangt. Sie sollten sich der genauen Größe und der Anzahl der Zimmer versichern. In einigen Häusern ist das Wohnzimmer gleichzeitig als Schlafzimmer zu nutzen. Außerdem muss geklärt sein, ob Gas, Wasser, Strom, Telefon und Bettwäsche im Preis enthalten sind oder extra berechnet werden. Bei der Ankunft sollten Sie zuerst den Zählerstand ablesen.

SARDINIEN PER FAHRRAD UND MOTORRAD

Das hervorragende Klima und die abwechslungsreichen Landschaften machen Sardinien zum idealen Ziel für Rundreisen auf dem Fahrrad. Organisierte Touren ab abseits gelegenen Pfaden werden immer beliebter. Das Straßennetz der Insel eignet sich weniger für Gruppen denn für Individualreisende. In vielen Ferienorten kann man sowohl Fahrräder als auch Motorräder mieten. Für eigene Querfeldein-Touren sollte man die Strecke kennen und sich versichern, ob motorisierte Fahrzeuge dort auch wirklich erlaubt sind.

Luxuriöse Ferienvillen in Porto Cervo, Costa Smeralda

AUF EINEN BLICK

FERIENANLAGEN

Club Méditerranée
Caprera,
Isola La Maddalena.
Straßenkarte D1.
070-72 70 78.
FAX 0789-72 74 14.
www.clubmed.com

Hotel Relais Monte Turri
Località Bellavista,
Arbatax.
Straßenkarte D4.
0782-66 75 00.
www.hotelphilosophy.net

Villaggio Cala Moresca
Località Bellavista,
Arbatax.
Straßenkarte D4.
0782-66 73 66 oder
02 58 30 58 10.
FAX 0782-66 73 71.
www.villaggiarbatax.it

Villaggio Cugnana Verde
Cugnana Verde (Olbia).
Straßenkarte D1 & D2.
078-93 31 94.
www.cugnanaverde.net

Villaggio Valtur Baia di Conte
Fertillia (Alghero).
Straßenkarte B2.
079-94 90 00.
www.valtur.it

Villagio Valtur di Colonna Beach
Località Sos Aranzos
(Golfo Aranci).
Straßenkarte C1.
078-96 30 66.
www.valtur.it

Villagio Valtur di Santo Stefano
Isola Santo Stefano
(La Maddalena).
Straßenkarte D1.
0789-70 60 39.
www.valtur.it

CAMPING

Arcobaleno
Località Porto Pozzo,
Santa Teresa di Gallura.
Straßenkarte C1.
0789-75 20 40.
www.campingarcobaleno.com

Baia Blu La Tortuga
Località Vignola Mare,
Aglientu (Sassari).
Straßenkarte C1.
079-60 20 60 oder
079-60 22 00.
www.baiaholiday.com

Cala Fiorita
Località Agrustos, Budoni
(Nuoro). **Straßenkarte**
D2. 0784-84 62 90
oder 0784-84 70 00.

Cala Gonone
Cala Gonone,
Dorgali (Nuoro).
Straßenkarte D3.
078-49 31 65. www.campingcalagonone.it

Camping Torre Chia
Località Chia (Cagliari).
Straßenkarte C6.
339-16 53 79. www.campeggiotorrechia.it

Europa
Località Torre del Pozzo,
Cuglieri (Oristano).
Straßenkarte B3.
078-53 80 58. www.europacampingvillage.it

International Camping
Località Valledoria.
Straßenkarte D6.
079-58 40 70. www.campingvalledoria.com

Isola dei Gabbiani
Località Porto Pollo, Palau
(Olbia).
Straßenkarte D2.
0789-70 40 19
oder 0789-70 40 24.
www.isoladeigabbiani.it

La Caletta
Carloforte, Località La
Caletta. **Straßenkarte**
B6. 0781-85 21 12
oder 348-699 08 78.

Limoni Beach Camping
Cala Sinzias (Castidas).
070-99 50 06.
www.limonibeach.it

Nurapolis
Narbolia (Oristano).
Straßenkarte B4.
078-35 22 83.
www.nurapolis.it

Porto Pirastu
Località Capo Ferrato,
Muravera (Cagliari).
Straßenkarte D5.
070-99 14 37/8.
www.portopirastu.net

Sos Flores
Tortolì, Arbatax (Nuoro).
Straßenkarte D4.
0782-66 74 85.

Telis
Località Porto Frailis,
Tortolì (Nuoro).
Straßenkarte D4.
0782-66 71 40.
www.campingtelis.com

Villaggio Camping Golfo di Arzachena
Località Cannigione (Arzachena). **Straßenkarte** D2.
0789-881 01.
www.campingarzachena.com

Villaggio Camping La Mandragola
Santa Lucia di Siniscola
(Siniscola). **Straßenkarte**
D2. 0784-81 91 19.
FAX 0782-66 73 71.
www.mandragolavillagio.com

AGRITURISMO-VERANSTALTER

Agriturist
Via Bottego 7, Cagliari.
Straßenkarte C6.
070-30 34 86.
www.agriturist.it

Consorzio Agriturismi di Sardegna
Via Duomo 17, Oristano.
Straßenkarte B4.
0783-41 16 60.

Terranostra
Via dell'Artiginato 13,
Cagliari. **Straßenkarte**
C6. 070-211 02 96.
www.terranostra.sardegna.it

Turismo Verde
Via Libeccio 31, Cagliari.
Straßenkarte C6.
070-37 37 33
www.turismoverde.it

AGRITURISMO

L'Agnata
San Bachisio, Tempio
Pausania. **Straßenkarte**
C2. 079-67 13 84.
www.agnata.it

Agriturismo Costiolu
Bitti (Nuoro).
Straßenkarte D3.
0784-26 00 88.
www.agriturismocostiolu.com

Agriturismo Li Scopi
Località Li Scopi (San
leodoro). **Straßenkarte**
D2. 0784-86 56 24.
www.agriturismoliscopi.it

Azienda di Lucia Sotgiu
Via Amsicora 9, Nurachi
(Oristano). **Straßenkarte**
B4. 0783-41 02 96.
www.terranostrasardegna.it

Fenu
Località Sa Tuerra,
Teulada (Cagliari).
Straßenkarte C6.
070-92 83 013.

Il Cavallino
Padru (Nuoro).
Straßenkarte D2.
0789-510 14.

Le Querce
Località Valli di Vatta,
Porto Cervo. **Straßenkarte** D1. 0789-99
248. www.lequerce.com

Lu Striglioni
Murta Maris, Olbis (Sassari). **Straßenkarte** D2.
0789-405 24 oder
360 61 68 67.

Sa Perda Marcada
Sa Perda Marcada, Arbus
(Cagliari). **Straßenkarte**
B5. 070-975 87 14.
www.saperdamarcada.it

Sos Rios
Sos Rios, Torpe (Nuoro).
Straßenkarte D4.
0784-82 60 72.

Straßenkarte *siehe hintere Umschlaginnenseiten*

Highlights: Hotels

Die meisten Luxushotels liegen in der Gallura und nahe den Stränden der Costa Smeralda. Doch die Anzahl der kleineren Hotels nimmt in weniger berühmten und auch nicht so teuren Gegenden stetig zu. Alle auf dieser Karte abgebildeten Hotels haben etwas Besonderes zu bieten und sind aufgrund ihrer ausgezeichneten Lage an der Küste oder in den Bergen, wegen ihrer mit der natürlichen Umgebung hervorragend harmonierenden Architektur oder ihres exzellenten Service ausdrücklich zu empfehlen. Buchen Sie weit im Voraus, wenn Sie in der Hochsaison kommen wollen, und beachten Sie mögliche Betriebsferien im Winter.

Villa Las Tronas
Diese Strandvilla in Alghero ist heute ein komfortables Hotel. Alle Zimmer blicken auf die Küste. Hier hört man nur das Rauschen des Meeres (siehe S. 176).

 WESTKÜS

Le Dune
Inmitten der Dünen von Piscinas ist dieses Hotel in zwei alten, mit feinem Gespür für das Detail restaurierten Minengebäuden untergebracht (siehe S. 174).

CAGLIAR UND SÜD

Forte Village
Die Hotels des Ferienorts an der See umgibt mediterrane Macchia. Zu den hervorragenden Wellness-Einrichtungen gehören auch Becken für Thalassotherapie (siehe S. 174).

HOTELS

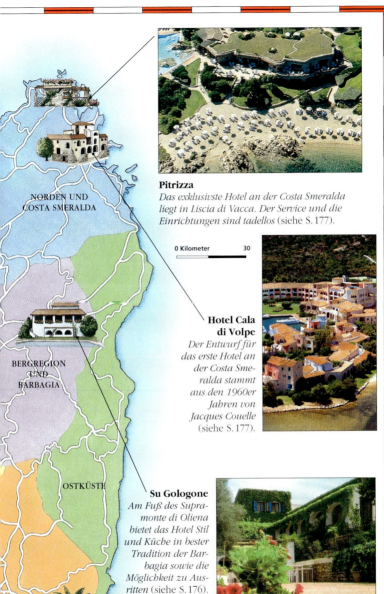

NORDEN UND COSTA SMERALDA

Pitrizza
Das exklusivste Hotel an der Costa Smeralda liegt in Liscia di Vacca. Der Service und die Einrichtungen sind tadellos (siehe S. 177).

0 Kilometer 30

Hotel Cala di Volpe
Der Entwurf für das erste Hotel an der Costa Smeralda stammt aus den 1960er Jahren von Jacques Couelle (siehe S. 177).

BERGREGION UND BARBAGIA

OSTKÜSTE

Su Gologone
Am Fuß des Supramonte di Oliena bietet das Hotel Stil und Küche in bester Tradition der Barbagia sowie die Möglichkeit zu Ausritten (siehe S. 176).

Tanka Village
In der Anlage in den Wäldern bei Villasimius fühlt man sich wie in den Tropen. Sie hat ein gutes Wassersportangebot (siehe S. 175).

Hotelauswahl

Die Hotels wurden aufgrund ihrer Ausstattung, ihres Preis-Leistungs-Verhältnisses und ihrer Lage ausgewählt. Falls nicht anders ausgewiesen, verfügen alle Zimmer über ein eigenes Bad. Für die Hauptsaison ist rechtzeitige Buchung unerlässlich. Bedenken Sie, dass viele Häuser im Winter geschlossen bleiben.

PREISKATEGORIEN
Die Preise gelten für ein Doppelzimmer pro Nacht, inklusive Frühstück, Service und Steuern.

€ unter 85 Euro
€€ 85–150 Euro
€€€ 150–250 Euro
€€€€ 250–350 Euro
€€€€€ über 350 Euro

CAGLIARI UND SÜDEN

ARBUS Le Dune €€€
Via Bau 1 – Fraz. Piscinas di Ingurtosu, 9031 · 070 97 71 30 · FAX 070 97 72 30 · **Zimmer** 25 · *Straßenkarte B5*

Dieses Hotel in einem sorgfältig restaurierten, denkmalgeschützten Bergwerksgebäude besitzt ein ausgesprochen stimmungsvolles Ambiente, das den Aufenthalt hier unvergesslich macht. Es bietet einen umwerfenden Panoramablick auf Küste, den endlosen Strand und die berühmten Dünen von Piscinas. www.leduneingurtosu.it

CAGLIARI Hotel 4 Mori €
Via GM Angioj 27, 9124 · 070 66 85 35 · FAX 070 66 60 87 · **Zimmer** 42 · *Straßenkarte C6*

Das kleine, freundliche Hotel im Stadtzentrum wurde 2004 renoviert. Die einfachen, sauberen Zimmer haben weiß getünchte Wände und solide Möbel. Angesichts der Nähe zu Via Roma und Largo Carlo Felice exzellentes Preis-Leistungs-Verhältnis. Für Stadtbummel, Einkaufstouren und Restaurantbesuche optimal gelegen. www.hotel4mori.it

CAGLIARI Hotel Aurora €
Salita Santa Chiara 19, 9124 · 070 65 86 25 · FAX 070 640 50 50 · **Zimmer** 13 · *Straßenkarte C6*

Ein kleines, zentrales Hotel in einem Gebäude aus dem 19. Jahrhundert, abseits der geschäftigen Piazza Yenne. Alle Zimmer wurden renoviert und mit Wandmalereien versehen. Zimmer zur Straßenseite sind lauter, wegen eines Marktes gegenüber. Ein preiswertes Hotel unweit wichtiger Sehenswürdigkeiten. www.hotelcagliariaurora.it

CAGLIARI T Hotel €€€
Via dei Giudicati, 9131 · 070 474 00 · FAX 070 47 40 16 · **Zimmer** 207 · *Straßenkarte C6*

Das gut ausgestattete, moderne Hotel gehört zweifellos zu den besten in ganz Cagliari. Es liegt unweit des Stadtzentrums und verfügt über ein breites Angebot: WLAN in den Tagungsräumen, Wellness-Bereich, Massagesalon, Fitness-Studio und Sauna. Auch Restaurant und Bar sind vorhanden. www.thotel.it

DOMUS DE MARIA Chia Laguna €€€€€
Loc. Chia, 9010 · 070 923 91 · FAX 070 923 0144 · **Zimmer** 372 · *Straßenkarte C6*

Das große, elegante Hotel an einem der schönsten Strände der Gegend bietet seinen Gästen einiges: Neben dem hauseigenen Strand gibt es einen Swimmingpool, einen Tennisplatz und weitere Fitness-Einrichtungen. Auch Gesundheits- und Schönheitspflege sind im Angebot. www.lemeridien-chialaguna.com

ISOLA DI SAN PIETRO Hotel Hieracon €€
Corso Cavour 62, 9014 · 0781 85 40 28 · FAX 0781 85 48 93 · **Zimmer** 23 · *Straßenkarte B6*

Diese gut erhaltene Jugendstilvilla aus dem 19. Jahrhundert verfügt über attraktive Zimmer im Stil der Epoche. Die Zimmer zur Rückseite sind ruhiger. Die Apartments findet man in dem hübschen Garten, in dem auch Frühstück serviert wird. Eine Fährenlegestelle ist ganz in der Nähe. Haustiere sind erlaubt. www.hotelhieracon.com

ISOLA DI SAN PIETRO Hotel Paola e Primo Maggio €€
Località Tacca Rossa, 9014 · 0781 85 00 98 · FAX 0781 85 01 04 · **Zimmer** 20 · *Straßenkarte B6*

Mitten im Grünen liegt diese familiengeführte Pension mit Meerblick. Das Restaurant verfügt über eine schattige Terrasse und lädt zum Essen im Freien ein. Man ist stolz auf die Qualität der heimischen Küche. Die Zimmer sind einfach, aber gemütlich, der Eingangsbereich behaglich und rustikal. www.carloforte.net/hotelpaola/index.htm

PORTOSCUSO La Ghingetta €€
Via Cavour 26, Sa Caletta, 9010 · 0781 50 81 43 · FAX 0781 50 81 44 · **Zimmer** 8 · *Straßenkarte B6*

Das kleine Hotel liegt zauberhaft direkt am Strand. Man blickt aufs Meer bis zur Insel San Pietro. Jedes Zimmer ist in einem individuellen Stil eingerichtet. Das Hotelrestaurant bietet erstklassige mediterrane Küche mit vielen Fischgerichten und verdient deshalb eine besondere Empfehlung *(siehe S. 184)*. laghinghetta@tiscali.it

SANTA MARGHERITA DI PULA Forte Village €€€€
Statale 195, km 39+600, 9010 · 070 921 71 · FAX 070 92 12 46 · **Zimmer** 765 · *Straßenkarte B6*

Eigentlich besteht die prächtige Ferienanlage inmitten eines gut gepflegten Parks aus sieben Hotels, von denen jedes in einem anderen Stil gehalten ist. Es gibt zahlreiche Freizeitmöglichkeiten: Tennisplätze, Fitness-Studio, Heilbehandlungen, Privatstrand sowie organisierte Veranstaltungen für alle Altersgruppen. www.fortevillage.com

Zeichenerklärungen siehe hintere Umschlagklappe

OSTKÜSTE

BARI SARDO La Torre
€€€
Loc. Torre di Bari, 8042 ☎ *078 22 80 08* FAX *078 27 01 00* **Zimmer** 60   **Straßenkarte** D4

Das Hotel mit einem malerischen Turm aus dem 16. Jahrhundert liegt in einem reizenden Garten direkt am Strand. Die behaglich eingerichteten Zimmer führen auf einen landestypischen Innenhof. Angeboten wird Surfen, Mountainbiking, Tennis sowie geführte Wanderungen und Reitausflüge. **www.hotellatorresardegna.it**

OROSEI Biderrosa
€€
Loc. Su Ponte sa Mela, 8028 ☎ *078 49 11 77* FAX *078 491 9240* **Zimmer** 14   **Straßenkarte** D3

Dieses freundliche Hotel im mediterranen Baustil steht in einem üppigen Garten unweit des Naturparks Biderrosa mit seinen malerischen Felslandschaften und dem weißen Sandstrand. Die Zimmer sind einfach eingerichtet, das Personal freundlich. Die Anlage bietet seinen Gästen einiges, um einmal richtig zu entspannen. **www.hotelbiderrosa.it**

OROSEI Torre Moresca
€€€
Loc. Cala Ginepro, 8028 ☎ *078 49 12 30* FAX *078 49 12 70* **Zimmer** 210   **Straßenkarte** D3

Nahe dem malerischen Strand von Cala Ginepro und unweit dichter Pinienhaine liegt das ausgezeichnet gestaltete Ferienresort. Von hier sind es rund 14 Kilometer bis Orosei. Ansprechend ist nicht zuletzt der Außenbereich mit weitläufigen Grünanlagen. Freizeitmöglichkeiten jeder Art sind im Angebot – auch für Kinder. **www.torremoresca.it**

TORTOLI Victoria
€€
Via Monsignor Virgilio 72, 8041 ☎ *078 262 3457* FAX *078 262 4116* **Zimmer** 60   **Straßenkarte** D4

Das alteingesessene Hotel direkt am Meer ist für den zuvorkommenden Service bekannt. Die geräumigen Gästezimmer sind komfortabel eingerichtet. Die Frühstücksterrasse bietet wundervolle Aussicht auf die Küste – hier bleibt man gerne sitzen. Das Restaurant serviert gute traditionelle sardische Gerichte. **www.hotel-victoria.it**

VILLASIMIUS Cala Caterina
€€€
Lago Maggiore 32 – Simius, 9049 ☎ *070 79 74 09* FAX *070 79 74 73* **Zimmer** 48   **Straßenkarte** D6

Ein malerischer Ort an der Südostküste, umgeben von Naturschönheiten. Cala Caterina bietet seinen Gästen Entspannung und exzellenten Service. Die Anlage ist durchdacht und dank Einbeziehung von Naturstoffen und viel Grün ansprechend gestaltet. Es gibt ein schickes Restaurant und eine Bar am Pool. **www.mobygest.it**

VILLASIMIUS Stella Maris
€€€
Loc. Campulongu, 9049 ☎ *070 79 71 00* FAX *070 79 73 67* **Zimmer** 53   **Straßenkarte** D6

Inmitten von Kiefern- und Wacholderhainen und nur Meter vom Strand entfernt liegt dieses ehemalige Refugium der Jesuiten. Auch heute noch sind Stille und Ruhe charakteristisch für den Ort, der sich zu einem komfortablen Hotel im mediterranen Stil gewandelt hat. Das Restaurant bietet regionale Spezialitäten. **www.stella-maris.com**

VILLASIMIUS Tanka Village
€€€€
Villasimius, 9049 ☎ *070 7951* FAX *070 79 70 08* **Zimmer** 903   **Straßenkarte** D6

Die Ferienanlage nahe Villasimius liegt höchst idyllisch umgeben von Schatten spendenden Bäumen. Service, Anlage und Freizeitangebot sind exzellent: Wassersport, Golfanlagen, Swimmingpool und Tennisplätze. Die Zimmer sind erstklassig: Man wohnt entweder in Bungalows oder in traditionellen Hotelzimmern. **www.atahotels.it**

BERGREGION UND BARBAGIA

ARITZO Sa Muvara
€€
Via Funtana Rubia, 8031 ☎ *0784 62 93 36* FAX *0784 62 94 33* **Zimmer** 80   **Straßenkarte** C4

Das einladende Landhotel im Herzen des Gennargentu-Gebirges profitiert von seiner traumhaften Umgebung. Ein idealer Ausgangspunkt, um die malerische Gegend zu erkunden. Man kann Exkursionen im Jeep organisieren lassen und Fahrräder ausleihen. Das exzellente Restaurant bietet regionale Küche. **www.samuvarahotel.com**

GAVOI Taloro
€
SS Fonni–Gavoi, 8020 ☎ *0784 530 33* FAX *0784 537 40* **Zimmer** 90   **Straßenkarte** C3

Dieses behagliche, gut geführte Hotel am Ufer des Lago di Gusana hat eine Menge zu bieten: ein Gesundheitszentrum, einen Schönheitssalon mit angeschlossener Sauna sowie Anlagen für Tennis, Schwimmen und Futsal (eine Art Fußball für fünf Spieler). Das Hotelrestaurant serviert zahlreiche sardische Spezialitäten. **www.hoteltaloro.it**

NUORO Hotel Grillo
€€
Via Mons. Melas, 8100 ☎ *0784 386 78* FAX *0784 320 05* **Zimmer** 45   **Straßenkarte** D3

Das moderne, jüngst renovierte Hotel liegt ruhig und ist doch nur wenige Schritte von der historischen Altstadt entfernt. Die geräumigen Schlafzimmer sind elegant eingerichtet, einige sogar mit Whirlpool. Alle Zimmer verfügen über WLAN. Das Restaurant bietet gute regionale Küche und ist bei den Einheimischen beliebt. **www.grillohotel.it**

Straßenkarte *siehe hintere Umschlaginnenseiten*

OLIENA Cooperativa Enis €
Loc. Monte Maccione, 8025 ☎ *0784 28 83 63* FAX *0784 28 84 73* **Zimmer** *17* — **Straßenkarte** *D3*

Das unweit von Oliena und dem Gennargentu malerisch gelegene Hotel ist idealer Ausgangspunkt für Ausflüge in die Umgebung. Auch organisierte Touren durch den Nationalpark sind möglich. Die Hotelterrassen bieten einen umwerfenden Blick auf die Umgebung. Das Restaurant serviert regionale Spezialitäten. **www.coopenis.it**

OLIENA Su Gologone €€€
Località Su Gologone, 8025 ☎ *0784 28 75 12* FAX *0784 28 76 68* **Zimmer** *70* — **Straßenkarte** *D3*

Die großzügig angelegte Villa im gebirgigen Supramonte strahlt eine friedliche Atmosphäre voller sardischer Gastfreundschaft aus. Die Gebäude fügen sich in ein üppiges Grün und Schatten spendende Olivenbäume. Es gibt ein exzellentes Restaurant und eine Reihe guter Sport- und Freizeitmöglichkeiten. Nur Halbpension. **www.sugologone.it**

WESTKÜSTE

ALGHERO Hotel Angedras €€
Via Frank 2, 7041 ☎ *079 973 50 34* FAX *079 973 50 34* **Zimmer** *52* — **Straßenkarte** *B2*

Das ruhige Hotel liegt nur 10 Minuten von der Altstadt entfernt und bietet dennoch viel Ruhe. In seinem Dekor verbinden sich sardische Traditionen mit moderner Eleganz. Zum Frühstück gibt es sardische Backwaren aus eigener Produktion. Das Personal ist freundlich. Es gibt einen Shuttle-Service und einen hauseigenen Strand. **www.angedras.it**

ALGHERO Villa Las Tronas €€€€
Lungomare Valencia 1, 7041 ☎ *079 98 18 18* FAX *079 98 10 44* **Zimmer** *25* — **Straßenkarte** *B2*

Eine ockergelbe Villa aus dem 19. Jahrhundert auf einer Anhöhe mit Blick auf das Capo Caccia ist die Kulisse für dieses elegante Hotel. Die öffentlich zugänglichen Räume sind aufwendig gestaltet, während die Zimmer schlichter gehalten, aber ebenso ansprechend sind. Garten und Terrassen bieten Seeblick. **www.hotelvillalastronas.it**

ARBOREA Ala Birdi €€€
Strada a Mare 24 – Nr. 27, 9092 ☎ *0783 805 00* FAX *0783 80 10 86* **Zimmer** *364* — **Straßenkarte** *B4*

Die Reitställe gehören zu den größten Europas und genügen jedem Anspruch, dem des Anfängers als auch des erfahrenen Reiters. Doch auch Nicht-Reitende bekommen etwas geboten: z.B. Wandern, Radfahren und Wassersport-Möglichkeiten. Hotel und Bungalows liegen in einem reizvollen Kiefernhain. **www.alabirdi.it**

BOSA Hotel al Gabbiano €€
Viale Mediterraneo 5, 8013 ☎ *0785 37 41 23* FAX *0785 37 41 09* **Zimmer** *32* — **Straßenkarte** *B3*

Das familiengeführte Hotel liegt idyllisch an einem Privatstrand mit Blick auf die Bucht. Das Personal organisiert für Sie gerne Radtouren und andere Ausflüge. Die Zimmer sind sauber, hell und luftig. Das Hotel verfügt auch über ein Landhaus, das sich innerhalb der Anlage befindet. **www.bosa.it/gabbianohotel**

CUGLIERI La Baja €€
Via Scirocco 20 – S. Caterina di Pittinuri, 9073 ☎ *0785 38 91 49* FAX *0785 38 90 03* **Zimmer** *29* — **Straßenkarte** *B3*

Das unweit der Ruinen der alten Stadt Cornus errichtete Hotel blickt auf die reizvolle Bucht und den alten spanischen Grenzturm. Die Zimmer sind komfortabel. Es gibt einige Freizeitmöglichkeiten, u.a. Golf, Reiten und Radfahren. Das Restaurant serviert traditionelle sardische Gerichte. **www.hotellabaja.it**

ORISTANO Hotel Mistral 2 €€
Via XX Settembre 34, 9170 ☎ *0783 21 03 89* FAX *0783 21 10 00* **Zimmer** *132* — **Straßenkarte** *B4*

Die Zimmer dieses modernen Hotelbaus sind hell, luftig und komfortabel eingerichtet. Auch einige Nichtraucherzimmer lassen sich buchen. Das Haus liegt unweit der historischen Altstadt, allerdings außerhalb der Fußgängerzone. Zum Hotel gehören ein gemütliches Terrassencafé, ein gutes Restaurant und ein Swimmingpool. **www.shg.it**

TRESNURAGHES Piccolo Hotel Alabe €
Via Lungomare 48 – Porto Alabe, 9079 ☎ *0785 35 90 56* FAX *0785 33 01 42* **Zimmer** *20* — **Straßenkarte** *B3*

Dieses in reizvoller Küstenlage bei Bosa gelegene, familiengeführte Haus ist vergleichsweise klein. Jedes der gemütlich eingerichteten Zimmer hat einen eigenen Balkon mit Seeblick. Das Personal ist freundlich. Das Restaurant bietet gute sardische Hausmannskost, darunter exzellente Fischgerichte. **piccolohotelportoalabe@virgilio.it**

NORDEN UND COSTA SMERALDA

LA MADDALENA Miralonga €€€
Via Don Vico, 7024 ☎ *0789 72 25 63* FAX *0789 72 24 04* **Zimmer** *50* — **Straßenkarte** *D1*

Auf der wunderschönen Insel La Maddalena und unweit des Hafens verspricht das moderne Hotel einen erholsamen Urlaub am Meer. Das Miralonga liegt praktisch direkt am Wasser. Auf der Terrasse mit Panoramablick gibt es einen Swimmingpool. Auch Tauchausflüge werden angeboten. **www.miralonga.it**

Zeichenerklärungen *siehe hintere Umschlagklappe* **Preiskategorien** *siehe Seite 174*

PALAU Excelsior Vanna
Via Capo d'Orso 100, 7020 ☏ *0789 70 95 89* FAX *0789 70 95 89* **Zimmer** *39*
Straßenkarte D1

Dieses Traditionshotel in großartiger Lage steht nur ein paar Hundert Meter vom Wasser entfernt am quirligen Hafen von Palau. Einige der Zimmer bieten eine wunderschöne Aussicht auf das Meer und die Inseln. Zum Haus gehört auch ein Garten und ein Kinderspielplatz. **www.hotelvanna.it**

PALAU Capo d'Orso
Loc. Cala Capra, 7020 ☏ *0789 70 20 00* FAX *0789 70 20 09* **Zimmer** *92*
Straßenkarte D1

Ein fantastisches Hotel in romantischer Umgebung und mit großartigem Ausblick auf die malerischen Buchten zu beiden Seiten der Anlage. Die Einrichtung ist elegant und komfortabel. Zum Angebot gehören u. a. ein Neun-Loch-Golfplatz und Wellness-Zentrum. Die beiden Restaurants bieten exzellente sardische Küche. **www.delphina.it**

PORTO CERVO Capriccioli
Località Capriccioli, 7020 ☏ *0789 960 04* FAX *0789 964 22* **Zimmer** *45*
Straßenkarte D1

Eines der Häuser mit gutem Preis-Leistungs-Verhältnis an der teuren Costa Smeralda. Das familiengeführte Hotel liegt in einer Gartenanlage. Die Zimmer sind hell und mit traditionellem Holzmobiliar ausgestattet. Das Haus liegt unweit des Strandes und organisiert Ausflüge. Das Restaurant ist hervorragend. **www.hotelcapriccioli.it**

PORTO CERVO Le Ginestre
Loc. Porto Cervo, 7020 ☏ *0789 920 30* FAX *0789 940 87* **Zimmer** *80*
Straßenkarte D1

Das reizende Hotel liegt in einer malerischen Parkanlage. Die Unterbringung hängt vom Zimmertyp ab, genügt jedoch immer hohen Standards. Es gibt Tennisplätze und einen Privatstrand mit diversen Wassersportangeboten. Das Restaurant serviert zahlreiche regionale Spezialitäten. **www.leginestrehotel.com**

PORTO CERVO Cala di Volpe
Loc. Porto Cervo, 7020 ☏ *0789 97 61 11* FAX *0789 97 66 17* **Zimmer** *125*
Straßenkarte D1

Eine beeindruckend konzipierte Anlage mit Blick aufs Meer. Trotz der vielen luxuriösen Details fühlt man sich wie in einem typischen Fischerdorf. Für die Einrichtung verwendete man traditionelle Farben und regionales Baumaterial. Der Ausblick, den jeder Balkon auf die Küste bietet, bleibt unvergessen. **www.luxurycollection.com/caladivolpe**

PORTO CERVO Pitrizza
Loc. Porto Cervo, 7020 ☏ *0789 93 01 11* FAX *0789 93 06 11* **Zimmer** *55*
Straßenkarte D1

Ein exklusives Haus mit luxuriösem Flair. Die Zimmereinrichtung steht im Einklang mit dem kulturellen Erbe der Insel. Farbe und verwendete Materialien sind eine Verbeugung vor Sardiniens Naturschönheiten. Empfehlenswert: das in den Küstenfels geschlagene Meerwasserbecken und der Golfplatz. **www.luxurycollection.com/hotelpitrizza**

PORTO ROTONDO Sporting
Porto Rotondo, 7020 ☏ *0789 340 05* FAX *0789 343 83* **Zimmer** *27*
Straßenkarte D1

Diese große Anlage ist eine Oase der Behaglichkeit an der Costa Smeralda. Sie bietet einen Privatstrand und ein umfangreiches Freizeitangebot. Architektur und Gartenanlage sind typisch mediterran. Alle Zimmer verfügen über eine eigene Terrasse mit Strandblick. Es gibt auch eine Pianobar. **www.sportingportorotondo.it**

SAN TEODORO L'Esagono
Via Cala d'Ambra 141, 8020 ☏ *0784 86 57 83* FAX *0784 86 60 40* **Zimmer** *83*
Straßenkarte D2

Das Haus liegt inmitten üppigen Grüns, direkt an der Cala d'Ambra und nicht weit vom Stadtzentrum entfernt: ein idealer Ort für einen erholsamen Urlaub. Die Zimmer sind hübsch und komfortabel. Das L'Esagono begann einst als Restaurant und ist auch heute noch ein großartiger Ort zum Speisen. **www.hotelesagono.com**

SAN TEODORO Due Lune
Loc. Puntaldia, 8020 ☏ *0784 86 40 75* FAX *0784 86 40 17* **Zimmer** *66*
Straßenkarte D2

Das Hotel ist einzigartig gelegen, verfügt über einen Privatstrand und einen vorzüglichen Neun-Loch-Golfplatz. Die Zimmer sind ansprechend, frisch und hell. Man kann hier tauchen, segeln, surfen und auf einem der vier Plätze Tennis spielen. Das Restaurant bietet traditionelle Küche der Region. **www.duelune.com**

SANTA TERESA DI GALLURA Grand Hotel Corallaro
Loc. Rena Bianca, 7028 ☏ *0789 75 54 75* FAX *0789 75 54 31* **Zimmer** *85*
Straßenkarte C1

Das traditionelle Haus inmitten anmutiger Landschaft bietet einfach ausgestattete Zimmer, eine gute regionale Küche und empfiehlt sich für einen Urlaub am Meer. Der Blick auf die Küste und in Richtung Korsika ist umwerfend, der Strand liegt nur einen Steinwurf entfernt. Auch ein Hallenbad gehört zur Ausstattung. **www.hotelcorallaro.it**

SANTA TERESA DI GALLURA Shardana
Loc. Santa Reparata, 7028 ☏ *0789 75 40 31* FAX *0789 75 41 29* **Zimmer** *75*
Straßenkarte C1

Das von Wacholder- und Myrtenbüschen geschützte Hotel liegt direkt an der Küste und nur wenige Kilometer außerhalb von Santa Teresa. Die Unterkünfte sind ansprechende Bungalows mit einfacher, aber behaglicher Ausstattung. Es gibt Wassersportmöglichkeiten und ein tolles Freizeitangebot für Kinder. **www.hotelshardana.com**

SASSARI Hotel Leonardo da Vinci
Via Roma 79, 7100 ☏ *079 28 07 44* FAX *079 285 22 33* **Zimmer** *116*
Straßenkarte B2

Das große, moderne Komforthotel steht nur ein paar Minuten von der Piazza d'Italia und vom Stadtzentrum entfernt. Die Zimmer und Einrichtungen sind sachlich-funktional, doch mit einem Gespür für Raum und Ruhe. Empfangshalle und Bar präsentieren sich mit farbigem Marmor und Couchgarnituren. **www.leonardodavincihotel.it**

Straßenkarte *siehe hintere Umschlaginnenseiten*

Restaurants

Sardinien wurde erst spät vom Fremdenverkehr entdeckt, deshalb kann man hier noch viele unverfälschte regionale Gerichte genießen. An der Küste dominieren Fisch und Meeresfrüchte, im Landesinneren Fleisch und Pasta die Speisekarte. Restaurants ohne regionale Speisen sind selten. Der Rhythmus der Mahlzeiten ist mediterran: Das Mittagessen wird von 13 bis 15 Uhr, das Abendessen zwischen 21 und 22.30 Uhr serviert. Im Sommer sind viele Restaurants bis Mitternacht geöffnet. Fast alle Restaurants und Trattorien haben einen Ruhetag pro Woche und schließen wegen Betriebsurlaub einen Monat im Jahr. Es ist ratsam, sich vorher nach den Öffnungszeiten zu erkundigen. Die Restaurants, die auf den Seiten 184–187 aufgeführt sind, wurden als beste ihrer Kategorie ausgewählt.

Lucia Pennisi mit hausgemachter Pasta in Sant'Antioco

Locanda Rosella in Giba, unweit von Cagliari

Restauranttypen

Zwischen einem Restaurant *(ristorante)* und einer Trattoria besteht hinsichtlich Preis, Küche und Atmosphäre kaum ein Unterschied. Selbst ein Restaurant der gehobenen Preisklasse mag mit einfachen Möbeln in funktionalem, ländlichem Stil eingerichtet sein. Pizzerien sind selten luxuriös, bieten aber ansprechende Mahlzeiten zu niedrigeren Preisen. Wenn möglich, nehme man Pizzen aus dem Holzofen, sie sind qualitativ besser. Im Sommer verkaufen Stände an den Stränden Sandwiches sowie Fisch- und Pastagerichte an alle, die den ganzen Tag am Strand verbringen. Bars bieten meist keine kleinen Mahlzeiten an.

Bezahlung

Ein Drei-Gänge-Menü kostet in der Regel zwischen 15 und 30 Euro. Auch in nobleren Restaurants wird die 50-Euro-Grenze selten überschritten. In Pizzerien gibt es Zwei-Gänge-Menüs mit einem Glas Bier oder einem halben Liter Wein schon für 15 bis 20 Euro. Der Gesamtbetrag auf der Rechnung umfasst immer das Gedeck *(coperto* oder *pane e coperto* – in der Regel zwischen einem und drei Euro) und den Service.

Unter Einheimischen ist es nicht üblich, in sardischen Restaurants Trinkgeld zu geben. Das Bedienungspersonal der gehobenen Restaurantkategorien hat sich allerdings inzwischen daran gewöhnt, dass ausländische Gäste Trinkgeld geben. 10 bis 15 Prozent des Rechnungsbetrages sind üblich, freilich nur dann, wenn man mit Essen und Service zufrieden war.

Viele Restaurants akzeptieren die wichtigsten Kreditkarten (Visa, MasterCard, American Express und Diners Club). Bars, Cafés oder kleine Familienrestaurants nehmen meist nur Bargeld.

Tagesmenüs

Einige Restaurants bieten Tagesmenüs zu einem Festpreis an *(menù a prezzo fisso* oder *menù turistico). Agriturismi (siehe S. 170)* bereiten täglich Menüs mit sardischen Spezialitäten wie z.B. *porceddu* (Spanferkel) zu, die man in Restaurants vorab bestellen müsste. Gehobene Restaurants offerieren zuweilen Spezialmenüs zum Festpreis *(menù degustazione* oder *menù gastronomico).* Dabei kann man normalerweise fünf oder sechs Spezialitäten des Hauses probieren.

Ruhetage

Außer in der Hochsaison im Juli und August haben Restaurants an einem Tag der Woche geschlossen. Die Ruhetage der in diesem Reise-

Dal Corsaro, eines der Spitzenrestaurants Cagliaris *(siehe S. 184)*

führer empfohlenen Restaurants sind auf den Seiten 184–187 jeweils genannt. Die meisten Lokale schließen auch für etwa einen Monat für Betriebsferien, meist im Winter. Das gilt nicht für Restaurants in Cagliari, die im August schließen.

VEGETARISCHE GERICHTE

Sardinien ist nicht ideal für strenge Vegetarier. Wer kein Fleisch, aber Fisch isst, findet an der Küste eine gute Auswahl. Im Landesinneren muss man sich eventuell auf Pasta oder Suppe mit Brot und Käse beschränken. Bedenken Sie, dass viele Suppen auf Fleischbrühe basieren.

Treffen zum Aperitif in einer Bar in Alghero

Pane frattau, ein Gericht aus Fladenbrot, Käse und Tomatensauce

Wenn Sie nichts auf der Karte finden, fragen Sie den Kellner, ob man Ihnen in der Küche etwas Passendes zubereiten kann. In der Regel wird man Ihrem Wunsch entsprechen.

SPEISEKARTEN

Nicht alle Restaurants haben eine ausliegende Speisekarte. Dann nennt der Kellner am Tisch die Gerichte und ist bei der Wahl behilflich. Vielleicht beginnen Sie mit einer Vorspeise *(antipasto)*, wie z. B. Wurst, getrockneter Schinken, Gemüse in Öl, Artischockenherzen oder Oliven. Restaurants an der Küste bieten Meeresfrüchte (Venus- und andere Muscheln, Tintenfisch, Seeanemonen und andere Weichtiere). Darauf folgt der erste Gang *(primo)*, der meist aus Suppe, Pasta, Ravioli oder gelegentlich einem Reisgericht besteht. Zum zweiten Gang *(secondo)* wird Fisch oder Fleisch, oft das beliebte *porceddu* (Spanferkel), serviert. Manchmal ist schon der erste Gang, z. B. *pane frattau carasau* (Brotsuppe) oder *Fregula*-Pasta mit Venusmuscheln, sehr sättigend. Käse, Früchte oder ein Dessert wie Eis, Kaffee oder ein sardischer Likör runden den Genuss ab *(siehe S. 183)*.

RESERVIERUNG

Restaurants sind besonders an Sommerabenden sehr gut besucht. Reservieren Sie auch in günstigeren Lokalen vorab einen Tisch, oder kommen Sie so früh, dass Sie langes Warten vermeiden.

GETRÄNKE

Die meisten Restaurants bieten eine große Auswahl an heimischen Weinen und Likören *(siehe S. 182f)*. Manche servieren auch nichtsardischen Wein. Ein günstiger Hauswein findet sich immer auf der Karte.

MIT KINDERN ESSEN

Kinder sind besonders in Familienbetrieben willkommen, da man dort eher darauf eingestellt ist, halbe Portionen oder gar spezielle Gerichte zuzubereiten.

RAUCHEN

Rauchen ist in Italien in allen öffentlichen Lokalen verboten. In fast allen Cafés und Restaurants kann man aber auf der Terrasse oder an Tischen im Freien rauchen.

BEHINDERTE REISENDE

Einige wenige Restaurants auf Sardinien haben Rampen und behindertengerechte Toiletten. Da die meisten aber ebenerdig liegen, ist der Zugang oft kein Problem. Es ist ratsam, vorher anzurufen und um einen günstigen Tisch und um Hilfestellung zu bitten.

KULINARISCHE FESTE

Das wahre Sardinien lernt man am besten auf einem der zahlreichen Volksfeste *(sagre)* kennen. Die sind meist einem bestimmten Gericht oder Erzeugnis (Wein, Käse oder Fisch) gewidmet. Besonders beeindruckend ist das Thunfischfest Ende Mai in Carloforte auf San Pietro, wo die Delikatesse in allen Varianten zubereitet wird. Fisch ist im September auch das Motto der *Sagra del Pesce* in Cagliari wie auch der *Festa del Mare* von Oristano im August. Im Oktober begeht Aritzo das Fest der Esskastanien und Haselnüsse. Im Monat darauf feiert Gonnosfanadiga die *Sagra delle olive*, das Olivenfest. Fast auf jedem der Volksfeste gibt es auch *porceddu* – Spanferkel am Spieß.

Sardische Küche

Abseits des extravaganten Lebens an der Costa Smeralda ist der Alltag der sardischen Bauern und Hirten durchaus hart. Dies zeigt sich auch in der *cucina povera* – der »Arme-Leute-Küche«. Allerdings servieren auch die vornehmsten Lokale Variationen dieser einfachen wie schmackhaften Gerichte, allen voran das *porceddu*, das traditionelle Spanferkel. In ihrer Abgeschiedenheit vom Festland entwickelte die raue, karge Insel eine eigene Küche und kombinierte sie mit den heimischen Wildkräutern. Weitere Zutaten sind Honig, Wildschweinschinken, Schafskäse oder Meeresfrüchte.

Kräuter Sardiniens

Marktverkäufer mit einem großen Sortiment heimischer Käsesorten

Einflüsse

Die stete Gefahr von Invasionen vom Meer aus zwang die Sarden, das Hinterland der Insel maximal zu nutzen. Reben und Olivenbäume wuchsen überall, sodass man Wein und Öl selbst produzieren konnte. Mit Wildkräutern würzte man alles, was in den Kochtopf kam: Kaninchen, Hase, Federwild, sogar Drosseln waren leicht zu fangen. Auch Schafsfleisch war verfügbar. Schlachtabfälle gehören noch heute zu den Spezialitäten, z.B. Schweinefuß in pikanter Sauce und Lammfüße, die in Tomatensauce gegart werden, während die Innereien am Spieß rösten *(cordula)*. *Porceddu* (Spanferkel) brät man am Spieß über Myrten- und Wacholderholz. Dabei wird es begossen, bis die Haut knusprig und das nach Kräutern duftende Fleisch zart ist. Auch Salami und andere Wurst stammen vom Schwein. Das Fleisch junger Bergziegen kocht man in Kräutern und Wein. *Capretto al finocchietto* ist mit Fenchel gekochtes Zicklein. Jäger brieten diese früher auch in Erdlöchern, was man heute nur noch zu besonderen Anlässen praktiziert. Die Römer brachten den Weizen auf die

Einige der Köstlichkeiten aus den klaren Gewässern Sardiniens

Thunfisch · Muscheln · Hummer · Tintenfisch · Sardinen · Venusmuschelr

Sardische Gerichte und Spezialitäten

Sardinien hat seine ganz speziellen Gerichte. Zu den typischen Nudelsorten gehört die runde, Couscous-ähnliche *fregula*, die man oft mit *succu* gart, einer mit Safran und *pecorino* gewürzten Brühe aus Lammfleisch. Auch zu Venusmuscheln oder Suppe wird sie gereicht. Die ravioliartigen *culungiones* werden mit Käse und frischer Minze gefüllt und mit Tomatensauce serviert, während Grießknödel *(gnocchetti)* gut zu einer herzhaften Fleischsauce wie dem *sugo di cinghiale* (Wildschwein) passen. *Suppa cuata* besteht aus mit Reibekäse, Muskat und Petersilie bestreuten, in Lammfleischbrühe gebackenen Brotscheiben. Schweinefleisch, Bohnen und Gemüse sind Bestandteil der *favata*, einem herzhaften Wintereintopf. *Stufato di capretto* ist ein Schmortopf aus Zicklein, Wein, Artischocken und Safran.

Frische Feigen

Pesce Spada alla Sardegna *ist ein Schwertfischsteak mit Tomatensauce, Wein, Minze, Safran und Chili.*

Rispen reifer Strauchtomaten an einem Gemüsestand

Insel. Zu den typischen Brotsorten gehört das knusprige *pane carasau*, das Hirten mit sich führen. In Sauce getaucht und mit Ei und geriebenem Pecorino-Käse vermischt, heißt es *pane frauau*. *Pecorino* ist der bekannteste Käse der Insel. Frisch ist er weich. Gereift wird er als Reibekäse verwendet. *Pecorino pepato* enthält Pfefferkörner. Weitere Käse sind *fiore Sardo* und *dolce Sardo*. Weicher Ricotta findet auch in Süßspeisen Verwendung.

KOSMOPOLITISCHE KÜSTE

Römer, Araber, Genuesen und Spanier – sie alle kamen auf die Insel und brachten ihre je eigenen Kochtraditionen mit. Der aus dem Osten stammende Safran gibt noch heute vielen Speisen Farbe und Aroma.

Der katalanische Einfluss auf die Küche der Westküste stammt aus der Zeit der spanischen Besetzung. *Panadas* sind mit Fleisch, Käse, Gemüse oder Aal gefüllte Teigtaschen. Letztere sind besonders beliebt *(panada di anguillas)*. Meeräsche, Za-

Direkt in die Ölmühle – frisch geerntete Oliven

ckenbarsch, Schwert- und Thunfisch werden gegrillt oder paniert und gebraten. Anchovis, Garnelen und andere Meeresfrüchte finden in Risottos, Nudelgerichten und Fischsuppen reichlich Verwendung, während Muscheln und Kopffüßer gekocht und mariniert als Antipasto genossen werden. *Burrida* ist marinierter Fisch mit Walnüssen und Petersilie. *Bottarga* (getrockneten Thunfisch- oder Meeräschenrogen) verwendet man als Antipasto oder zum Überbacken von Nudeln.

SÜSSIGKEITEN

Weicher Nougat ist eine Spezialität aus Tonara. Viele sardische Süßigkeiten wurden ursprünglich für religiöse Feste hergestellt:

Aranciata oder Aranzada Konservierte Orangenschalen mit Honig und Nüssen.

Caschettes Nuss- und honiggefülltes Gebäck in Rosenform – für die jungvermählte Braut.

Gianchittos Geröstete Mandeln mit Zitronenschalen-Baiser.

Papassinos Gebäck mit Walnüssen, Rosinen und Mandeln.

Seadas Gebäck aus Ricotta, Zitronenschale und Honig.

Sos guelfos Pralinen aus Mandel- und Haselnusspaste.

Sospiri di Ozieri In Papier gewickeltes Mandelkonfekt.

Malloreddus *sind gnocchiähnliche Grießklößchen mit einer Tomaten- und Hackfleischsauce.*

Agnello alla zafferano, *gebratenes Milchlamm mit Safran und Knoblauch, hier mit fregula serviert.*

Pardulas *(oder* casadinas*) sind gebackene Teigtaschen, gewürzt mit Zimt, Safran und Zitrone.*

Getränke

Die ersten Trauben brachten die Phönizier aus dem östlichen Mittelmeerraum mit. Das warme Klima sorgt für sehr reife Trauben, die zu kräftigem Wein mit satter Färbung verarbeitet werden. Probieren Sie aber auch die leichteren, fruchtigen *novellos*. Qualitativ hochwertige sardische Weine werden in vielen Läden angeboten, sind jedoch günstiger direkt beim Erzeuger erhältlich. Vom Rot-*(rosso)*, Weiß-*(bianco)* und Roséwein *(rosato)* bis zu Dessertweinen werden alle Weinsorten hergestellt. Viele haben den Status *denominazione di origine controllata* (DOC), der Herkunfts- und Qualitätsstandards garantiert. Sardische Weine werden fast immer aus nur einer Rebsorte gewonnen. Der bekannteste ist der Vernaccia di Oristano, der erste auf Sardinien mit DOC-Auszeichnung.

Alte Weingefäße und Krüge

Vernaccia

Leicht moussierender Sinis

Traubenlese

Gute Weissweine

- **Cantina Sociale della Riforma Agraria, Alghero** Vermentino di Sardegna Aragosta
- **Cantina Sociale Gallura** Vermentino
- **Tenuta Sella & Mosca, Alghero** Terre Bianche

Weissweine

Sardiniens Weißweine passen ausgezeichnet zu Fisch und Meeresfrüchten. Manche sind so kräftig, dass man sie gut zu Fleischgerichten trinken kann. Nuragus, eine häufig kultivierte weiße Traube, bringt einen weichen, fruchtigen Wein hervor. Auch der vollmundigere Vermentino ist beliebt. Vermentino di Sardegna und Vermentino di Gallura, hauptsächlich um Sassari und in der Nuoro-Region angebaut, sind kräftig. Es gibt auch eine leicht moussierende Sorte. Der DOC-Vermentino aus Cala Viola und Usini ist sehr gut. Aus dem Campidano-Gebiet stammt der fruchtige weiße Semidano.

Rotweine

Der bekannteste Rotwein ist der vollmundige, starke Cannonau. Er wird im östlichen Sardinien, in der Provinz Nuoro, produziert und passt gut zu Braten und Wild. Sehr gut zu Wild und Käse passt auch der Monica di Sardegna, ein trockener Roter mit intensivem Bukett, der jung getrunken werden sollte. Weniger bekannte, doch ebenso gute DOC-Weine sind der leichte, trockene Mandrolisai, Campidano di Terralba und Carignano del Sulcis. Andere Rotweine, wie Tanca Farrà di Alghero und Terre Brune del Sulcis, sind Mischungen einheimischer Trauben mit importierten Sorten. Der teuerste sardische Rotwein jedoch ist der Turriga.

Cannonau-Trauben

Nieddera-Rosé und Cannonau

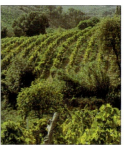

Gute Rotweine

- **Azienda Giuseppe Cabras, Nuoro** Cannonau
- **Tenuta Sella & Mosca, Alghero** Anghelu Ruju
- **Attilio Contini, Cabras** Nieddera

DESSERTWEINE

Sardinien bringt einige rote und weiße Dessertweine hervor. Neben dem weißen Vernaccia und dem süßen roten Cannonau gibt es den Moscato di Sardegna aus Muskat-Trauben, der nach dreijähriger Lagerung abgefüllt wird. Er ist süß, mit einem guten Säuregrad, und hat 15 Prozent Alkohol. Der Tempio-Pausania-Muskat ist leicht moussierend, die Cagliari-Version kräftig und süß. Der rote Girò di Cagliari und der bernsteinfarbene Nasco sind kräftig und süß. Zwei Dessertweine aus der Trockenbeerenauslese der Cannonau-Traube kommen aus der Alghero-Region: Torbato und der portartige Anghelu Ruju. Die Malvasia-Weine aus Bosa und Cagliari ähneln dem Vernaccia.

Cantina Sociale della Vernaccia in Oristano

Moussierender Vernaccia

Malvasia di Bosa

Vernaccia-Trauben

Muskat-Trauben

Malvasia-Trauben

Die Weinlese der blauen Trauben für den Cannonau ist in vollem Gang

DESSERTWEINE

- **Centro Enologico Sardo, Villacidro**
  Malvasia
- **Centro Enologico Sardo, Villacidro**
  Moscato Dolce (Muskateller)
- **Fratelli Serra, Zeddiani**
  Vernaccia
- **Meloni Vini, Selargius**
  Malvasia di Cagliari
- **Cantina Sociale Dolianova**
  Moscato di Cagliari

DIGESTIFS

Die bekannteste Spirituose Sardiniens ist der *abbardiente* (nach dem spanischen *aguardiente*), ein Grappa (Branntwein). Die besten sind aus dem kräftigen Cannonau und dem erleseneren Malvasia gebrannt. Grappa wird auch *fil'e ferru* (Eisendraht) genannt, weil Draht einst die Verstecke des illegal gebrannten Grappas markierte. Seit Kurzem aromatisiert man Grappa mit wildem Fenchel, Wacholderbeeren und Disteln. Der berühmteste Likör ist der Mirto, weiß oder rot, mit wilden Myrtenblättern und -beeren. Bei den Sarden ist Zedda Piras am beliebtesten.

Korküberzogene Flaschen mit charakteristischer Verzierung

Restaurantauswahl

Die im Folgenden aufgeführten Restaurants wurden in allen Preiskategorien aufgrund ihres Preis-Leistungs-Verhältnisses, der guten Qualität ihrer Küche, der Inneneinrichtung und der interessanten Lage ausgewählt. Sie sind nach Regionen und innerhalb der Preiskategorien alphabetisch geordnet.

PREISKATEGORIEN
Die Preise gelten für ein Drei-Gänge-Menü mit einer halben Flasche Hauswein, inklusive Gedeck, Service und Steuern.
€ unter 25 Euro
€€ 25–35 Euro
€€€ 35–45 Euro
€€€€ 45–55 Euro
€€€€€ über 55 Euro

CAGLIARI UND SÜDEN

CAGLIARI Antica Hostaria €€
Via Cavour 60, 9124 070 66 58 70 **Straßenkarte** C6

Das stimmungsvolle Restaurant residiert in einem alten Haus in einer Gasse des Hafenviertels. Geboten wird gute Küche auf der Basis regionaler Produkte. Je nach Jahreszeit empfiehlt sich Risotto mit Radicchio, Spaghetti mit Muscheln, Meeräschenrogen, Wild und Fisch. Auch die Weinkarte kann sich sehen lassen.

CAGLIARI Saint Remy €€
Via San Salvatore da Horta 7, 9125 070 65 73 77 **Straßenkarte** C6

Dieses ungewöhnliche Restaurant ist Teil einer ehemaligen Klosteranlage des 17. Jahrhunderts. Die Karte bietet eine große Auswahl sardischer Spezialitäten, u.a. traditionelle Gerichte aus Cagliari. Besonders vielseitig ist das Angebot an Fisch und vorzüglichen Pastagerichten, einschließlich der Couscous-artigen, mit Muscheln servierten *fregula*.

CAGLIARI Dal Corsaro €€€€
Viale Regina Margherita 28, 9124 070 66 43 18 **Straßenkarte** C6

Ein elegantes Haus mit stimmungsvoller Atmosphäre und exzellentem Service, in dem man vor allem regionale Küche genießt: Fisch-Ravioli, originelle Kreationen wie Stachelmakrele mit Auberginen und Basilikum oder Filetsteak *all' Anghelu* und einige Cagliari-Klassiker. Es gibt auch vegetarische Gerichte und eine gute Weinkarte.

CALASETTA Da Pasqualino €€
Via Regina Margherita 85, 9011 0781 884 73 **Straßenkarte** B6

Köstlichen Fisch, vor allem Thunfisch-Variationen, bietet diese einfache Trattoria in der Altstadt. Auf der Karte stehen Fischsuppen, *bottarga* (Thunfischkaviar), *musciame* (Thunfischschinken), Spaghetti mit frischem Thunfisch, eine regionale Couscous-Variante und Hummer. Ausschließlich Weine aus der Region.

CARLOFORTE Al Tonno di Corsa €€
Via G Marconi 47, 9014 0781 85 51 06 **Straßenkarte** B6

Abseits der Küstenstraße, auf einem Hügel in der Altstadt liegt dieses Restaurant mit einer arabisch beeinflussten, regionalen Küche. Es gibt Meeresfrüchte, Antipasti, Couscous, *musciame*, frische Nudeln mit Basilikum und Majoran sowie viele Thunfisch-Variationen wie Thunfischmagen mit Kartoffeln. Die Einrichtung ist charmant-rustikal.

CARLOFORTE Da Nicolo €€€€
Corso Cavour 32, 9014 0781 85 40 48 **Straßenkarte** B6

Da Nicola steht für exzellente Speisen. Die Rezepte sind fest verwurzelt in der Küche von Carloforte, die ihrerseits eine überraschende Mischung aus nordafrikanischen, ligurischen und sardischen Einflüssen ist. Spezialität des Hauses: frischer Thunfisch – z. B. mit karamellisiertem Safran. Oder auch *cashcà* – eine Art mit Gemüse gegarter Couscous.

NUXIS Letizia €€
Via San Pietro 12, 9010 0781 95 70 21 **Straßenkarte** C6

Letizia ist ein umsichtig gestaltetes Urlaubszentrum im Herzen des Parco del Sulcis. Hier baut man Kräuter und Gemüse an. Gäste können einiges über Anbau und Einsatz von Kräuterpflanzen erfahren. Die Küche des Hauses ist ausgesprochen schmackhaft. Es gibt Traditionelles, aber auch Innovativeres – und immer aus eigener frischer Ernte.

PORTOSCUSO La Ghinghetta €€€€€
Via Cavour 26, 9010 0781 50 81 43 **Straßenkarte** B6

Dieses kleine und charmante, auf Fischgerichte spezialisierte Restaurant in einem malerischen Fischerdorf bietet – neben dem Ausblick auf die Insel San Pietro – Garnelen-Tartar mit Wachteleiern und Kaviar sowie Räucherfisch, Hummerterrine und Eis mit karamellisierten Früchten. Reservierung empfehlenswert.

TEULADA Ristorante Sebera €€
Via San Francesco 10, 9019 070 927 0876 **Straßenkarte** C6

Die Inneneinrichtung ist ansprechend-rustikal, mit karierten Tischdecken, der Service ist makellos. Die Speisekarte des Hotelrestaurants umfasst eine große Auswahl typischer sardischer Gerichte, darunter auch reichlich Fisch. Die *spaghetti ai frutti di mare* sind eine Spezialität des Hauses. Auch die heimische *fregula* ist köstlich.

Zeichenerklärungen *siehe hintere Umschlagklappe*

OSTKÜSTE

ARBATAX Il Faro €€
Piazzale Porto Frailis, 8041 **0782 66 74 99**
Straßenkarte D4

Ein Tisch auf der Sommerterrasse mit Blick aufs Meer bei Arbatax – das ist schon ein verlockender Ort zum Speisen. Doch auch die Innenräume des Il Faro sind sehr ansprechend. Geboten wird vor allem einfache, traditionelle sardische Küche mit einer reichen Auswahl an frischem Fisch. Pizzagerichte sind ebenfalls erhältlich.

BAUNEI Golgo €
Loc. San Pietro, 8040 **0782 61 06 75**
Straßenkarte D4

In der Nähe des Bergdorfes Baunei steht inmitten ländlicher Umgebung dieses rustikale Restaurant. Hier finden Sie authentische sardische Küche in traditioneller Zubereitung. Nehmen Sie am besten draußen Platz, genießen Sie die Aussicht, und probieren Sie die gute Hausmannskost, zum Beispiel *porceddu* (Spanferkel) oder Pecorino-Schafskäse.

DORGALI Ispinigoli €€
Loc. Ispinigoli, 8022 **078 49 52 68**
Straßenkarte D3

Landeinwärts, nahe der Grotta di Ispinigoli, findet man dieses Hotelrestaurant. Auf der Speisekarte stehen zahlreiche traditionelle Gerichte mit Fleischprodukten der Region, aber auch köstliche Käsespezialitäten und frischer Fisch von der Küste. Das Haus kann man auch Vegetariern empfehlen. Die Weinkarte ist exzellent.

OROSEI Su Barchile €€€€€
Via Mannu 5, 8028 **078 49 88 79**
Straßenkarte D3

Die große Auswahl an frischem Fisch aus den Küstengewässern macht das Restaurant in der Altstadt von Orosei empfehlenswert. Die Zubereitung basiert meist auf regionalen Rezepten. Auch sonst ist die Speisekarte interessant. Spezialitäten wie gegrilltes Spanferkel allerdings sollten vorbestellt werden. Auch für Vegetarier ist das Angebot groß.

TORTOLI Da Lenin €€
Via San Gemiliano 19, 8041 **078 62 44 22**
Straßenkarte D4

Das Fischangebot dieses familiären Restaurants ist beachtlich. Das Auswahl variiert nach Saison und Angebot an frischen Zutaten und basiert vorrangig auf Fisch und Meeresfrüchten. Einmalig: die selbst gemachten Pastagerichte wie Fischravioli, serviert mit *bottarga*, dieser typischen Spezialität aus getrocknetem Meeräschenrogen.

VILLASIMIUS Moro €€
Via Cagliari, 9049 **070 79 81 80**
Straßenkarte D6

Das gastliche Haus empfiehlt sich für entspannte Abende, aber auch für Familien mit Kindern. Gerade an warmen Sommerabenden sind die Tische im Garten sehr einladend. Die Karte bietet eine große Auswahl sardischer Fisch- und Fleischgerichte. Viele davon werden auf offenem Feuer zubereitet. Auch die Pasta des Hauses ist köstlich.

VILLASIMIUS Da Barbara €€€
SP Villasimius – Fraz. Sinnai-Solanos, 9049 **070 75 06 30**
Straßenkarte D6

Dieses unweit von Villasimius gelegene familiengeführte Gasthaus sollte man ob seiner exzellenten Fischgerichte in die engere Wahl ziehen. Restaurants dieser Art sind gerade bei Einheimischen beliebt, da sie hier ihre traditionelle Küche so vorfinden, wie sie es erwarten. Die Bedienung ist freundlich, die Atmosphäre herzlich und einladend.

BERGREGION UND BARBAGIA

NUORO Canne al Vento €€
Via G Biasi 123, 8100 **0784 20 17 62**
Straßenkarte D3

Hier wird klassische Kost aus der Barbagia geboten: exzellente Käse, Gegrilltes von Spanferkel, Wildschwein und Lamm sowie Tintenfischsalat und *seadas* (frittierte, mit Pecorino gefüllte, honigumhüllte Teigtaschen). Das Restaurant hat seinen Namen nach einem Roman der Nobelpreisträgerin Grazia Deledda, die hier in Nuoro geboren wurde.

NUORO Da Giovanni Si Mangia €€
Via IV Novembre 9, 8100 **078 43 05 62**
Straßenkarte D3

Die einfache Trattoria steht mitten im Zentrum von Nuoro. Geboten werden verschiedene Fisch- und Fleischgerichte, wie sie typisch für die Barbagia-Region sind. Wildschwein und Ziegenbraten gehören ebenso zu diesen regionalen Spezialitäten wie Hummer und Langusten, gebackener Fisch und gemischte Salate aus Meeresfrüchten.

OLIENA CK €
Corso M L King 2–4, 8025 **0784 28 80 24**
Straßenkarte D3

Das familiengeführte Restaurant in der blassrosafarbenen Villa in der historischen Altstadt bietet regionale Küche vom Holzherd. Besondere Highlights sind die selbst gemachte Pasta einschließlich der traditionellen *Busa*-Nudeln mit Walnuss-Sauce, Grillfleisch, edle Käsesorten und eine gute Weinkarte.

Straßenkarte *siehe hintere Umschlaginnenseiten*

OLIENA Su Gologone   €€€€€
Località Su Gologone, 8025 📞 *0784 28 75 12*   **Straßenkarte** *D3*

Su Gologone liegt nur zwölf Kilometer von Nuoro entfernt ganz im Grünen. Es ist bekannt für seine Fleischgerichte (Spanferkel, Schwein, Lamm und Ziege), für seine *pane frattau* (typisches Fladenbrot mit Käse, Tomaten und Ei), Ravioli, *malloredus* (ein Gnocchigericht, meist mit Tomatensauce und Wurst) und seine *seadas* (frittierte Teigtaschen).

WESTKÜSTE

ALGHERO La Cuina   €
Via Cavour 110, 7041 📞 *079 97 69 38*   **Straßenkarte** *B2*

Die gemütliche Trattoria außerhalb der Altstadt bietet vor allem Fisch und Meeresfrüchte der Region: Antipasti von Meeresfrüchten, Fischsuppe und Risotto in Kalmartinte. Abschließend ein typisches Dessert. Das Haus präsentiert sich klassisch mit Deckengewölbe und Ziegelsteinwänden und bietet ein exzellentes Preis-Leistungs-Verhältnis.

ALGHERO Il Pavone   €€
Piazza Sulis 3–4, 7041 📞 *079 97 95 84*   **Straßenkarte** *B2*

Ein elegantes Restaurant am Rande der Altstadt. Neben dem Blick auf die quirlige Piazza Sulis bekommt man mediterrane und innovative sardische Küche geboten: frische Feigen mit Anchovis und Chili, Nudeln in Kalmartinte und Ricotta sowie Zitronensorbet mit scharfer Schokolade. Die Spezialität aber sind Fischgerichte. Der Service ist gut.

ALGHERO Al Tuguri   €€€
Via Maiorca 113/115, 7041 📞 *079 97 67 72*   **Straßenkarte** *B2*

Eine breite Auswahl traditioneller sardischer Küche bietet dieses Gasthaus im historischen Teil des Stadtzentrums. Es ist in einem Bauwerk aus dem 15. Jahrhundert untergebracht und verfügt auch über ein Kaminzimmer. Das Angebot kann auch mal auf originelle Weise variieren, je nach Jahreszeit und den gerade erhältlichen frischesten Zutaten.

ALGHERO/FERTILIA Sa Mandra   €€
Strada Aeroporto Civile 21, 7041 📞 *079 99 91 50*   **Straßenkarte** *B2*

Dieser klassische Ferienbauernhof bietet ländliche Küche auf höchstem Niveau. Das Menü umfasst eine Auswahl an Pecorino, Schinken und Salami, diverse Sorten hausgemachter Pasta, gegrilltes Spanferkel, Lamm mit frischem Gemüse und schließlich sardische Süßigkeiten aus eigener Produktion. Ausgesprochen preiswert!

BOSA Mannu da Giancarlo e Rita   €€
Viale Alghero 28, 8013 📞 *0785 37 53 06*   **Straßenkarte** *B3*

Überdurchschnittlich gute heimische Fischspezialitäten – dafür steht dieses schicke, familiengeführte Hotel. Bosa ist berühmt für seine frischen Langusten, die hier auf verschiedenste Art zubereitet werden. Es gibt aber auch Fleischgerichte wie Spanferkel und Gnocchi mit Lammbraten. Man ist sehr stolz auf die Frische der verwendeten Zutaten.

CABRAS Sa Funtà   €€€€
Via Giuseppe Garibaldi 25, 9072 📞 *0783 29 06 85*   **Straßenkarte** *B4*

Das Sa Funtà ist eine der besten Adressen in Cabras. Man bietet zwar traditionelle Küche, doch wird diese immer wieder kreativ variiert. Besondere Sorgfalt lässt man bei den Zutaten walten: Olivenöl und Gemüse stammen aus ökologischem Anbau, der Fisch kommt vor allem aus dem nahe gelegenen See.

ORISTANO Il Faro   €€
Via Bellini 25, 9170 📞 *0783 700 02*   **Straßenkarte** *B4*

Eine der besten Adressen ganz Sardiniens. Il Faro ist bekannt für seine traditionelle Küche. Angeboten wird, was an diesem Tag der Markt an Frischem bietet, vor allem Fisch und Meeresfrüchte. Typisch sind Krake mit Gemüse, Fischsuppe, Nudeln mit Auberginen, Pilzen und Trüffeln sowie Langusten. Köstlich sind auch die Desserts.

ORISTANO Da Giovanni   €€€€
Via Cristoforo Colombo 8 – Torre Grande, 9170 📞 *078 32 20 51*   **Straßenkarte** *B4*

Das exzellente Restaurant nahe der Uferpromenade wurde Anfang der 1960er Jahre von Meisterkoch Giovanni Sebis eröffnet. Der frische Fisch wird mit Sorgfalt ausgewählt und meist nach traditionellen Rezepten zubereitet. Besonders empfehlenswert: die Langusten-Ravioli und die Spaghetti mit *bottarga*, dem berühmten Meeräschenrogen.

PORTO TORRES Li Lioni   €€€
SS 131 – Loc. Li Lioni, 7046 📞 *079 50 22 86*   **Straßenkarte** *B2*

Ein reizendes Gasthaus mit Garten, nicht weit von Porto Torres. Besondere Sorgfalt legt man auf die Qualität der Produkte und deren Zubereitung. Fleischgerichte wie Spanferkel oder Lamm werden über offenem Feuer zubereitet. Pasta und Desserts sind natürlich selbst gemacht. Der Wein stammt aus der Region.

STINTINO Silvestrino   €€€
Via Sassari 12/14, 7040 📞 *079 52 30 07*   **Straßenkarte** *B2*

Besonders empfehlenswert: heimische Languste, serviert mit einer köstlichen Sauce. Dieses zentral gelegene Restaurant und Hotel gibt es bereits seit 1948, seinen guten Ruf verdankt es der hervorragenden maritimen Küche. Das Interieur ist einladend, im Sommer geht jedoch nichts über einen Tisch auf der Terrasse.

Zeichenerklärungen *siehe hintere Umschlagklappe* **Preiskategorien** *siehe Seite 184*

NORDEN UND COSTA SMERALDA

ARZACHENA Grazia Deledda €€€€€
Strada per Baja Sardinia, 7021 0789 989 90   **Straßenkarte** D1

Das Interieur dieses Hotelrestaurants enthält viele Erinnerungsstücke an Grazia Deledda, Sardiniens berühmte Autorin, die 1926 den Nobelpreis für Literatur erhielt. Das Lokal ist reizend und bietet einen überwältigenden Blick auf die Küste. Das Angebot ist hervorragend und enthält viele traditionelle Speisen, einschließlich exzellenter Fischgerichte.

LA MADDALENA Mangana €€
Via Mazzini 2, 7024 0789 73 84 77   **Straßenkarte** D1

Von der luftigen Veranda dieses malerischen Restaurants blickt man auf den Hafen von La Maddalena. Die Atmosphäre ist gemütlich. Oft gibt es auch Live-Pianomusik. Die Speisekarte führt zahlreiche sardische Spezialitäten, wobei der frische Fisch aus den Küstengewässern besondere Aufmerksamkeit verdient. Auch die Pizza ist gut.

LA MADDALENA La Grotta €€€€€
Via Principe di Napoli 2, 7024 0789 73 84 77   **Straßenkarte** D1

Schon seit den späten 1950er Jahren erfreut sich dieses rustikale Lokal bei den Einheimischen großer Beliebtheit. Seit mehreren Generationen führt die ursprünglich aus Neapel stammende Familie das Haus und hat sich mit den Jahren gut an die steigenden Besucherzahlen angepasst. Eine Empfehlung ist die *zuppa di pesce* (Fischsuppe).

OLBIA Gallura €€€
Corso Umberto 145, 7026 0789 246 48   **Straßenkarte** D2

Eines der besten Fischrestaurants Sardiniens. Die Küche ist kreativ, die Zutaten aus ökologischer Produktion. Eine der Spezialitäten ist Schwertfisch mit Safran. Der Fisch wird gegrillt, pochiert oder über offenem Feuer gegart. Es gibt auch Fleischgerichte: Ziege, Kaninchen oder auch Pasta mit Wildschwein. Die Desserts sind nicht weniger köstlich.

PALAU Da Franco €€€€
Via Capo d'Orso 1, 7020 0789 70 95 58   **Straßenkarte** D1

Das holzgetäfelte Interieur und die Terrasse mit Blick auf den Hafen, das Tafelgeschirr und der gepflegte Service machen das Lokal zum Lieblingstreffpunkt des Jetsets. Geboten werden Fisch und andere sardische Spezialitäten, darunter edle Käsesorten. Die perfekt präsentierten, deliziösen Speisen zeugen von der hohen Qualität des Hauses.

PORTO CERVO Gianni Pedrinelli €€€€€
Località Piccolo Pevero, 7020 0789 924 36   **Straßenkarte** D1

Die Speisekarte bietet viele Spezialitäten der Region, darunter auch Fischgerichte und Nudeln mit Languste oder Pökelfisch. Die Spezialität aber ist *porceddu allo spiedo* (Spanferkel am Spieß). Das Restaurant verbindet Stil und Tradition in einem weitläufigen Raum mit weiß gekalkten Wänden und Kachelfußboden.

PORTO ROTONDO Da Giovannino €€€€€
Piazza Quadrata 1, 7026 0789 352 80   **Straßenkarte** D1

Das edle, detailverliebt ausgestattete Restaurant mit zauberhaftem Garten ist besonders beliebt bei italienischen Politikern und anderen Prominenten. Hier speist man teuer, aber deliziös: Scampi-Sushi mit Limettensaft, Schwertfisch mit Tomaten und Kapern und gegrillten Tintenfisch. Die Weinkarte ist superb.

SAN TEODORO Lea Cana €
Loc. Monti Pitrosu, 8020 0784 83 50 91   **Straßenkarte** D2

Dieses familiengeführte Restaurant mit rustikalem, sardischem Dekor bietet duftende Pizza und eine Fülle typischer traditioneller Gerichte. Im Garten stehen zahlreiche steinerne Tische. Zu den Spezialitäten gehören *culungiones* (gefüllte Ravioli), Fischsuppe und hervorragende *seadas*. Die Weine stammen aus der Region.

SANTA TERESA DI GALLURA Canne al Vento €€€
Via Nazionale 23, 7028 0789 75 42 19   **Straßenkarte** C1

Traditionelle Fischgerichte sind die Spezialität dieses freundlichen Restaurants am nördlichsten Punkt Sardiniens. Die Zubereitung ist dabei höchst unterschiedlich. Zu empfehlen ist die ausgezeichnete *zuppa di pesce* (Fischsuppe). Die Portionen sind herzhaft gewürzt und groß. Die Weinkarte bietet eine ausgewogene Auswahl sardischer Weine.

SASSARI Il Cenacolo €€
Via Ozieri 2, 7100 079 23 62 51   **Straßenkarte** B2

Je nach Jahreszeit offeriert die Speisekarte hier das Beste, was Meer und Land an regionalen Spezialitäten zu bieten haben. Im Herbst gibt es Pilzgerichte, im Sommer Meeresfrüchte – und das ganze Jahr über frischestes Gemüse. Ein elegantes Restaurant mit angenehmer Atmosphäre im Stadtzentrum.

SASSARI Liberty €€
Piazza N Sauro 3 (corso Vittorio Emanuele), 7100 079 23 63 61   **Straßenkarte** B2

Dieses elegante Lokal überzeugt in jeder Hinsicht. Es dominieren Fischgerichte. Beginnen Sie mit dem *antipasto Liberty*, einer Auswahl von Meerestieren. Genießen Sie danach *gnocchetti camustia* (Ricotta und Tintenfisch mit Knödeln), Spaghetti mit Languste oder gebackenen Fisch mit Kartoffeln und Artischocken. Die Weinkarte ist exzellent.

Straßenkarte *siehe hintere Umschlaginnenseiten*

SHOPPING

Sardinien bietet kunsthandwerkliche Produkte, die man in anderen Regionen selten findet, etwa handgewebte Teppiche, Leinenservietten, *pibbiones* (bestickte Stoffe) und Körbe. Alle Produkte werden mit traditionellen Techniken und Naturmaterialien hergestellt. Kunsthandwerk hat in Design und Verarbeitung hohes Niveau. Zu den Produkten zählen Korallen- und Filigrannadeln und Broschen, Töpferware, Geschirr, Gegenstände aus Kork oder Schmiedeeisen. In Städten und Ferienanlagen werden Souvenirs wie zum Beispiel Aschenbecher in Form von Nuraghen, Trachtenpuppen und Muschelbilder verkauft. Spezialitäten wie Pecorino-Käse, gesalzener Rogen der Meeräsche, Süßigkeiten und Wein sollte man unbedingt einmal probieren.

Frische Oliven

ÖFFNUNGSZEITEN

Läden sind von 9 bis 13 und von 16.30 bis 20 Uhr (im Sommer von 17 bis 20.30 Uhr oder später), große Supermärkte und größere Modeläden den ganzen Tag geöffnet. Im August schließen die meisten Läden in den Städten ein paar Wochen, an der Küste sind sie eher saisonal von Juni bis September geöffnet.

Töpfer bei der Arbeit

BEZAHLUNG

Läden und Kaufhäuser akzeptieren in der Regel die gängigen Kreditkarten, doch sollte man sich vorher erkundigen. In kleineren Läden oder Kunsthandwerksateliers ist Barzahlung üblich. Sie müssen sich über den Betrag eine gesetzlich vorgeschriebene Quittung *(scontrino)* ausstellen lassen. Beim Verlassen des Geschäfts könnte man Sie bitten, diesen Beleg vorzuweisen. Auch zum Umtausch ist er erforderlich.

KAUFHÄUSER

Das größte Kaufhaus in Cagliari ist **La Rinascente** in der Via Roma. Wie in anderen Städten Sardiniens finden Sie auch in der Hauptstadt die großen Kaufhäuser **Upim** und **Standa**. In den vergangenen Jahren entstanden an den Stadträndern große Shopping-Center mit einer riesigen Angebotspalette an Schuh- und Bekleidungsgeschäften, Supermärkten und Schnellrestaurants.

KUNSTHANDWERK

Kunsthandwerk aus der Region ist überall zu finden. In den Dörfern bieten Frauen Körbe, Teppiche oder Krüge vor ihren Häusern feil.
Dem *Istituto Sardo Organizzazione Lavoro Artigianale* (ISOLA) angeschlossene Läden bieten Qualitätsprodukte aus den Handwerkskooperativen, u. a. Teppiche, Tischdecken, Leder, Schmuck, Körbe, Tonwaren, Holzschnitzereien und schmiedeeiserne Gegenstände. Alle ISOLA-Produkte tragen ein Gütezeichen, das Authentizität garantiert.
Auf der *Fiera del Tappeto* (Teppichmarkt) in Mogoro Ende Juli und August kann man günstig einkaufen. Auch Ferienbauernhöfe verkaufen Kunsthandwerk. Weitere Adressen nennt die ESIT-Broschüre *Sardegna – Un Mare di Tradizioni*.

Kunsthandwerk der Region in einem anerkannten ISOLA-Laden

Fischstand in Cagliaris Markthalle San Benedetto

Delikatessen

Delikatessen der sardischen Küche findet man in den Lebensmittelabteilungen der Supermärkte, in Delikatessenläden oder beim Erzeuger.

Der **Mercato Coperto di San Benedetto** in Cagliari ist Italiens größte überdachte Markthalle. Sein Angebot an regionalen Delikatessen ist beeindruckend. *Bottarga* (Meeräschenrogen) kauft man bei **Vaghi** in der Via Bayle, der auch Seeigelpastete bietet. Gesalzene *bottarga* kann man beim Hersteller **Fratelli Manca**

Teller mit sardischem Honig

Lula feiert den Tag des hl. Franziskus mit gegrilltem *porceddu*

in Cabras erwerben. Räucherfisch verkauft **Sarda Affumicati** in Buggerru.

Weitere Delikatessen Sardiniens sind Kuchen und Süßigkeiten. Eine gute Auswahl gibt es u. a. bei **Sorelle Piccioni** in Quartu Sant'Elena, **Colomba Codias** in Olbia und **Acciaro** in Porto Torres. Weinkeller *(cantina)* sind nicht nur wegen der Weinprobe interessant, sondern auch wegen der meist günstigen Preise. In einigen Weinläden *(enoteca)* ist eine Weinprobe möglich.

Nützliche Adressen von Werkstätten und Läden bietet der ESIT in *Sardegna – Un Mare di Delizie*.

Auf einen Blick

Kunsthandwerk

Alghero
Centro Forme
Via Lamarmora 64/66.
(079-97 53 52.

Cagliari
ISOLA
Via Bacaredda 184.
(070-40 47 91.
www.regione.sardegna.it/isola

Olbia
Sardartis srl
SS125, km 313.
(0789-669 33.
Cerasarda
Straße n. Palau, km 2,800.
(0789-500 32.
www.cerasarda.it

Oristano
Cooperativa Sutrobasciu
Via Gramsci 1.
(0783-99 05 81.
www.sutrobasciu.com

Porto Cervo
ISOLA
Sottopiazza.
(070-40 47 91.

Sant'Antioco
Cooperativa
Sant'Antioco Martire
Lungo Mare Vespucci 30.
(0781-820 85.

Sassari
ISOLA
Viale Mancini.
(070-40 47 91.

Delikatessen

Alghero
Sella & Mosca
I Piani.
(079-99 77 00.
www.sellaemosca.com

Buggerru
Sarda Affumicati
Portixeddu.
(0781-549 14.
www.sardaffumicati.com

Cabras
Fratelli Manca
Via Cima 5.
(0783-29 08 48.
www.orodicabras.it

Cagliari
Mercato San Benedetto
Via Cocco Ortu.
(070-28 37 52.

Olbia
Colomba Codias
Via Australia 12.
(0789-682 26.

Ozieri
Pasticceria Pietro Pinna
Via Pastorino 35.
(079-78 74 51.

Porto Torres
Acciaro
Corso Vittorio Emanuele 38.
(079-51 46 05.

Quartu Sant'Elena
Sorelle Piccioni
Via Marconi 312.
(070-81 01 12.

Sassari
Fratelli Rau
Via Gorizia 7.
(079-29 22 64.

Tonara
Salvatore Pruneddu
Via Porru 7.
(0784-638 05.
www.pruneddu.it

Wein

Cabras
Azienda Attilio Contini
Via Genova 48.
(0783-29 08 06.
www.vinicontini.it

Cagliari
Antica Enoteca Cagliaritana
Scalette Santa Chiara.
(070-65 56 11.
www.enoteca-cagliaritana.it

Jerzu
Jerzu Antichi Poderi
Via Umberto I 1.
(0782-700 28.
www.jerzuantichipoderi.it

Olbia
Cantina della Vigne di Piero Mancini
(0789-507 17.
www.pieromancini.it

Oristano
Cantina Sociale della Vernaccia
Loc. Rimedio.
(0783-331 55.
www.vinovernaccia.com

Quartu Sant'Elena
Cantina Sociale
Via Nazionale, Maracalagonis.
(070-78 98 65.
www.cantinadiquartu.it

Sant'Antioco
Cantina Sociale
Via Rinascita 46.
(0781-830 55.

Sennori
Tenute Dettori
(079-51 47 11.
www.tenutedettori.it

Serdiana
Cantina Argiolas
Via Roma 56/58.
(070-74 06 00.

Souvenirs

Sardinien bietet eine große Auswahl traditioneller regionaler Produkte, von handgewebten Teppichen über Tagesdecken und Kissenbezüge bis zu Körben aus Affodill, Binsen oder Bast. Die schönsten Körbe werden in Flussio und Castelsardo geflochten. Andere Haushaltswaren wie Küchengeräte und Tafelgeschirr werden aus Kork oder Keramik produziert – Materialien, die auch zur Herstellung großer Tafeln, Statuen und Flachreliefs dienen. Filigranschmuck wird überall gefertigt – der beste in Alghero und Bosa. Die Frauen tragen ihn an Feiertagen und zu Hochzeiten.

Filigran-Brosche

Goldknöpfe

Brosche und Ohrringe

SCHMUCK

Traditioneller Schmuck – Ohrringe, Broschen und Knöpfe, die meist zur Tracht gehören – wird aus Filigran und Korallen hergestellt. Goldschmiede fertigen auch Armbänder und Halsketten aus Korallen in modernem Design.

Eisbehälter aus Kork

Amphore

Blumenvase

In Calangianus in der Gallura-Region der Costa Smeralda verwendet man Kork zur Herstellung diverser Haushaltsgegenstände wie Kisten, Schirmständer, Schalen und Eisbehälter.

Vasen und Krüge in modernem Design

TONWAREN

Sardische Töpferware wird von Hand gedreht und mit Naturfarben glasiert. Gängige Artikel sind Vasen, Teller und Krüge mit einfachen, gefälligen Formen. Einige Töpfer passen traditionelle Muster dem heutigen Geschmack an.

Korbflechten *ist ein uraltes, aber noch immer lebendiges Handwerk. Körbe werden aus Stroh, Bast, Zwergpalmblättern, Affodill, Maisblättern oder Weide in natürlichen Farbtönen geflochten.*

Teppich aus Nule

Wandbehang aus Mogoro

Ein *Pibbiones*-Teppich

TEPPICHE UND WANDBEHÄNGE
Wollteppiche, Bettüberwürfe, Wandbehänge und Servietten aus Leinen sind typische handgewebte Artikel. Die Teppiche aus gefärbter Wolle haben lebhafte geometrische oder florale Muster. Charakteristisch für *Pibbiones*-Teppiche ist das mit dünnen Nadeln auf einen farblich neutralen Stoff gestickte Muster.

Holzschnitzerei *hat eine lange Tradition auf Sardinien. Die gebräuchlichsten Gegenstände sind Kisten, Küchengeräte, Hackbretter und Zeremonialmasken.*

Spitzenklöppelei *erfordert große Kunstfertigkeit. In Oliena findet man Schals aus schwarzer Seide mit Spitzenborten in hellen Farben. In Bosa kann man Frauen bei der Herstellung von Filetspitze zuschauen.*

Geschnitzte Maske

Spitzen aus Dorgali

KULINARISCHE KÖSTLICHKEITEN
Typische Produkte sind Kuchen und Käse, die sich von Region zu Region unterscheiden. Andere Spezialitäten sind Marmelade, Wein und Likör, etwa aus Myrte *(mirto)* und Zitrone *(limoncino)*, gesalzener Meeräschenrogen und Gemüse in Öl.

Typisch sardisches Gebäck

Gesalzener Meeräschenrogen

Mirto

Typisch sardische Delikatessen

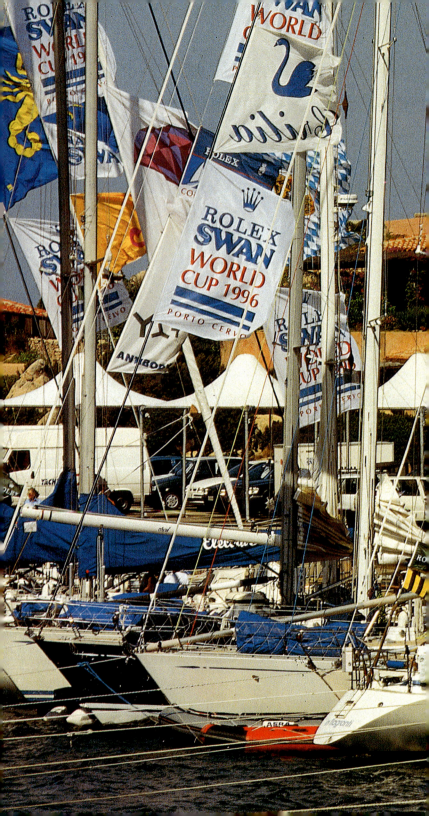

Grund- informationen

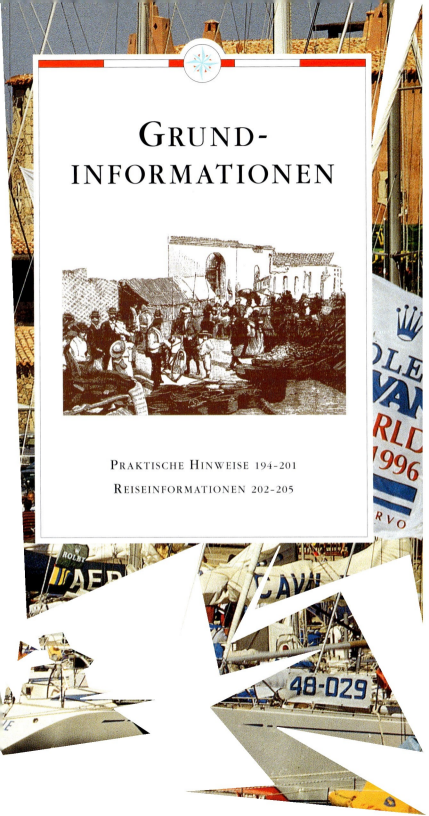

Praktische Hinweise 194-201

Reiseinformationen 202-205

Praktische Hinweise

Die Strände und das klare blaue Wasser sind die Hauptattraktionen Sardiniens. Die Küste, besonders im Nordosten, ist von Anfang Juli bis Ende August stark frequentiert. Ein Besuch außerhalb der Hauptsaison und fern der Menschenmassen mag daher reizvoller sein. Im Hochsommer kann es sehr heiß werden. Für hitzeempfindliche Besucher empfiehlt es sich deshalb, im Frühling, Frühsommer oder Herbst auf den Spuren der sardischen Geschichte und Kultur zu wandeln. Der Fremdenverkehr auf Sardinien ist recht jung, und die bekannten Probleme der Finanzierung von Denkmälern und Museen und ihrer Ausstattung mit Personal existieren hier genauso wie auf dem Festland. Schilder wie *chiuso per restauro* (wegen Renovierung geschlossen) sind nicht selten. Es gibt jedoch inzwischen mehr Fremdenverkehrsbüros mit regelmäßigen Öffnungszeiten, die Karten und Führer zur Verfügung stellen. Der Versuch, Italienisch zu sprechen, wie stockend auch immer, wird gern gesehen.

Informationsschild der Autonomen Region Sardinien

Abkühlung im Hochsommer

Beste Reisezeit

Im Juli und August macht praktisch ganz Italien Ferien. Überall ist es voll, besonders die Fähren von und nach Olbia und Cagliari sowie die Strandhotels und Ferienanlagen. Die Preise sind hoch, man muss sich im Voraus um eine Unterkunft kümmern.

Die größten Menschenmengen finden sich an der Costa Smeralda, an den Stränden nahe dem Golfo di Cagliari und in der Gegend um Stintino.

Für einen Besuch des Landesinneren eignen sich am besten Mai, Juni und September. Im Frühling, wenn man alles blüht, ist es besonders schön. Im Winter kann es vor allem in größeren Höhen bitterkalt werden.

Information

Die Einrichtungen der Fremdenverkehrsbüros auf Sardinien wurden in den letzten Jahren grundlegend umstrukturiert. Die örtlichen Büros (Azienda Autonoma di Soggiorno e Turismo – AAST) wurden abgeschafft, ebenso die der Provinzen (Ente Provinciale per il Turismo – EPT). Für den Tourismus sind nun die *comune* (Gemeinde) und die örtlichen Büros von Pro Loco zuständig. Einige sardische Städte, vor allem solche mit größeren Urlauberzahlen, haben diese Umstrukturierung bereits vollzogen, in anderen wird daran noch gearbeitet.

Die Inselzeitungen *Nuova Sardegna*, *L'Unione Sarda* und *Il Sardegna* erweisen sich ebenfalls als wertvolle Informationsquellen. Sie veröffentlichen tagtäglich Wissenswertes zu vielen Events.

Im Internet erhält man unter www.sardinia.net und www.sardiniapoint.it sowohl Informationen über Ferien auf dem Bauernhof als auch Details von Ausstellungen und zahlreichen Veranstaltungen.

Einreise und Zoll

Bürger der Europäischen Union (EU) benötigen zur Einreise und für einen Aufenthalt von bis zu drei Monaten nur einen gültigen Personalausweis oder Pass.

Bei der Einreise dürfen Sie zehn Liter Spirituosen mit mehr als 22 Prozent Alkohol, 90 Liter Wein, 110 Liter Bier und 800 Zigaretten einführen. Jugendliche unter 17 Jahren dürfen weder Tabak noch Alkohol einführen.

Nicht-EU-Bürger können für Käufe über 155 Euro die Mehrwertsteuer (IVA) bei der Ausreise zurückerhalten. In Läden mit dem Zeichen »Euro Free Tax« wird die IVA vom Rechnungsbetrag abgezogen, wenn Sie das entsprechende Formular ausfüllen.

Schnee im Landesinneren ist im Winter keine Seltenheit

◁ Yachthafen von Porto Cervo *(siehe S. 144)*

LÄDEN, BANKEN UND POSTÄMTER

Die Läden auf Sardinien haben in der Regel von 8/9 Uhr bis 13 Uhr und von 15.30/16 Uhr (im Winter) bzw. 17 Uhr (im Sommer) bis 19 oder 20 Uhr geöffnet. Einmal pro Woche wird früher geschlossen. Banken öffnen montags bis freitags von 8.30 bis 13.30 Uhr und von 14.30 bis 15.30 Uhr, kleine Postämter von 8 bis 13.15 Uhr, größere bis 18.45 Uhr (samstags bis 13.15 Uhr). Die Telecom Italia unterhält sowohl öffentliche Münzfernsprecher als auch Kartentelefone *(scheda telefonica)*. Weitere Informationen unter: www.poste.it

Eleganter Laden mit sardischem Kunsthandwerk

MUSEEN UND DENKMÄLER

In diesem Führer finden Sie die Öffnungszeiten für die Museen und archäologischen Grabungsstätten Sardiniens unter den jeweiligen Orten. Normalerweise haben Museen und archäologische Stätten täglich außer montags geöffnet. Einige sind jedoch im Winter nachmittags geschlossen, im Sommer werden die Öffnungszeiten bis gegen Abend verlängert.

Die Eintrittspreise für Museen unterscheiden sich zum Teil deutlich. Für Kinder, Jugendliche unter 18 Jahren, Senioren und angemeldete Gruppen gibt es Ermäßigungen oder freien Eintritt.

Meist sind Kirchen tagsüber nur für Gottesdienste geöffnet. Vielleicht ist der Pfarrer *(parroco)* oder der Küster so freundlich und schließt Ihnen auf Anfrage für einen kurzen Besuch auf. Ein kleiner Beitrag in den Klingelbeutel wird dann gern gesehen.

FESTE

Sardiniens farbenfrohe und ungewöhnliche Feste haben eine lange Geschichte. Im Karneval, an Ostern und um den 15. August finden die meisten traditionellen Festlichkeiten statt. Informationen

Traditionen gehören noch immer zum Gemeinschaftsleben

über Feste und Feiertage erhalten Sie im Rathaus vor Ort sowie – für jede Stadt gesondert – in diesem Führer. Auf den Seiten 26–29 finden Sie einen Überblick über die Feste auf Sardinien.

BEHINDERTE REISENDE

Leider sind spezielle Einrichtungen für Behinderte sogar in größeren Städten selten, sodass für Rollstuhlfahrer das Reisen recht beschwerlich werden kann. Ziehen Sie daher rechtzeitig Erkundigungen ein – am besten vor der Reise.

Genauere Informationen und Tipps halten die regionalen Informationsbüros und die Büros von Pro Loco bereit.

AUF EINEN BLICK

INFORMATION

Cagliari
www.provincia.cagliari.it

Carbonia-Iglesias
www.provincia.carboniaiglesias.it

Medio Campidano
www.provincia.mediocampidano.it

Nuoro
www.provincia.nuoro.it

Ogliastra
www.provincia.ogliastra.it

Olbia-Tempio
www.provincia.olbia-tempio.it

Oristano
www.provincia.or.it

Sassari
www.provincia.sassari.it

BOTSCHAFTEN UND KONSULATE

Italien
in Deutschland
Hiroshimastraße 1,
10785 Berlin.
((030) 25 44 00.
www.ambberlino.esteri.it
in Österreich
Rennweg 27, 1030 Wien.
((01) 712 51 21.
www.ambvienna.esteri.it
in der Schweiz
Elfenstrasse 14,
3006 Bern.
((031) 350 07 77.
www.ambberna.esteri.it

Deutschland
Via R. Garzia 9,
09126 Cagliari.
(070-30 72 29.
www.rom.diplo.de

Österreich
Via Pergolesi 3,
00198 Roma.
(06-844 01 41.
www.bmeia.gv.at/rom

Schweiz
Via XX Settembre 16,
09125 Cagliari.
(070-66 36 61.
www.eda.admin.ch/roma

FREMDENVERKEHRSBÜROS

ENIT Deutschland
Staatliches italienisches Fremdenverkehrsamt
www.enit-italia.de
Neue Mainzer Straße 26,
60311 Frankfurt am Main.
((069) 23 74 34.
Friedrichstraße 187,
10117 Berlin.
((030) 247 83 98.

ENIT Österreich
Kärntner Ring 4,
1010 Wien.
((01) 505 16 39.

ENIT Schweiz
Uraniastrasse 32,
8001 Zürich.
((043) 466 40 40.

Sicherheit und Notfälle

Sardinien ist ein sicheres Reiseland, doch sollte man die üblichen Sicherheitsvorkehrungen treffen. Achten Sie besonders an belebten Orten, in Häfen und Städten auf Ihr Geld und andere Gegenstände. Lassen Sie keine Wertsachen im Wagen, wenn Sie auf unbewachten Parkplätzen parken. Meist ist es in ländlichen Gegenden sicherer als in der Stadt. Im Sommer sind Waldbrände ein großes Problem. Folgen Sie im Notfall unbedingt den Anweisungen der örtlichen Polizei oder Feuerwehr. Im Krankheitsfall ist die Apotheke *(farmacia)* eine gute erste Adresse.

KREDITKARTEN UND DIEBSTAHL

Man sollte nie zu viel Bargeld bei sich zu tragen. Die meisten Läden, Restaurants und Hotels akzeptieren die gängigen Kreditkarten (Visa, MasterCard, American Express und Diners Club). Wenn Sie Geld umtauschen (etwa Schweizer Franken), werden Gebühren berechnet, Reiseschecks sind günstiger.

Im Allgemeinen können Sie parken, wo Sie wollen, da man, vor allem in kleinen Städten, Autodiebstahl kaum kennt. Doch im Fall eines Diebstahls sollten Sie sofort der örtlichen Polizei oder den Carabinieri den Vorfall melden: Sie werden den Anzeigebericht später für Ihre Versicherung benötigen.

BRANDGEFAHR

Besonders im Sommer sind Waldbrände ein großes Problem auf Sardinien. Nur selten ist Zufall, z. B. eine weggeworfene Zigarette, die Ursache, meist werden die

Waldbrände werden häufig gelegt

Brände absichtlich gelegt. Manchmal sollen Wald und Büsche neuem Weideland weichen, meist soll mehr Platz für neues Bauland geschaffen werden. Um dies zu verhindern, verbietet ein Gesetz das Bauen in Gebieten, die durch Brand zerstört worden sind, doch das hält die Brandstifter nicht auf – Schwarzbauten sind selbst in Politikerkreisen üblich.

In der trockenen Sommerhitze breitet sich Feuer im Macchia-Unterholz rasch aus. Hauptfeind der Feuerwehr ist der Wind, der das Feuer anfacht und in kürzester Zeit sehr weit tragen kann. Die Brandbekämpfung erfolgt durch örtliche Feuerwehren, staatliche Förster, freiwillige Helfer sowie Löschflugzeuge, die in den gefährdeten Regionen stationiert sind.

MEDIZINISCHE VERSORGUNG

Sollten Sie auf medizinische Hilfe angewiesen sein, suchen Sie ein Krankenhaus oder eine Unfallstation *(pronto soccorso)* auf. In Apotheken erhalten Sie sowohl medizinischen Rat als auch Arzneimittel. Alle EU-Bürger können sich in Italien kostenlos medizinisch behandeln lassen. Dazu müssen sie die neue EU-Krankenversicherungskarte EHIC (erhältlich bei den Krankenkassen) vorlegen.

In jedem Urlaubszentrum gibt es eine *Guardia Medica* (Notfallambulanz), bei der die Sommergäste ärztliche Hilfe finden. Im Winter sind sie oft geschlossen, sodass Sie in der Nebensaison in einem Notfall ein nahe gelegenes Krankenhaus aufsuchen müssen.

Apotheken haben montags bis freitags von 9 bis 13 Uhr und 16 bis 19 Uhr sowie am Samstagvormittag geöffnet. Ein Aushang zeigt den Bereitschaftsdienst der Apotheken in der Umgebung an.

BRANDSCHUTZ-REGELN

1. Werfen Sie nie eine brennende Zigarette weg.
2. Machen Sie nur an den Stellen Feuer, an denen es ausdrücklich erlaubt ist.
3. Wenn Sie ein Feuer entdecken, müssen Sie es der Feuerwehr melden.
4. Halten oder parken Sie nicht, um einem Brand zuzusehen. Sie könnten Zufahrtswege versperren und Löscharbeiten behindern.
5. Beachten Sie die Windrichtung: Der Aufenthalt in der Windrichtung eines Feuers ist gefährlich, denn es kann sich rasch ausbreiten und Sie erfassen.

Berittene Polizei am Strand Poetto bei Cagliari

VERHALTEN IM FREIEN

Während Ihres Aufenthaltes werden Sie wohl einen Großteil der Zeit im Freien verbringen. Seien Sie also entsprechend vorbereitet: Schützen Sie sich im Sommer am Strand wie im Landesinneren vor der Sonne, denn sie kann einen schlimmen Sonnenbrand und -stich verursachen. Bei Wind bleibt die Sonnenstrahlung leicht unbemerkt.

Suchen Sie bei Gewitter Schutz, aber nicht unter einzeln stehenden Bäumen oder Felsvorsprüngen, die Blitzschlag anziehen könnten.

Wildes Campen ist überall verboten, doch in Absprache mit Landbesitzern ist es möglich, dass Sie Ihr Zelt abseits von Campingplätzen aufstellen. Hinterlassen Sie keinen Müll, und zünden Sie kein Feuer an.

Weideflächen gibt es auf Sardinien sehr viele: Schweine, Schafe, Kühe und Pferde könnte es interessieren, ob es in Ihrem Zelt etwas Essbares gibt. In hügeligen Gebieten sollte man sich von Hirtenhunden fernhalten, denn diese sind darauf trainiert, potenzielle Eindringlinge zu verjagen.

Herden grasen oft auf Weiden nahe Campingplätzen

Wenn Sie querfeldein spazieren gehen oder wandern, versperren Ihnen oft Tore oder Zäune den Weg. Wenn möglich, fragen Sie, ob Sie hindurchgehen bzw. hinübersteigen dürfen. Schließen Sie das Tor wieder, sodass keine Tiere ausbrechen können. Planen Sie eine längere Strecke, nehmen Sie genug Wasser mit, weil Dörfer unter Umständen weit voneinander entfernt sind. Auf Sardinien gibt es keine Giftschlangen!

NOTRUFNUMMERN

Allgemeiner Notruf
112.

Polizei
113 oder 112.

Feuerwehr
115 oder 112.

Pannenhilfe
116.

Notarzt / Bergwacht
118 oder 112.

Kreditkartenverlust
Allgemeine Notrufnummer
0049-116 116.

American Express
06 72 90 03 47.

Diners Club
800 86 40 64.

MasterCard
800 87 08 66.

Visa
800 81 90 14.

Maestro-/EC-Karte
0049-69-740 987.

WÄHRUNG

Der Euro (€) gilt mittlerweile in 16 EU-Mitgliedsstaaten: Belgien, Deutschland, Finnland, Frankreich, Griechenland, Irland, Italien, Luxemburg, Malta, Niederlande, Österreich, Portugal, Slowakei, Slowenien, Spanien und in der Republik Zypern. Alte Lire-Scheine und Münzen sind inzwischen ungültig, können jedoch bis zum 30.12.2012 bei der Nationalbank Italiens umgetauscht werden (www.bancaditalia.it). Die Euro-Scheine sind einheitlich gestaltet, bei den Münzen prägt jedes Land unterschiedliche Rückseiten. Alle Münzen gelten in jedem Euro-Staat. Seit 2004 kann jeder Euro-Staat einmal jährlich eine Zwei-Euro-Gedenkmünze herausgeben.

Euro-Banknoten gibt es im Wert von 5, 10, 20, 50, 100, 200 und 500 €. Sie wurden von Robert Kalina entworfen und zeigen Architekturelemente und Baustile verschiedener Epochen, eine Europakarte und die EU-Flagge. Münzen gibt es im Wert von 2 €, 1 € sowie 50, 20, 10, 5, 2 und 1 Cent. Die Vorderseiten entwarf Luc Luycx. Die Rückseiten sind in jedem Land anders gestaltet. Auch San Marino, der Vatikanstaat und Monaco prägen Münzen.

Euro-Scheine

BANKEN UND GELDAUTOMATEN

Banken sind montags bis freitags von 8.30 bis 13.30 und von 15 bis 16.30 Uhr geöffnet und an Wochenenden und Feiertagen geschlossen.

In den meisten größeren Orten kann man an Geldautomaten Bargeld abheben. Man findet sie in oder vor Bankfilialen. Alle Maschinen akzeptieren neben der Maestro-/EC-Karte auch Kreditkarten, sofern sie mit einer PIN gekoppelt sind. Die Gebühren für eine Abhebung variieren von Bank zu Bank. Lesen Sie die diesbezüglichen Informationen am Automaten.

Wassersport

Trotz der Schönheit des Landesinneren lockt Sardinien seine Gäste vor allem mit dem Meer. Die Entwicklung der Tourismusbranche führte dazu, dass die Insel nun über ein gutes Angebot an Wassersportmöglichkeiten verfügt, insbesondere Segeln, Windsurfen und Sporttauchen. In fast allen Urlaubsgebieten an der Küste gibt es Tauchzentren und Segelschulen, viele Ferienorte sind für Wassersport gut ausgerüstet. Die Möglichkeiten, Kanu zu fahren, sind aufgrund fehlender befahrbarer Flüsse sehr eingeschränkt, auch für das Kajak eignen sich nur wenige Küstenstreifen.

Tauchen im kristallklaren Wasser vor Sardinien

Segeln entlang der Küste

Segeln

Die herrliche Küste und das Meer Sardiniens sind ein Paradies für Boote aller Art – von millionenschweren Luxusyachten an der Costa Smeralda bis zu einfachen Leih-Booten, die man in kleinen Urlaubsorten mieten kann. Die Bedingungen variieren stark. Selbst erfahrene Segler betrachten die sardische Küste aufgrund der starken, unbeständigen Winde als Herausforderung. Als gute Informationsquelle für einen Segelurlaub erweist sich Band 1A des *Portolano del Mediterraneo* (Seehandbuch für das Mittelmeer), herausgegeben vom Istituto Idrografico della Marina Militare. Auch die Broschüre *I Porti Turistici della Sardegna* (sardische Yachthäfen) ist hilfreich. Sie ist in allen Fremdenverkehrsbüros erhältlich. Um anlegen zu dürfen, brauchen Sie in den meisten Häfen die Erlaubnis des Hafenmeisters.

Tauchen

Die Küste bietet viele Möglichkeiten für erfahrene Taucher. Besonders interessant sind die Küstengebiete von Asinara und der Gallura, Capo Caccia, Carloforte, der Golfo di Orosei und das Gebiet rund um die Insel Tavolara. Viele Tauchzentren – die meist Sportgeschäften angegliedert sind – organisieren Tauchgänge. Dort können Sie auch eine Tauchausrüstung kaufen oder leihen und Tipps zu Tauchgründen bekommen.

Windsurfen

Eine Surfausrüstung kann man an fast allen größeren Badestränden leihen. Auch manche Segelzentren bieten Mietbretter an und organisieren Lehrgänge.

Windsurfen auf offener See

AUF EINEN BLICK

STRÄNDE ZUM WINDSURFEN

Zum Windsurfen eignen sich folgende Strände am besten (siehe auch S. 20f):

Bosa Marina
Poetto – Cagliari
Calagrande – Isola di Sant'Antioco
Saline – Isola di Sant'Antioco
Monti d'a Rena – La Maddalena
Porto Massimo – La Maddalena
Porto Taverna – Porto San Paolo
Lotzorai
Marinella – Olbia
Porto Istana – Olbia
Torre Grande – Oristano
Porto Pollo – Palau
Capo Testa – Santa Teresa di Gallura
La Cinta – San Teodoro
Putzu Idu – San Vero Milis
Platamona – Sorso
La Pelosa – Stintino

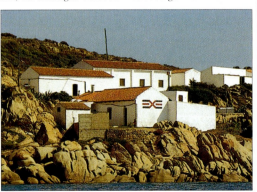

Segelschule Centro Velico Caprera

Hier gilt das Gleiche wie für das Segeln: Die Winde können stark und wechselhaft sein (besonders der Mistral), surfen Sie also nicht zu weit.

KANUFAHREN

Obwohl es nur einige befahrbare Flüsse im Landesinneren gibt – und das wechselhafte Wetter den Sport noch schwieriger macht –, kann man in den Seen oder entlang bestimmter Küstenstreifen Kanu fahren.

ANDERE SPORTARTEN

An Sardiniens Küste kann man in zahllosen Buchten Felsen und Wasser erforschen und die vielfältige Meeresfauna beobachten. Schnorcheln sollte man den Erfahrenen überlassen: Starke Winde und Strömungen machen es schnell zu einem gefährlichen Unterfangen.

Unterwasserfischen mit Harpune und Tauchgerät ist nicht erlaubt, aber an Seen und Reservoiren ist Angeln gestattet. Zum Angeln in den Flüssen brauchen Sie eine Erlaubnis.

Manche Feriendörfer organisieren Touren aufs Wasser, einige verleihen Schlauchboote, in denen man die Küste erkunden kann.

Kanufahrt in der herrlichen Bucht Cala Sisine

AUF EINEN BLICK

SEGELN UND WINDSURFEN

Carloforte Yacht Club
0781 -37 03 50.
www.carloforteyachtclub.org

Centro Velico Caprera – La Maddalena
Porto Palma.
0789-73 85 29.
www.centrovelicocaprera.it

Circolo Nautico Arbatax
0782-66 75 66.

Circolo Nautico Olbia
Via Genova 69.
0789-261 87.

Circolo Nautico Oristano
0703 21 01 72.

Club Nautico La Maddalena
Via G Cesare 20.
0789-72 79 85.

Windsurfing Club Cagliari
Marina Piccola.
070-27 26 84 oder 328 611 68 98. www.windsurfingclubcagliari.it

Windsurfing Vela Club Portoscuso
Portoscuso.
0781-50 95 38.

Yacht Club Alghero
079-95 20 74.
www.yachtclubalghero.it

Yacht Club Cagliari
Marina Piccola.
070-37 03 50.
www.yachtclubcagliari.com

Yacht Club Costa Smeralda – Porto Cervo
Porto Cervo.
0789-90 22 00.
www.yccs.it

Yacht Club Porto Rotondo
0789-340 10.
www.ycpr.it

TAUCHEN

Air Sub Service – Villasimius
070-79 20 33 oder 070-50 68 63 (Winter).
www.airsub.com

Anthias
Palau. 0789-863 11 oder 339-891 79 67.
www.anthiasdiving.com

Aqua Diving Center Puntaldia
Puntaldia, San Teodoro.
0784-86 43 90 oder 348-511 23 33.
www.diving.it

Area Mare Diving
Cannigione.
338-822 11 35.
www.areamare.com

Centro Sub Caribù
c/o Hotel Capo Caccia.
079-94 66 66.
www.hotelcapocaccia.it

Centro Sub Isuledda Compagnia dell'Avventura
Cannigione, Arzachena.
0789-862 53 oder 347-461 6292.
www.isuledda.it

Centro Sub Tavolara
Porto San Paolo.
0789-403 60.
www.centrosubtavolara.com

Isla Diving
Carloforte.
0781-85 56 34 oder 335 46 25 02.
www.isladiving.it

L'Argonauta Diving Center
Cala Gonone.
0784-930 46 oder 347 530 40 97.
www.argonauta.it

Nautica – Portisco
0789-335 12.

Orso Diving Club – Poltu Quato
Porto Cervo.
0789-990 01.
www.orsodiving.com

Oyster Sub Diving Center
Palau.
0789-70 20 70.
www.oystersub.com

Tanka Village Diving Center – Villasimius
070-79 54 64 oder 338-674 14 72.
www.subcentertanka.com

KANUFAHREN

Associazione Italiana Kayak da Mare – Cagliari
070-66 04 89.

Canoa Club Oristano
0783-21 03 35.

Federazione Italiana Canoa
070-65 27 48.
www.federcanoa.it

Sport und Aktivurlaub

Das Landesinnere Sardiniens wurde jahrelang zugunsten der touristischen Erschließung der Küste vernachlässigt, bietet aber dennoch viele Möglichkeiten für einen Aktivurlaub. Man kann das Land zu Fuß oder auf dem Rücken eines Pferdes erkunden – wonach seit einigen Jahren eine große Nachfrage besteht, weshalb es heute zahlreiche Reiterhöfe gibt. Es herrschen gute Bedingungen zum Wandern und Klettern. Allmählich werden immer mehr Wanderwege ausgewiesen.

Su-Rei-Reitzentrum in der Sulcis

REITEN

Sardinien ist ein idealer Ort zum Wandern und Reiten. Pferde sind bereits seit den Zeiten der Phönizier Bestandteil der sardischen Kultur. Zu vielen religiösen Feiertagen und Festen gehören Ritte und Pferderennen.

Die zahlreichen einsamen Nebenstraßen, Waldwege und Eselspfade, besonders im Landesinneren, weitab von Verkehr und Lärm, eignen sich für herrliche Ausritte. Die meisten von ihnen sind auch für Anfänger nicht zu schwer.

Es gibt fast hundert sardische große und kleine Reitclubs und -zentren, die die Möglichkeit zur Ausübung dieses Sports anbieten. Die meisten bieten Reitunterricht und Anfängerausflüge, aber auch ausgedehnte Ausritte für erfahrene Reiter.

Die Mehrzahl der Clubs und Ställe liegt bei Cagliari, Nuoro und Oristano, doch eine steigende Zahl von Ferienbauernhöfen *(siehe S. 170)* bietet ihren Gästen inzwischen Reiten und Reitausflüge – je nach Leistungsstufe – an. Der Supramonte, Giara di Gesturi und die Valle della Luna sind drei der interessantesten und beliebtesten Ziele für all jene, die lange Ausritte in die sardische Landschaft lieben.

KLETTERN

Als der italienische Bergsteiger Alessandro Gogna in den 1960er Jahren *Mezzogiorno di Pietra* (Mittagsstein) veröffentlichte, war das der Startschuss für den Klettersport auf Sardinien. Seitdem wuchs die Begeisterung für diesen Sport beträchtlich. Bergsteiger aus ganz Italien und Europa versuchen sich an den schwierigsten Felsen und Klippen der Insel. Zu den beliebtesten Gegenden gehören heute der Supramonte (Surtana, l'Aguglia), die Klippen bei Iglesiente (Domusnovas), wo vor Kurzem sichere Handgriffe und Tritte angebracht wurden, und das Isili-Gebiet in der Provinz Nuoro.

Für Kletterer, die hierherkommen möchten, ist Maurizio Oviglias *Pietra di Luna* (Mondstein), der aktuellste Bergsteigerführer für Sardinien, Pflichtlektüre.

Informationen hält die **Sezione di Cagliari del Club Alpino Italiano** (www.caica.sardegna.it) bereit. Kletterprogramme organisieren Unternehmen wie **Barbagia Insolita** und **Keya**. Kletterkurse bietet **Nuovi Equilibri**.

WANDERN

Wilde Berge, Hügel mit prähistorischen Ruinen, Wälder und Macchia prägen das Landesinnere Sardiniens. Die Landschaft ist rau, aber unberührt und ideal für Spaziergänge, Wanderungen und längere Touren. Siedlungen sind selten und liegen weit auseinander. Deutlich ausgeschilderte Wege und Unterstände oder Rastplätze gibt es kaum. Es ist ratsam, bei Wanderungen eine aktuelle Landkarte in großem Maßstab und genügend Trinkwasser mitzunehmen.

Die lohnendsten und beliebtesten Gebiete sind der Supramonte, das Gennargentu-Massiv und die Sulcis-Region (eine ungewöhnliche Mischung aus Wandergebiet und Industriedenkmälern). Einige Strecken an der steilen Küste eignen sich dagegen besser zum Klettern.

Wer im Supramonte-Gebiet Erfahrung gesammelt hat, kann die wilden und steilen Schluchten von Su Gorroppu in Angriff nehmen. Diese Tour nimmt einige Tage in Anspruch und erfordert eine spezielle Bergsteigerausrüstung, um die senkrecht abfallenden Wände bewältigen zu können. Sie ist deshalb für Anfänger nicht geeignet. Ob Spaziergänge, Wanderungen oder eine Kombination aus

Klippen am Meer
mit Vorrichtungen zum Klettern

SPORT UND AKTIVURLAUB

SELVAGGIO-BLU-STRECKE

Ihr Name – Wildes Blau – ist die beste Beschreibung für diese schwierige Strecke am Golfo di Orosei, die in Santa Maria Navarrese beginnt und in der Cala Luna endet. Die Idee zum Selvaggio Blu hatten vor ein paar Jahren Mario Verin und Peppino Cicalò. Die Strecke setzt eine hervorragende körperliche Konstitution und Vorbereitung voraus, weil zum Teil Klettern erforderlich ist, zum Teil der Abstieg durch Abseilen bewältigt wird und zudem aufgrund der weiten Entfernungen zwischen den Wasserquellen mit schwerem Gepäck gegangen wird. Als Belohnung warten atemberaubende Ausblicke über die Küste. Die Stadt Baunei gibt einen Führer zum Selvaggio Blu heraus. Bei Interesse rufen Sie die Nummer 0782-61 08 23 an.

Teil der Selvaggio-Blu-Strecke

beidem – Sie sollten immer eine gute (etwa die von IGM herausgegebene) Karte zur Hand haben.

Kalkulieren Sie auch sorgfältig die Zeit, die Sie für eine Tour benötigen, sowie Ihren Vorrat an Essen und Wasser, denn Sie werden möglicherweise auf etlichen Kilometern Wegstrecke auf keine Ortschaft treffen.

HÖHLENERKUNDUNG

Dutzende von faszinierenden Höhlen, zum Teil mit touristischen Einrichtungen, findet man in den Bergen Sardiniens. Die Höhlentemperaturen liegen mehr oder weniger beim Jahresdurchschnitt des umliegenden Gebietes. Beachten Sie bitte, dass einige der schwierigeren Höhlen nur für erfahrene Forscher zugänglich sind. Dazu gehören der Golgo-Abgrund (bei Su Sterru), die Grotta Verde am Capo Caccia und die Höhle Su Palu bei Orosei.

GOLFPLÄTZE

Sardinien hat berühmte Golfplätze, z. B. den **Pevero Golf Club** in Porto Cervo, den der Architekt Robert Trent Jones entwarf. Der 18-Loch-Platz ist für seine internationalen Turniere bekannt.

ANDERE SPORTARTEN

Die Möglichkeiten, auf der Insel Sport zu treiben, beschränken sich nicht auf die Berge und Höhlen im Landesinneren. Den traditionelleren Sportarten wie Tennis, Fußball und Schwimmen kann man in den zahlreichen, über die ganze Insel verstreuten Sportanlagen nachgehen.

Golfplatz in Pevero

AUF EINEN BLICK

REITEN

Associazione Ippica Montalbo
0784-85 41 16.
www.posadacavallo.it

Centro Sportivo Le Dune
Loc. Porto Pollo (Palau).
0789-70 41 53.

Idee Natura in Sardegna
Capoterra, Cagliari
070-71 12 12.
www.ideenaturainsardegna.it

Cooperativa Goloritze
Ogliastra.
368-702 89 80.
www.coopgoloritze.com

WANDERN

Barbagia Insolita
Oliena. 0784-28 60 05.
www.barbagiainsolita.it

Club Alpino Italiano
Cagliari. 070-66 78 77.
www.caica.sardegna.it

Compagnia dell'Avventura
Cannigione.
0789-862 53.

Cooperativa Ghivine
Dorgali. 0789-967 21.

Cooperativa Goloritze
(siehe Reiten).

Cooperativa Turistica Enis
Oliena. 0784-28 83 63.

Keya
Orosei.
348-653 682/683.
www.keya-sardegna.it

Nuovi Equilibri
338 132 61 56.
www.nuoviequilibri.com

Scoprisardegna
Porto Torres.
328-456 46 82.
www.scoprisardegna.com

Terranova Escursioni
Olbia. 328 739 45 26.
www.terranovaescursioni.it

Terre Protette
Roma.
069-784 17 75.

Zente
Dorgali.
349-666 22 64.
www.zente.it

HÖHLEN-ERKUNDUNG

Federazione Speleologica Sarda
Via De Magistris, Cagliari.
070-27 23 31.
www.sardegnaspeleo.it

Società Speleologica Italiana
Via Zamboni 61, Bologna.
051-25 00 49.
www.speleo.it

GOLFPLÄTZE

Villaggio Arbatax
0782-66 835.

Is Molas Golf Club
Pula. 070-924 10 13.

Pevero Golf Club
Porto Cervo.
0789-95 80 20.
www.golfclubpevero.com

REISEINFORMATIONEN

Sardinien wird von mehreren Fluggesellschaften, z. B. von der sardischen Meridiana und von Alitalia, angeflogen. Im Sommer kommen viele Charterflüge hinzu, oft sehr günstig oder als Teil von Pauschalreisen. Die Anzahl der Flüge richtet sich nach der Saison: Im Sommer gibt es mehr Charter- und Direktflüge. Sollten keine Direktflüge oder geeigneten Anschlüsse zur Verfügung stehen, bieten Alitalia und Meridiana das ganze Jahr über regelmäßige Inlandsflüge vom Festland aus an. Die Insel ist darüber hinaus mit dem Festland durch regelmäßig verkehrende Auto- und Personenfähren verbunden. Langsamere Schiffe mit einer langen Überfahrt bieten Kojen für die Übernachtung, die schnelleren und teureren Fähren benötigen nur die halbe Reisezeit. In der Hauptsaison, also im Juli und August, ist es nicht leicht, einen Platz auf einer Fähre – besonders für Autos – zu finden. Reservieren Sie deshalb immer rechtzeitig im Voraus.

Flugzeug der Meridiana

ANREISE MIT DEM FLUGZEUG

Die Hauptflughäfen **Elmas** (Cagliari), **Fertilia** (Alghero) und **Olbia-Costa Smeralda** liegen nicht weit von den Stadtzentren entfernt. Mit dem Taxi oder öffentlichen Verkehrsmitteln gelangt man schnell in die Städte. In Alghero etwa fährt ein mit dem Flugplan abgestimmter Bus vom Flughafen ins Zentrum (Informationen unter 079-95 04 58), im Sommer verbindet zudem ein Busdienst den Flughafen von Olbia mit den Orten der Costa Smeralda.

Alitalia und die sardische **Meridiana** fliegen Cagliari und Olbia von vielen italienischen Flughäfen aus an und bieten so auch Verbindung zu den wichtigsten Städten Europas. Gleiches gilt für **Air One** und **Air Dolomiti**, in der Regel mit Zubringerflug durch Alitalia über Rom oder Mailand. Die Chartergesellschaften hingegen fliegen während der Hauptreisezeit im Sommer Sardinien oft direkt an.

Alitalia fliegt Sardinien sommers wie winters täglich an. Der Flug dauert mit Umsteigen von Frankfurt aus drei, von München und Wien jeweils dreieinhalb Stunden. Von Hamburg und Zürich aus benötigen Reisende rund vier Stunden bis nach Sardinien.

Autofähre der Sardinia Ferries

TICKETS UND PREISE

Es lohnt sich auf jeden Fall, in Zeitungen und im Internet nach Angeboten und Anzeigen zu Sonderangeboten für Charterreisen und Linienflüge Ausschau zu halten. Die

Olbias Flughafen bedient den Osten und die Costa Smeralda

REISEINFORMATIONEN

Autofähre der Tirrenia

Preise variieren stark im Lauf eines Jahres – am teuersten ist es im Sommer, zu Weihnachten und in den Osterferien. In der Nebensaison bietet etwa **Air One** eine Reihe günstiger Flüge (meist über Rom) an.

FÄHRVERBINDUNGEN

Nach Sardinien gelangt man vom italienischen Festland aus problemlos mit Fähren. Die Fährhäfen haben darüber hinaus auch Zuganbindung. Die Überfahrt kann lange dauern (bis zu 16 Stunden von Neapel nach Cagliari, sieben von Civitavecchia nach Olbia). Deutlich schneller fahren die modernen, aber teureren Fähren. Bei Fahrten über Nacht kann man eine Kabine reservieren.

Von Civitavecchia, Fiumicino, Neapel, Genua, Livorno, Palermo und Trapani legen Fähren zu den wichtigsten Urlaubshäfen Sardiniens ab: Arbatax, Cagliari, Olbia, Golfo Aranci, Palau und Porto Torres. **Sardinia Ferries** verbindet Livorno und Civitavecchia mit Golfo Aranci in lediglich etwas mehr als vier Stunden. Einen ähnlichen Service bietet **Tirrenia** zwischen La Spezia bzw. Civitavecchia und Olbia. Diese Routen werden nur während der Sommermonate bedient (meist ab Mitte März).

Weiterhin verkehren in der Hochsaison Fähren von Bonifacio auf Korsika nach Santa Teresa di Gallura sowie zwischen Palau und Porto Vecchio auf Korsika. Die Boote der Fährlinie **Moby** fahren vom italienischen Festland zu dem sardischen Hafen Olbia sowie von Bonifacio (Korsika) und Santa Teresa di Gallura.

PAUSCHALANGEBOTE

Die meisten Reisebüros in Italien sowie im Ausland bieten Ferien auf Sardinien an. Selbstverständlich üben die Küste und das Meer die größte Anziehungskraft aus, aber auch im Landesinneren finden sich viele interessante Urlaubsmöglichkeiten.

Zahlreiche Feriendörfer bieten ihren Gästen eine große Auswahl an Freizeit- und Unterhaltungsmöglichkeiten und Sporteinrichtungen. Besonders beliebt sind beispielsweise Tauchlehrgänge, Windsurfing- und Segelkurse sowie Reitstunden.

Bunt bemaltes Schiff der Fährlinie Moby

AUF EINEN BLICK

FLUGLINIEN

Alitalia
06 2222
(24 Stunden).

Flughafen Elmas, Cagliari
070-24 00 79.

Flughafen Fertilia, Alghero
079-93 50 33/7.

in Deutschland
01805-07 47 47.

in Österreich
01-505 17 07.

in der Schweiz
0848-48 64 86.
www.alitalia.it

Meridiana
Reservierung in Italien
89 29 28.

aus dem Ausland
0039-0789-526 00.

Flughafen Elmas, Cagliari
070-24 01 69.

Flughafen Costa Smeralda, Olbia
078-956 34 44.

Rom
06-47 80 42 22.

Mailand
02 74 85 22 00 oder 02 58 49 73 33.
www.meridiana.it

Air One
Reservierung in Italien
199 20 70 80.

aus dem Ausland
0039-06-48 88 00 69.
www.flyairone.it

Air Dolomiti
(0039) 045-288 61 40.
www.airdolomiti.it

FÄHRLINIEN

Grandi Navi Veloci
Information/Reservierung
899 19 90 69.

Olbia 0709 20 01 26.
Porto Torres 079-51 60 34.
Genua 010 20 94 51.
www.gnv.it

Moby
Mailand 02-86 52 31.
Olbia 078-92 79 27.
Cagliari 070-65 53 59.
Rom 06-42 01 14 55.
www.moby.it

Corsica Sardinia Ferries
Information/Reservierung
199 40 05 00.
www.corsicaferries.com

Tirrenia
Information/Reservierung
199 12 31 99 oder
081-317 29 99.

Cagliari 070-65 46 64.
Olbia 0789-20 71 09.
Porto Torres
079-51 41 07/8.
www.tirrenia.it

EISENBAHN

Ferrovie dello Stato
89 20 21.
www.trenitalia.it

Unterwegs auf Sardinien

Viele Straßen auf Sardinien sind eine zahllose Folge von Kurven und engen Kehren: ermüdend, wenn man in Eile, unterhaltsam, wenn man im Urlaub ist und in Ruhe die Landschaft betrachten kann. Mit Ausnahme einiger Hauptstraßen wie etwa der SS131, die die vier Ecken der Insel miteinander verbindet, schlängeln sich die Straßen über Berge und durch Ebenen, sodass Sie – obwohl es keinen starken Verkehr außerhalb der Städte gibt – immer viel Zeit einplanen sollten. Andererseits sind die leeren Straßen perfekt für Radfahrer.

90 km/h auf Landstraßen und 130 km/h auf der Autobahn. Auf Autobahnen ist auch bei Tag Abblendlicht vorgeschrieben, für den Fahrer muss eine Warnweste mitgeführt werden. Es besteht Anschnallpflicht für Autoinsassen und Helmpflicht für Moped- und Motorradfahrer. Die Promillegrenze liegt bei 0,5 Prozent. **Die ADAC-Notrufnummer:** 03 92 10 41.

MIT DEM AUTO UNTERWEGS

Angesichts des unzureichenden öffentlichen Verkehrssystems und der herrlichen Natur erkundet man die Insel am besten mit dem Auto.

Schafherden versperren oft Nebenstraßen, was die Reisezeit verlängert. Straßenschilder sind nicht immer deutlich und fehlen vielleicht ausgerechnet dann, wenn Sie sie am dringendsten benötigen. In einem solchen Fall fragen Sie am besten – die Sarden sind höflich und helfen gern. Ein weiteres Problem ist die Benzinversorgung, denn im Landesinneren gibt es wenige Tankstellen. Auch werden Sie besonders in abgelegenen Gegenden oft auf Schotterpisten treffen, die hier poetisch »Straßen mit natürlichem Belag« heißen.

Unerlässlich: eine gute, aktuelle Karte. Eine der besten (Maßstab 1:200 000) gibt der Touring Club Italiano heraus. Führen Sie Ihre Fahrzeug- und Ausweispapiere sowie den Führerschein immer mit sich, da die Polizei auf der Insel häufig Verkehrskontrollen durchführt.

Eine Schafherde blockiert die Straße

MIETWAGEN

Die meisten internationalen Autovermietungen unterhalten Filialen in den wichtigen Hafenstädten (Olbia, Cagliari und Porto Torres) und an den Flughäfen Elmas (Cagliari), Olbia-Costa Smeralda und Fertilia (Alghero). Kunden der Fluggesellschaft Meridiana erhalten bei Hertz Ermäßigungen. Am günstigsten sind meist die sogenannten Fly-&-Drive-Angebote.

VERKEHRSREGELN

Die Geschwindigkeitsbeschränkungen sind 50 km/h in Ortschaften,

BOOTSVERLEIH

In vielen Häfen kann man Yachten einen oder mehrere Tage mit und ohne Crew chartern. Mit einem Boot können Sie die Insel fernab der belebten Ferienorte erleben. Informationen erhalten Sie von den Hafenämtern oder direkt von den Bootseignern.

FAHRRÄDER UND MOUNTAINBIKES

Die ruhigen Straßen an der Küste und durch das wunderschöne Landesinnere sind ideal für Radausflüge, anstrengende Mountainbike-Touren führen durch die Berge. Fremdenverkehrsbüros machen Vorschläge für Radtouren, Verbände informieren über Mountainbike-Routen abseits der Straßen. Achten Sie auf auffällige Kleidung!

MIT DEM ZUG UNTERWEGS

Das Schienennetz auf Sardinien ist durchaus effizient. Mehrmals am Tag fahren Züge von Cagliari nach Sassari, Porto Torres und Olbia, die Fahrtdauer beträgt rund vier Stunden. In Bau ist derzeit ein Hochgeschwindigkeitszug,

Eine der vielen auf Sardinien vertretenen Autoverleihfirmen

Radtour durch die Olivenhaine bei Sassari

der die Reisedauer auf zwei Stunden reduzieren soll.

Auch die Regionalzüge der Strecke Cagliari–Iglesias–Oristano verkehren regelmäßig, ebenso der Zug zwischen Alghero und Sassari. Die einfache Fahrt von Cagliari nach Olbia in der 2. Klasse kostet 16,05 Euro.

Die sardischen Schmalspurbahnen sind eher Urlauberattraktion als Transportmittel. Für schnelles Reisen von Ort zu Ort sind sie ungeeignet. Bei einer Zugfahrt im Stil des 19. Jahrhunderts kann man zwischen Cagliari und Sorgono *(siehe S. 109)* auf vergnügliche, entspannende Art die Insellandschaft betrachten, die seit Jahrhunderten Reisende und Fotografen fasziniert.

Im Frühling organisieren die **Ferrovie della Sardegna** (Sardische Eisenbahn) regelmäßig reizende Fahrten im Trenino Verde *(siehe S. 92f)* von Cagliari nach Mandas und Seui. Dampfloks aus den 1930er Jahren ziehen Waggons von 1913.

MIT DEM BUS UNTERWEGS

Das Busnetz der Azienda Regionale Sarda Trasporti (ARST) bedient alle Städte und Ferienorte. Zwischen 1. Juni und 30. September gibt die ARST für nicht auf Sardinien Ansässige den für alle ARST-Busse gültigen Touristenpass *biglietto turistico* heraus. Der Pass ist ab dem ersten Nutzungstag sieben, 14, 21 oder 28 Tage gültig.

Andere Busunternehmen sind in einzelnen Städten oder Provinzen tätig. Karten erhält man an Busbahnhöfen, Zeitungskiosken und in Tabakläden. Informationen erteilen die örtlichen Fremdenverkehrsbüros.

Schmalspurbahn Trenino Verde

AUF EINEN BLICK

MIETWAGEN

Avis
199 10 01 33.
www.avis.com

Europcar
199 30 70 30.
www.europcar.com

Hertz
199 11 22 11.
www.hertz.com

Maggiore
199 15 11 20.
www.maggiore.it

FAHRRÄDER UND MOUNTAINBIKES

Bike Club Sardegna
Cagliari.
328 976 68 45.
www.bikesardegna.it

Dolcevita Bike Tours
Pula. 070-920 98 85.
www.dolcevitabiketours.com

Federazione Ciclista Italiana
070-66 32 43.
www.federciclismo.it/sardegna

Mountainbike Club Taxus Baccata
Gonnasfanadiga.
070-979 98 64.
www.taxusbaccata.too.it

Mountain Bike Porto Conte Escursioni
Alghero.
079-200 90 72.
www.mtbportoconte.it

Team Spakkaruote
Carbonia.
www.spakkaruote.it

ZUGREISEN

Ferrovie della Sardegna
Via Cuqia 1,
Cagliari.
070-34 23 41.
www.ferroviesardegna.it

Trenitalia
89 20 21
(24 Stunden);
199 30 30 60
(behinderte Reisende).
www.trenitalia.it

ARST-INFORMATIONSBÜROS

800 86 50 42.
www.arst.sardegna.it
Cagliari
070-409 83 24.
Guspini
070-97 02 36.
Lanusei
078-24 02 92.
Nuoro
078-429 50 38.
Olbia
078-955 30 00.
Oristano
078-37 17 76.
Sassari
079-263 92 00.

Textregister

Fett gedruckte Seitenzahlen verweisen auf den Haupteintrag.

A

Abbasanta 24, **125**
　Plateau 124
Abini
　Bronzefigurinen 33
　Nuragher-Siedlung 33
　Tempel (Teti) 58
Acciaro (Laden, Porto Torres) 189
ADAC 204
Adelasia di Torres 152
Aga Khan, Karim IV. 44, 139, **144**, 149
Aggius 139, **152**
Agriturismo Costiolu (*agriturismo*) 171
Agriturismo Li Scopi (*agriturismo*) 171
Agriturismo und *Agriturismo*-Verbände **170**, 171
Air Sub Service Villasimius 199
Aktivurlaub 200f
Ala dei Sardi **154**
Alberoni, Giulio 39
Ales **137**
Alfons von Aragón 37, 38
Alghero 20, 27, 37, 38, **116–119**
　Detailkarte 116f
　Hotels 176
　Restaurants 186
Alitalia 202, 203
　siehe auch Fluglinien; Flugreisen
American Express 196, 197
America's Cup 45, 149
Amsicora 129
Angeln 165, 199
Angioy, Giovanni Maria 160
Anselmo da Como 125
Anthias 199
Antiquarium (Abbasanta) 125
Antiquarium Arborense (Oristano) 135
　Collezione Archeologica Efisio Pischedda 135
Antiquarium Turritano 120
Antonioni, Michelangelo 149
Apotheken 196
Aqua Diving Center Puntaldia 199
Aquae Neapolitanae 63
Araber 31, 36
Aragonier 36, 38, 56, 152
Arbatax 20, 77, 78, **81**
　Restaurants 185
Arborea 36, **136**
　Herrscher 38
　Hotels 176
Arbus **67**
　Hotels 174
Archäologie 24f, 32–35, 54, 58, 62–65, 71, 74f, 84, 98, 104f, 107, 114, 120, 125, 129, 132f, 136f, 142, 145, 148, 151, 154f, 163
Arcobaleno (Campingplatz) 171
Arcu 'e Tidu 75
Ardara 48, 156
Area Mare Diving 199
Argentiera **121**
Aritzo **110**
　Gefängnis 110
　Hotels 175
Artaldo di Alagon 101
Arzachena **145**
　Restaurants 187
Arzachena-Kultur 145
Arzana 82
Asinara *siehe* Inseln
Associazione Ippica Montalbo 201
Associazione Italiana Kayak da mare (Cagliari) 199
Associazione Italiana Paesi Dipinti 106
Atilia Pomptilla 58
Augusto, Bartolomeo 162
Aula Capitolare (Cagliari, Kathedrale) 55
Autonome di Soggiorno (Fremdenverkehrsbüros) 194, 195
Azienda Attilio Contini (Cabras) 189
Azienda Autonome di Soggiorno (Fremdenverkehrsbüros) 194, 195
Azienda di Lucia Sotgiu (*agriturismo*) 171
Azienda Regionale Sarda Trasporti (ARST) (Busunternehmen) 205
Azzurra 45, 149

B

Baia Blu La Tortuga (Campingplatz) 171
Baia Chia 20, **74**
Banditentum 44
Banditi a Orgòsolo (Vittorio de Seta) 44, 106
Banken 197
Barbagia 34, 48, 75, 79, 92, **95**, 110
Barbagia Insolita (Touren) 201
Bari Sardo 89
　Hotels 175
Barison I. von Arborea 36
Baronie 77
Barumini 64
Bastione San Remy (Cagliari) **54**, 57
Baunei 80, 82, 201
　Restaurants 185
Behinderte Reisende 195
　in Restaurants 179
Belvi 109, **110**
Benedikt VIII., Papst 37
Berchidda **152**
Bergbau 27, 42, 43, 44, 66f, 121
Berge
　Altopiano di Abbasanta 137
　Altopiano di Pranemuru 91
　Altura di Su Monte 124
　Arci 32, 113
　Arcosu 22, 54
　Arcuentu 67
　Cime dei Sette Fratelli 54
　Gennargentu 17, 22, 26, 95, 96, 102
　Gonare 102
　Guardia Vecchia 147, 148
　Linas 67
　Monte Albo **86f**, 88
　Monte Altura 144
　Monte Arci 32, 137
　Monte Arcosu 73
　Monte Azzarina 152
　Monte Bardia 84

Monte Corrasi 102
Monte d'Accoddi 32
Monte di Tiscali 80, 105
Monte Fumai 107
Monte Granatico 72
Monte Limbara 22, 151, 152
Monte Novo San Giovanni 106, 107
Monte Ortobene 96, 98, **99**, 102
Monte Rasu 100
Monte Sirai 71
Monte Teialone 147, 148
Monte Tinnari 165
Monte Tiscali 80
Monte Tuttavista 87
Monti di Ala 153
Montiferru 26, 128f
Nai 69
Narba 90
Rasu 100
S'Asisorgiu 101
Supramonte, Bergkette 26, 83, 96, 103, 200
Tuttavista 87
Bergregion und Barbagia **94–111**
Hotels 175f
Regionalkarte 96f
Restaurants 185f
Unterwegs 97
Bergsteigen **200**, 201
Bergwacht 197
Berlinguer, Enrico 44, 160
Bertolini, Paolo 153
Bia Maiore siehe Straßen und Avenuen
Bike Club Sardegna 205
Bilevelt, Giovanni 163
Bithia 34, 74
Bitti 26, 86, 96, **100**
Bonarcado 27
Bonifacio 145
siehe auch Meerenge von Bonifacio
Bonifaz VIII., Papst 36
Bono **100**
Bonu Ighinu 32
Bonu-Ighinu-Kultur 32, 155
Bootsverleih 204
Bosa 20, 113, **126f**
Hotels 176
Restaurants 186

Bosa Marina 127
Botschaften 195
Brandschutzregeln 196
Brigata Sassari **42**
Budduso **152f**, 154
Buggerru 48, **68**
Mine 43
Buggerru (Laden, Alghero) 189
Bultei 33
Burcei 27, 75
Burgen
Castello Aymerich (Laconi) 108
Castello della Fava (Posada) 77, 88
Castello di Burgos 100
Castello di Cagliari 37, 41
Castello di Castelsardo 37, 164
Castello di Eleonora d'Arborea (Sanluri) 62
Castello di Medusa (Tortoli) 93
Castello di Monreale 63
Castello di Montacuto (Berchidda) 152
Castello di Quirra (Muravera) 90
Castello di Salvaterra 69
Castello Malaspina (Bosa) 37, 126
Castello Sabaudo (Sant'Antioco) 72
Castellum acquae (Tharros) 133
Olomene 155
Burgos 100
Wald 100f
Busiri Vici, Giancarlo und Michele 143
Busreisen 205
Butule 155
Byzantiner 31
Byzanz 36

C
Cabras 130
Marschgebiet 43
Restaurants 186
Cabras (Laden, Alghero) 189
Cagliari 26, 36, 52, **54–61**
Detailkarte: Castello 56f

Hotels 174
Restaurants 184
Unterirdisches Cagliari 59
Zentrumskarte 55
Cagliari und Süden 10, **50–75**
Hotels 174
Regionalkarte 52f
Restaurants 184
Unterwegs 53
Cala Domestica 68
Cala Fico 51, 70
Cala Fiorita (Campingplatz) 171
Cala Gonone 81
Cala Gonone (Campingplatz) 171
Cala Moresca (Urlaubsort) 81
Calangianus **150**
Calasetta 51, **71**
Restaurants 184
Campidano 22, 51, 134
Ebene 62f
Camping Torre Chia 171
Camping und Campingplätze **169**, 171, 197
Campu Omo 75
Cantina Piero Mancini (Laden, Olbia) 189
Cantina Sociale della Vernaccia 130, 183
Cantina Sociale (Laden, Cagliari) 189
Canto a Tenores 17
Capichera 145
Capo Bellavista 81
Capo Caccia 20, **122f**
Capo Carbonara 90, 91
Capo Coda Cavallo 153
Capo Comino 88
Capo di Pula 74
Capo d'Orso 139, 144
Capo Falcone 37, 120
Capo Ferrato 90
Capo Pecora 68
Capo San Marco 132
Capo Sandalo 70
Capo Sant'Elia siehe Küsten
Capo Spartivento 70, 74
Capo Testa 139, 145
Capoterra 73
Cappella del Rimedio (Oristano) 134

Caprera siehe Inseln
Caprera, Centro Velico 149
Capula, Giovanni 56f
Carabinieri (Polizei) 197
Carbia 119
Carbonia 42, **71**
Cardu, Stefano 58
Carlo Alberto, König 153
Carlo Emanuele III. 40, 70
  Denkmal 41
Carlo Emanuele IV. 40
Carlo Felice 40, 41
Carlo Felice, Strada Statale
  (SS131; Macomer) 124
Carloforte 71
Carloforte Yacht Club 199
Carta de Logu 36, 135
Casa Bianca (Caprera) 148
Casa Carta (Sorgono) 108
Casa degli Arangino (Aritzo)
  110
Casa Deriu 126
Casa di Gramsci (Ghilarza)
  125
Casa Doria (Alghero) 119
Casa Madeddu
  (Fordongianus) 137
Cascella, Andrea 143
Cassius Philippus 58
Castelgenovese 116
Castelsardo 26, 116, **164**
Castiadas 90
Cavalcata Sarda (Sassari) **27**
Cavaro, Michele 39, 58
  *Retablo di Nostra Signora
  della Neve* 58
Cavaro, Pietro 135
  *Wundmale des heiligen
  Franziskus* 135
Centro Forme Alghero 189
Centro Sportivo Le Dune 201
Centro Sub Caribù 199
Centro Sub Tavolara 199
Centro Velico (Caprera) 199
Cerasarda (Laden, Olbia) 189
Ceroli, Mario 143
Charterflüge 202
Chia 74
Cicalò, Peppino 201
Cima, Gaetano 108
Circolo Nautico
  Arbatax 199
  Olbia 199
  Oristano 199
Cittadella dei Musei 56, **58**

Club Nautico La Maddalena
  199
Codula di Luna 82, 85
Colba (Bucht) 145
Collinas 63
Colomba Codias (Laden,
  Olbia) 189
Columbaris 129
Compagnia dell'Avventura
  201
Componidori 134
Consorzio Agriturismo di
  Sardegna (Verband der
  agritursimi) 171
Cooperativa Ghivine 201
Cooperativa Goloritze 201
Cooperativa Il Caprifoglio
  (Cagliari) 73
Cooperativa Sant'Antioco 189
Cooperativa Sutrobasciu,
  Oristano 189
Cooperativa Turistica Enis
  201
Cornus 129
  Schlacht von 34
Corsica Sardinia Ferries 203
Cossiga, Francesco 45, 160
Costa Rei 90
Costa Smeralda **138–144**
  Aga Khan 144
  Architektur 143
  Consortio Costa Smeralda
  45, 139, 144
  siehe auch Küsten; Norden
  und Costa Smeralda
Couelle, Jacques 143, 173
Cristo Nero 165
Cucchinadorza, Lago di 107
Cugia, Pasquale 106
Cuglieri **129**
  Hotels 176
Cuisa, Francesco 58
Cumbessias 102, 130
Cuniculariae 146
Curulis Nova 129

D

Dante Alighieri 68
Das Meer und Sardinien
  (D. H. Lawrence) 109
De Andrè, Fabrizio 44
De Mur, Ramon 135
  Retalbo San Martino 135
De Seta, Vittorio 44, 106
Deffenu, Attilio 98

Deledda, Grazia 42, 87, **98**
  Canne al Vento 98
  Cenere 98
  Cosima 98, 99
  Elias Portolu 87, 98
Deroma, Maria Rosaria 154
Deshayes, Vizekönig 102
Desulo 82, **111**
Dieci Giorni Sulcitani
  (Sant'Antioco) **28**
Diners Club 196, 197
Dolcevita Bike Tours 205
Dolmen di Ladas
  (Calangianus) 150, 151
Dolmen di Montiju Coronas
  (Ozieri) 155
Domu 'e Cubas, Römische
  Bäder 131
Domus de janas, Gräber 32,
  33, 71, 73, 163
  Santadi 73
Domus de Maria 74
  Hotels 174
Dorgali 77, 78, 80, 82, **84**, 96
  Restaurants 185
Doria, Familie 116, 124, 152,
  164
Drusus D.J. 35
Dünen
  Is Arenas 66
  Piscinas 66

E

EC-Karte siehe Maestro-Karte
Einkaufen siehe Shopping
Einreise 194
Einwohnerzahl 12
Eisenbahn Cagliari–Sorgono
  43, **109**, 110
  siehe auch Trenino Verde
El Greco 144
Eleonora d'Arborea 36, 62,
  70, 134
Engea Sardegna 128
ENIT (Italienisches
  Fremdenverkehrsamt) 195
Enoteca Cagliaritana
  (Cagliari) 189
Ente Foreste Sardegna
  (Cagliari) 75
Entführungen 44, 45
Enti Provinciali del Turismo
  (EPT) 194
Erster Weltkrieg 42
Escala del Cabirol 123

Essen und Trinken 178–187
  Getränke 179, **182f**
  Kulinarische Feste 179
  Sardische Küche **180f**
  siehe auch Restaurants
Estate Musicale (Alghero) **27**, 119
Euro 197
Europa (Campingplatz) 171
Europcar (Autovermietung) 204
Exma (Cagliari) 59

F

Fähren 203
Faradda di li candareri (Alghero) 28, 162
Farradfahren 170, 204, 205
Federazione Ciclista Italiana 205
Federazione Italiana Canoa 199
Federazione Speleologica Sarda 201
Feiertage **29**
Feiertage und Festivals
  Corsa degli Scalzi (San Salvatore) 130, 131
  Dieci Giorni Sulcitani (Sant'Antioco) 28
  Faradda di li candareri (Sassari) 28, 162
  Festa del Redentore (Nuoro) 98
  Festa della Madonna della Neve (Desulo) 28
  Festa della Madonna dello Schiavo (Carloforte) 29
  Festa dell'Annunziata (Bitti) 26
  Festa di Sa Tiva (Macomer) 124
  Festa di San Bachisio (Onani) 27
  Festa di San Cosma (Mamoiada) 29
  Festa di San Giovanni Battista, bekannt als *Su Nenneri* (Bari Sardo) 89
  Festa di San Giuseppe (Nuoro) 98
  Festa di San Salvatore (Nuoro) 98, 131
  Festa di Sant'Antonio Abate (Fluminimaggiore) 29
  Festa di S'Ardia (Sedilo) 124
  Festa Patronale (Isola di Sant'Antioco) 26
  Internationales Folklore-Festival (Tempio Pausania) 27
  Kirschfest (Bonarcado, Burcei, Villacidro) 27
  Kulinarische Feste 179
  Launeddas-Festival (San Vito) 28
  Lunissanti-Prozession 164
  Lussorio (Oliena) 102
  Mauretanische Hochzeit (Santadi) 28, 73
  Pani, Pisci, Pezza e Piricchittus (Quartu) 27
  Pferdefestival (Santu Lussurgiu) 27
  Processione del Redentore (Nuoro) 28, 99
  Processione del Venerdì Santo (Cagliari) 26
  Processione di Sant'Efisio (Cagliari) 26
  Processione S'Incontru (Oliena) **102f**
  Processo a Su Conte 29
  Rassegna di Musica Leggera (Carloforte) 28
  Sa Carrela-Pferderennen (Mamoiada) 103
  Sagra del Riccio di Mare (Alghero) 26
  Sagra del Torrone (Tonara) 27
  Sagra del Vino (Jerzu) 28
  Sagra della Vernaccia (Baratili San Pietro) 28
  Sagra delle Olive (Gonnosfanadiga) 179
  Sagra delle Pesche (San Sperate) 27
  San Leonardo (Villanova Monteleone) 27
  San Quirico 150
  Sant'Antonio Abate (Mamoiada) 102
  Sant'Antonio, San Michele und Sant'Isidoro (Sant'Antonio di Gallura) 150
  Sartiglia (Oristano) 134
  Time in Jazz (Berchidda) 28
  Viehmesse (Ollastra Simaxis) 26
  Wallfahrt zur Madonna di Gonare (Sarule und Orani) 28, 102
Fenu *(agriturismo)* 171
Ferdinand von Aragón 38
Ferien auf dem Bauernhof *siehe* Agriturismo
Ferienanlagen und -dörfer 168, 171, 205
Feronia 88
Ferrovie dello Stato, Autofähren (Cagliari) 203
Fertilia 119
Feuer **196**, 197
Figari, Filippo 54
Filetta-Quelle 150
Fiorentini (Grünzone) 155
Fischerei 165
Flora und Fauna **22f**, 48, 49, 122, 146, 151
  Flamingos 61, 62, **128**
  Gennargentu (Nationalpark) 82f
  Marschen **61**, 153
  Meeresfauna und -flora **18f**
  Piscinas, Dünen 66f
Flughäfen 202
Fluglinien 202, 203
Flugreisen 202, 203
Fluminimaggiore **68**
  Antas-Tempel **68**
  Capo Pecora 68
  Portixeddu-Strand 68
Flüsse und Bäche
  Cedrino 86
  Flumendosa 90, 110
  Flumineddu 80
  Liscia 150
  Mannu 73, 120
  Posada 88
  Rio Abba Mala 127
  Rio Berchida 88
  Rio Cannas 90
  Rio Coghina 165
  Rio Guttureddu 73
  Rio Gutturu Mannu 73
  Rio Pardu 89
  Rio Siniscola 88
  Temo 113, 127
  Tirso 42, 113, 134
  Torrente Olai 107
Fonni 82, 83, 96, **107**
Fontana del Rosello 161

Fordongianus 35, 39, **136f**
Foresta dei Sette Fratelli 75
Foresta di Burgos 101
Foresta di Montarbu 93
Foresta di Montes (Orgosolo) 106, **107**
Fornelli-Gefängnis 121
Forte de la Magdalena (Alghero) 118
Forte dei Colmi (La Maddalena) 148
Forte di San Vittorio (La Maddalena) 148
Fortezza di Santo Stefano 149
Fortezza Vecchia (Villasimius) 91
Forum Traiani 136
Fratelli Manca (Laden, Cabras) 189
Fratelli Rau (Laden, Sassari) 189
Freiklettern 200
Fremdenverkehrsbüros 194f
Frieden von Utrecht 38
Friedrich Barbarossa 37
Friedrich II. 37
Frühling auf Sardinien **26f**
Fungo 145
Funtana Bona 106

G

Gabriel, Peter 16
Gairo 81, **89**
  Bucht 89
  Gairo Vecchia 81
Galerien *siehe* Museen und Sammlungen
Galleria Comunale d'Arte di Cagliari 41, **58**
Gallura 22, 36, 139, 150, 165
Galtelli **87**
Garibaldi, Anita 148
Garibaldi, Giuseppe 40, 41, 118, 146, 147, **148**
Gavoi 96, **106**
  Hotels 175
Geldautomaten 197
Genna 'e Aidu 108
Genna Silana 80
Gennargentu *siehe* Berge
Genua 31
Geschichte Sardiniens 30–45
Getränke **182f**

Ghilarza **125**
Giagu, Salvatore 154
Giara di Gesturi 22, 64
Giardino Montano Linasia 69
Gigantengräber 25, 33, 87
  Coddu Vecchiu 145
  Fontana Morta 108
  Li Lolghi 25
  Sa Ena 'e Thomes 33, 87
  Tomba dei Giganti di Funtana Morta 108
Goceano 100
Gogna, Alessandro 200
  Mezzogiorno di Pietra 200
Goldminen 45
Golf 201
Golfo Aranci **142**
Golfo degli Angeli 54, 60
Golfo del Leone 113
Golfo dell'Asinara 120, 164
Golfo di Cugnana 143
Golfo di Marinella 143
Golfo di Olbia 153
Golfo di Orosei 18, 77, 78
Golgo 81, 201
Gonario di Torres 102
Goni 33
Gorroppu 80, 83, 200
Gramsci, Antonio 42, **125**, 137
  Lettere dal Carcere 125
  L'Ordine Nuovo 125
  Quaderni del Carcere 125
Grazia Deledda 42, 87, **98**
Gregor der Große, Papst 36
Grotten (Grotta …)
  del Bue Marino 81, 85
  della Vipera **58**
  di Nettuno 123
  Gennari 55
  Is Janas (Sadali) 93
  Is Zuddas (Santadi) 73
  Pirosu (Santadi) 73
  Sa Oche 103
  San Michele (Ozieri) 155
  Su Marmuri 89
  Su Palu 85, 201
  Verde 123, 201
Gruppo Speleologico Nuorese 98
Guglielmo di Massa 37
Guiso, Geschlecht 86
Guspini **67**

H

Herbst auf Sardinien **28f**
Hertz (Autovermietung) 204
Hieracon (Hotel, Isola di San Pietro) 174
Höhenerkundung 201
Höhlenforschung 201
Hotels **168–177**
  Bezahlung 169
  Buchung 169
  Extras 169
  Highlights 172f
  Hotelauswahl 174–177
  Kategorien 168
  Luxushotels 172f
  Nebensaison 169
  Preise 169

I

Iddocca 108
Idee Natura in Sardegna 201
Iglesias 26, 68
Iglesiente 42, 51
Il Cavallino *(agriturismo)* 171
Information 194f
Ingurtosu 67
Inseln
  Arcipelago della Maddalena 144, **146–149**
  Asinara 82, 115, 120, **121**
  Budelli 146, 149
  Caprera 40, 139, 147, **148**
  Cavoli 90
  Foradada 114, 122
  Giardinelli 148
  Isola dei Cappuccini 142
  Isola di Lavezzi 146
  La Maddalena 148
  Li Milani 143
  Molara und Molarotto 153
  Monica 145
  Mortorio 139, 143
  Ogliastra 81
  Pelosa 120
  Piana 70, 120
  Rossa 16, 127, 152, **165**
  San Pietro 20, 51, 70, 71
  Sant'Antioco 16, 35, 48, 51, 71, **72**
  Samnto Stefano 149
  Serpentera 90
  Soffi 143
  Spargi 146, 149
  Tabarka 70
  Tavolara 142, **153**

Internet: Sardinien-Infos 194
Is Arenas 66
Is Argiolas 33
Is Fassonis 130, 136
Is Molas Golf Club 201
Isabella I. von Kastilien 38
Isla Diving 199
Isola dei Gabbiani
 (Campingplatz) 171
Isola di San Pietro 70f
 Hotels 174
ISOLA (Istituto Sardo
 Organizzazione Lavoro
 Artigianale) 188, 189
Issohadores (Mamoiada) 29,
 102

J

Jakob II. von Aragón 36, 37
Jerzu 89
Jerzu Antichi Poderi (Laden,
 Jerzu) 189
Jesuitenkolleg (Oliena) 103

K

Kamaldulenser 158
Kanufahren **199**
 Club Oristano 199
Karalis (Cagliari) 34
Karl V. 38, 118
Karneval **29**
Karten
 Bergregion und Barbagia
  96f
 Cagliari und Süden **52f**
 Codula di Luna 85
 Eisenbahn
  Cagliari–Sorgono 109
 Gennargentu, Nationalpark
  82f
 Isola di San Pietro 70f
 Logudoro-Tour 156f
 Monte Albo 86f
 Norden und Costa
  Smeralda **140f**
 Orientale Sarda (SS125) 80f
 Ostküste **78f**, 92f
 Sardinien 12f
 Sassari **161**
 Westküste **114f**
Karthager 34
Karthago 34
Katalonien 16, 116, 118
Kathedralen
 Ales 39
 Alghero **39**
 Bosa 126
 Cagliari **55**, 56
 Oristano 37, 134
 Ozieri 155
 San Pantaleo (Dolianova)
  109
 San Pietro (Ales)
 San Pietro (Bosa) 127
 Santa Chiara (Iglesias) 69
 Santa Giusta 136
 Santa Maria (Alghero) 118
 Santa Maria (Tratalias) 73
 Sant'Antonio Abate
  (Castelsardo) 164
 Sassari 160
 Tempio Pausania 151
 siehe auch Kirchen
Keramik und Töpferei 191
Keya 201
Kinder
 in Restaurants 179
Kirchen
 Babbu Mannu 100
 Beata Vergine Assunta
  (Sardara) 63
 Beata Vergine del
  Monserrato (Bari Sardo)
  89
 Calasetta 71
 Chiesa del Rosario (Orosei)
  86
 Chiesa del Rosario (Sassari)
  162
 Chiesa della Solitudine
  (Nuoro) 99
 Chiesa della Speranza
  (Cagliari) 56
 Chiesa della Trinità
  (La Maddalena) 148
 Chiesa delle Anime
  (Orosei) 86
 Maddalena (Dorgali) 84
 Madonna d'Itria (Dorgali)
  84
 Madonna del Carmelo
  (Desulo) 111
 Nostra Signora del Regno
  (Ardara) 48
 Nostra Signora della
  Solitudine (Nuoro) 99
 Nostra Signora di Castro
  (Oschiri) 157
 Nostra Signora di Gonare
  (Sarule) 102
 Nostra Signora di
  Luogosanto 150
 Nostra Signora di
  Montenero (Nuoro) 99
 Nostra Signora di Regnos
  Altos (Bosa) 127
 Nostra Signora di Tergu 156
 Romanische Kirchen in der
  Region Logudoro 37, 139,
  156f
 San Bartolomeo (Meana
  Sardo) 109
 San Basilio (Ollolai) 101
 San Francesco (Alghero)
  39, 116, **119**
 San Francesco (Iglesias)
  39, 69
 San Francesco (Oristano)
  135
 San Gavino (Gavoi) 106
 San Gavino (Porto Torres)
  37
 San Giacomo (Mandas) 92
 San Giacomo Maggiore
  (Orosei) 86
 San Giorgio di Suelli
  (Urzulei) 80
 San Giorgio Martire (Bitti)
  100
 San Giorgio (Perfugas) 39
 San Giovanni Battista
  (Sedilo) 124
 San Giovanni Battista
  (Siniscola) 88
 San Giovanni (Sinis) 131
 San Gregorio (Sardara) 63
 San Leonardo (Bari Sardo)
  89
 San Leonardo (Santu
  Lussurgiu) 129
 San Lorenzo (Porto
  Rotondo) 143
 San Lussorio
  (Fordongianus) 137
 San Lussorio (Dorgali) 84
 San Mauro (Sorgono) 108
 San Michele (Alghero) 117
 San Michele Arcangelo
  (Bono) 100
 San Michele di Salvenero
  (Ploaghe) 156
 San Nicola (Ottana) 101
 San Nicola (Muravera) 90
 San Nicola di Mira
  (Guspini) 67

Kirchen *(Fortsetzung)*
  San Pantaleo (Dolianova) 109
  San Pantaleo (Macomer) 124
  San Pietro Apostolo (Fordongianus) 137
  San Pietro (Bosa) 127
  San Pietro di Simbranos o. delle Immagini 157
  San Pietro di Zuri 125
  San Pietro (Dorgali) 81
  San Pietro in Silki 162
  San Pietro (Orgosolo) 106
  San Pietro (Suelli) **39**
  San Ponziano 71
  San Salvatore 130
  San Saturnino (Cagliari) 37, **59**, 131
  San Sebastiano (Desulo) 111
  San Simplicio (Olbia) 142
  San Teodoro (Paulilatino) 137
  San Vincenzo (Oristano) 135
  San Vittorio (Santa Teresa di Gallura) 145
  Santa Anastasia (Buddoso) 153
  Santa Caterina (Dorgali) 84
  Santa Caterina (Sassari) 163
  Santa Chiara (Iglesias) 69
  Santa Chiara (Oristano) 135
  Santa Cristina (Abbasanta) 125
  Santa Croce (Macomer) 124
  Santa Croce (Oliena) 103
  Santa Croce (Tempio Pausania) 151
  Santa Giusta (Calangianus) 151
  Santa Lucia (Bitti) 100
  Santa Lucia (Siniscola) 88
  Santa Maria (Cagliari) 55, 56
  Santa Maria (Castelsardo) 165
  Santa Maria (Tratalias) 73
  Santa Maria Cabu Abbas 142
  Santa Maria degli Angeli (Santu Lussurgiu) 128
  Santa Maria del Regno (Ardara) 48, 156
  Santa Maria della Neve (Cuglieri) 129
  Santa Maria della Neve (Nuoro) 98
  Santa Maria di Betlem (Sassari) 162
  Santa Maria 'e Mare (Orosei) 86f
  Santa Maria is Acquas (Sardara) 63
  Santa Maria Maddalena (La Maddalena) 148
  Sant'Agata (Quartu Sant'Elena) 75
  Sant'Anania (Orgosolo) 106
  Sant'Antioco 72
  Sant'Antioco di Bisarcio (Ozieri) 157
  Sant'Antioco (Gavoi) 106
  Sant'Antonio Abate (Desulo) 111
  Sant'Antonio Abate (Orosei) 86
  Sant'Antonio Abate (Sassari) 162
  Sant'Antonio (Perdasdefogu) 91
  Sant'Atanasia (Buddoso) 153
  Sant'Efisio (Nora) 75
  Sant'Ignazio (Oliena) 103
  Santissima Trinità di Saccargia 37, 139, 156, **158f**
  Santissimo Crozifisso (Galtelli) 87
  Santo Stefano (Bitti) 100
  Santo Stefano (Monteleone Rocca Doria) 124
  Santuario della Madonna del Rimedio (Orosei) 86
  Santuario della Madonna di Loreto (Ozieri) 155
  Santuario della Madonna d'Itria (Mamoiada) 103
  Santuario dell'Annunziata (Lode) 86
  Santuario di Nostra Signora di Gonare (Sarule) 102
  Santuario di San Cosimo (Mamoiada) 103
  Santuario di San Francesco (Lula) 87
  Santuario di San Mauro (Sorgono) 108
  Santuario di San Pietro l'Eremita (Ala dei Sardi) 154
  Santuario di Santu Antine (Sedilo) 27, 124
  Stella Maris (Porto Cervo) 144
Klettern 200
Königreich Sardinien 40
Konstantin, Kaiser 25
Konsulate 195
Korinthische Säulen (Tharros) 133
Kork **151**, 154, 191
Kormoran 61, 146
Korsika 35, 145, 146
Kreditkarten 196, 197
Kunsthandwerk 151
  Läden 188f
  Souvenirs 190f
Küsten **20f**
  Arbatax 21
  Bithia 31
  Cagliari 31
  Capo Caccia 20, 114, 119, **122f**
  Capo Carbonara 90
  Capo Falcone 120
  Capo Ferrato 90
  Capo Pecora 67, 68
  Capo Testa 49
  Costa di Masua 69
  Costa Smeralda 21, 44, 48, 49, 143, **144**
  Costa Verde 67
  Masua 17, **69**
  Nebida 17
  Nora 31
  Piscinas 20
  Tharros 31
  siehe auch Strände

L

La Caletta (Campingplatz) 171
La Maddalena 19, 146, **148**
  Hotels 176
  Restaurants 187
La Marmora, Alberto 41, 122
  Reise nach Sardinien 41
La Marmora, Mine 69
La Punta 70
La Traversa 87
Laconi 41, **108**
L'Agnata *(agriturismo)* 171
Lago di Gusana 107

Laguna di Mistras 130
Laguna di Santa Gilla 54
Lai, Luigi 90
Lanaittu, Valle di 103
Lanusei **88f**, 93
L'Argonauta Diving Center 199
Las Plassas 53
Launeddas 16, **90**
Lawrence, D. H. 109
  Das Meer und Sardinien 109
Le Querce *(agriturismo)* 171
Ledda, Gavino 45
Li Longhi 25
Limoni Beach Camping 171
Lipu 128
Liscia Ruja 173
Liscia-Stausee 150
L'Isuledda (Campingplatz) 171
Lode 86
Logudoro 48, 156–159
Lu Striglioni *(agriturismo)*, 171
Lula 87
Lungomare Cristoforo Colombo (Alghero) 118
Lungomare Dante (Alghero) 118
Lungomare Marco Polo (Alghero) 118
Lunissanti 164
Luogosanto 145, **150**
Luras 33, 151
Lussu, Emilio **42**
  Un'anno sull'altopiano 42

M

Macchia 23
Macchiareddu, Salzmarsch 60
Macomer 33, **124**
  Schlacht von 101
  See 96
Maddalena, Arcipelago della 146–149
Maestro di Ozieri 155
Maestro di Sanluri 58
  Retablo di Sant'Eligio 58
Maestro Salis 128
Maestro-Karte 196, 197
Maggiore (Autovermietung) 204

Mainas, Antioco 135
  Retablo della Madonna dei Consiglieri 135
Malaspina 152
Malteserorden 129
Mamoiada 96, **102f**
Mamone 153
Mamuthones (Mamoiada) 28, 29, 102f
Mandas 92
Marangoni 146
Marceddi 136
Marghinotti, Giovanni 54
Mariano di Torres 134
Mariano II. d'Arborea 134
Mariano IV. d'Arborea 36, 100, 101, 125, 134
Marina di Arbus 67
Marmilla 63, 137
Marquise d'Acrisia 135
Marschen, Marsch- und Salzseen 60f
  Cagliari 60f
  Mar'e Pontis 130
  Molentargius 60, 61
  Notteri 90
  San Teodoro 153
  Santa Gilla 60
  Su Petrusu 87
Martin, Raimond 143
MasterCard 196, 197
Mastrella, Leopoldo 143
Mastro Guglielmo 55
Masua 17, 69
Mates, Juan 58
  Retablo dell'Annunciazione 58
Meana Sardo 109
Medizinische Versorgung 196
Meerenge von Bonifacio **18**, 139, 146, 149
Meeresfauna und -flora 18f
Melis, Melkiorre 126
Mendrolisai 108
Mercato San Benedetto (Cagliari) 189
Meridiana (Fluggesellschaft) 202, 203
Messen und Märkte
  Fiera dei Prodotti Tipici Artigiani (Kunsthandwerk, Goceano) 100
  Kunsthandwerksmesse (Villanova Monteleone) **27**
  Santa Lucia (Serri) **29**

Teppichmesse (Mogoro) **27**
  siehe auch Feiertage und Festivals
Messerherstellung (Pattada) 154
Mietwagen 204, 205
Minen
  Buggero 43
  Guspini 67
  La Marmora 69
  Malfidano 69
  Monte Narba 90
  Monteponi 42, 69
  Montevecchio 67
  Piscinas 66
  San Giovanni 69
  Sulcis 69
Moby 203
Modolo 127
Mogoro 27
Monte d'Accoddi *siehe* Berge
Montecani 68
Monteleone Rocca Doria **124**
Montiju Coronas 155
Mossa, Antonio Simon 99, 143
Motorrad 170
Mountainbike Club Taxus Baccata 205
Mufflon 22, 49, 82, 153
Multeddu 165
Murales **106**
Muravera 77, **90**
Muristenes 137
Muru, Giovanni 156
Museen und Sammlungen
  Eintrittspreise 195
  Öffnungszeiten 195
  Casa Museo Sa Dom'e Farra (Quartu Sant'Elena) 75
  Cittadella dei Musei (Cagliari) 56, 58
  Civico Museo Speleo-Archeologico (Nuoro) 98
  Collezione Archeologica Efisio Pischedda 135
  Compendio Garibaldino (Caprera) 148, 149
  Galleria Comunale d'Arte (Cagliari) 58
  Museo Archeologico (Carbonia) 71
  Museo Archeologico Comprensoriale (Teti) 107

Museen und Sammlungen
(Fortsetzung)
Museo Archeologico di
Dorgali 84
Museo Archeologico
(Laconi) 108
Museo Archeologico
(Ozieri) 155
Museo Archeologico
(Sant'Antioco) 72
Museo Archeologico
(Villanovaforru) 63
Museo Archeologico
Navale »Nino Lamboglia«
(La Maddalena) 148, 149
Museo Archeologico
Nazionale di Cagliari 33,
35, **58**, 104, 107, 133
Museo Archeologico
Nazionale »G. A. Sanna«
(Sassari) 163
Museo Archeologico
Patroni (Nora) 75
Museo Capitolare (Cagliari)
55
Museo Casa Natura
(Iglesias) 69
Museo Civico Archeologico
Villa Sulcis 71
Museo Civico Archeologico
(Villanovaforru) 63
Museo Civico d'Arte
Orientale Stefano Cardu
(Cagliari) 58
Museo Deleddiano
(Nuoro) 98
Museo del Carbone
(Carbonia) 71
Museo della Ceroplastica
(Sanluri) 62
Museo della Tecnologia
Contadina (Santu
Lussurgiu) 128
Museo delle Tradizioni
Sarde (Desulo) 99
Museo dell'Intreccio
(Castelsardo) 164
Museo di Santu Lussurgiu
114
Museo di Scienze Naturali
(Belvi) 109, 110
Museo Etnografico di
Nuoro 16, **99**
Museo Etnografico Sa
Domu Antigua (Tratalias) 73

Museo Etnografico
(Sant'Antioco) 72, 73
Museo Martel (Carbonia) 71
Museo Risorgimentale
Duca d'Aosta (Sanluri) 62
Museo Siamese Cardu
(Cagliari) 58
Museo Storico Etnografico
dei Cappuccini (Sanluri) 62
Pinacoteca Civica (Bosa)
126
Pinacoteca Nazionale
(Cagliari) 58
Musik 90
Musio, Gianni 75
Mussolini, Benito 43, 51, 71
Mussolinia 136
Mysterienspiele 26

N
Napoléon 40
Naturschutzgebiete *siehe*
  Parks und Naturschutz-
  gebiete
Nave di Spargi 148
Nebida 17, 69
Nekropolen
  Anghelu Ruju (Alghero)
  119
  Li Muri (Arzachena) 145
  Montessu (Santadi) 33, **73**
  Sant'Antioco 72, 73
  San Pantaleo (Ozieri) 155
  Sas Concas (Nuoro) **99**
  Su Motti 91
  Tuvixeddu (Cagliari) **58**
Nelson, Horatio 148
Niederschläge 28
Nora 34, 35, 48, 51, **74f**
  Ruinen 75
Norden und Costa Smeralda
11, **138–165**, 172
  Hotels 176f
  Regionalkarte 140f
  Restaurants 187
  Unterwegs 141
Notrufnummern 197
Nougat **111**
Nuoro 42, 79, 96, **98f**
  Hotels 175
  Restaurants 185
Nuovi Equilibri 201
Nuraghen und nuraghische
Dörfer **24, 25**
  Albucciu 145

Antas-Tempel 68
Arrubiu (Orroli) 24, 25, **91**,
92, 108
Baboe Cabitza (Tharros)
132
Cabu Abbas 142
Conca Umosa (Siniscola)
88
Genna Maria 63
Gigantengräber 25
Iselle (Buddusò) 153
Izzana (Aggius) 152
Loelle (Buddusò) 153
Losa **24, 125**
Losa di Abbasanta **24**, 31,
125
Macomer 33
Maiori (Tempio Pausania)
25, 151
Palmavera (Alghero) 119
Perda Fitta (Sedilo) 124
Rempellos (Siniscola) 88
Ruju (Ala dei Sardi) 154
Santa Barbara 124
Santa Cristina 125, 137
Santu Antine 25, 31
Santu Antine di Torralba 24
Santuario Nuragico di
Santa Vittoria (Serri) 24, 62
Santuario Prenuragico di
Monte d'Accoddi 120
Sant'Urbale (Teti) 107
Seddaz Moddizzia
(Iglesias) 69
Serra Orrios 33, 84
Solluli 85
Su Nuraxi di Barumini **24**,
31, 33, 48, 51, **64f**
Su Putzu (Orroli) 91
Talei (Sorgono) 108
Tiscali 84, **104f**
Nurapolis (Campingplatz) 171

O
Ogliastra 77, 79, 81, 89, 91
Olbia 20, 34, **142**
  Restaurants 187
Oliena 26, 82, 96, **103**
  Hotels 176
  Restaurants 185f
Ollastra Simaxis 26
Ollolai **101**
Omodeo-Stausee 42, 43, 96,
124
Onani 26, 28

Oratorio del Rosario
(Tempio Pausania) 151
Oratorio della Madonna del
Rosario (Ales) 137
Orgosolo 44, 96, 82, **106**
Orientale Sarda 80f
Oristano 20, 68, **134f**
  Hotels 176
  Markgrafschaft 38
  Restaurants 186
  Zentrumskarte 135
Orosei 20, 77, **86f**
  Golf von 17, 18, 19, 21, 103
  Hotels 175
  Restaurants 185
Orroli 48, 78, **91**, 92
Orso Diving Club,
  Porto Cervo 199
Orto Botanico (Cagliari) **55**
Orune 100
Ostia Antica 120
Ostküste 10, **76–93**
  Hotels 175
  Regionalkarte 78f
  Restaurants 185
  Unterwegs 69
Oströmisches Reich 36
Ottana **101**, 136
Oviglia, Maurizio 200
  Pietra di Luna 200
Oyster Sub Diving Center
199
Ozieri 33, **155**
Ozieri-Kultur 155

P

Padre Padrone (Paolo und
Vittorio Taviani) 45
Palau **144**, 149
  Hotels 177
  Restaurants 187
Palazzi
  Casa Carta (Sorgono) 108
  Palazzetto del Monte
  Granatico (Villanovaforru)
  63
  Palazzo Arcivescovile
  (Cagliari) 56
  Palazzo Atzori (Paulilatino)
  137
  Palazzo Aymerich (Laconi)
  108
  Palazzo Boyl (Cagliari) 56
  Palazzo Carta (Oristano)
  135

  Palazzo Comunale
  (Cagliari) 54
  Palazzo Comunale
  (Oristano) 135
  Palazzo Corrias (Oristano)
  135
  Palazzo d'Albis (Alghero)
  118
  Palazzo de Ferrera *siehe*
  Palazzo d'Albis
  Palazzo del Comune
  (Arborea) 136
  Palazzo della Curia
  (Alghero) 119
  Palazzo della Provincia
  (Sassari) 163
  Palazzo Exma (Cagliari) **59**
  Palazzo Falchi (Oristano)
  134
  Palazzo Mameli (Oristano)
  135
  Palazzo Parpaglia
  (Oristano) 135
  Palazzo Reale (Cagliari) 56
  Palazzo Siviera (Oristano)
  134
  Palazzo Vescovile (Ales)
Pallavicino, Filippo 40
Palmadula 121
Pan di Zucchero 69
Pani Loriga (Santadi) 73
Pannenhilfe 197
Parks und Naturschutz-
gebiete
  Parco Archeologico Monte
  Sirai 71
  Parco Capitza 152
  Parco Nazionale del
  Gennargentu 17, 48, 77,
  80, **82**, 111, 121
  Parco Nazionale
  dell'Asinara **121**
  Parco Nazionale Orientato
  Isola di Caprera 45
  Sale Porcus 128
  Torre 'e Seu 131
Partito Sardo d'Azione 42, 43
Passo della Moneta 147, 148
Passo di S'Arcu de Tascusi
83
Pasticceria Pietro Pinna
(Laden, Ozieri) 189
Pattada **154f**
Paul VI., Papst 44
Paulilatino **137**

Pauschalurlaub 202, 203
Perda 108
Perdasdefogu **91**
Perfugas 32
Pesce 149
Peschiera Pontis 130
Pevero Golf Club 201
Philipp III. 39
Philipp V. 39
Phönizier 31, **34**, 51, 113,
126, 130, 132, 182
Pietrino 95
Pinacoteca Nazionale di
Cagliari 39, **58**
Pisa 31, 51, 56
Pischina Urtaddalà 80
Piscinas-Dünen **66f**
Plätze
  Piazza Carlo Alberto
  (Ozieri) 155
  Piazza Carlo Emanuele III
  (Carloforte) 71
  Piazza Cavallino (Sassari)
  162
  Piazza del Duomo
  (Oristano) 134
  Piazza d'Italia (Sassari) 163
  Piazza Eleonora D'Arborea
  (Oristano) 135
  Piazza Fonte Grixoni
  (Ozieri) 155
  Piazza Gallura (Tempio
  Pausania) 151
  Piazza Garibaldi
  (La Maddalena) 146, 148
  Piazza Giorgio Asproni
  (Bitti) 100
  Piazza Maria Ausiliatrice
  (Santa Giusta) 135
  Piazza Palazzo (Cagliari)
  56
  Piazza Roma (Carbonia) 71
  Piazza Roma (Oristano) 134
  Piazza Sant'Antonio
  (Sassari) 162
  Piazza Sebastiano Satta
  (Nuoro) 98
  Piazza Sella (Iglesias) 69
  Piazza Sulis (Alghero) 117
  Piazza Umberto I
  (La Maddalena) 146
  Piazza Vittorio Emanuele
  (Dorgali) 84
  Piazza Vittorio Emanuele II
  (Alghero) 119

Plinius der Ältere 74
Poetto 53, 61
Polizei 197
Ponte Romano (Porto Torres) 120
Porceddu 179, 180, 181, 184, 185, 186, 187
Porta dei Leoni (Cagliari) 57
Porto Cervo 45, 143, **144**, 149, 199
  Hotels 177
  Restaurants 187
Porto Conte 119
Porto Corallo (Muravera) 90
Porto Frailis 81
Porto Giunco 91
Porto Longone 145
Porto Mannu (Stintino) 120
Porto Massimo 148
Porto Minori (Stintino) 120
Porto Piratsu (Campingplatz) 171
Porto Rotondo **142f**
  Hotels 177
  Restaurants 187
Porto Torres 40, **120**, 140
  Restaurants 186
Portoscuso
  Hotels 174
Posada 77, **88**
Pozzo Santa Barbara (Iglesias) 69
Prähistorisches Sardinien 32f
Prano Muteddu *(domus de janas)* 33
Pratobello 107
Processo a Su Conte (Ovodda) **29**
Ptolemäus 74
Pula 15, **74**
Punta Corongiu 91
Punta Cristallo 15
Punta della Scomunica 121
Punta della Volpe 143
Punta delle Colonne 71
Punta Is Gruttas 80
Punta La Marmora 82, 111
Punta Mungianeddu (Gennargentu) 111
Punta Sardegna 144
Punta S'Asisorgiu (Ollolai) 101
Punta Spalmatore 70
Puttu Codinu 25

Q
Quartu 60
Quartu Sant'Elena **75**

R
RAI 44
Rassegna di Musica Leggera (Carloforte) **28**
Rauchen in Restaurants 179
Regata Vela Latina (Stintino) **28**
Reise nach Sardinien (Alberto La Marmora) 41
Reiseinformationen **202f**
  ARST-Informationsbüros 205
  Auto 204
  Bus 205
  Fähren 203
  Fahrräder und Mountainbikes 204, 205
  Flugzeug 202
  Pauschalangebote 203
  Reiseagenturen 203
  Verkehrsregeln 204
  Zug 204f
Reiten 170, **200**, 201
Reni, Guido 55
Resolza 154
Restaurants **178–187**
  Behinderte Reisende 179
  Liste 184–187
  Mit Kindern essen 179
  Öffnungszeiten 178
  Preise und Bezahlung 178
  Rauchen 179
  Reservierung 179
  Restauranttypen 178
  Speisekarten 179
  Tagesmenüs 178
  Vegetarische Gerichte 179
  Wein 179
Retablo della Chiesa di San Francesco in Stampace 58
Retablo della Madonna dei Consiglieri (Antioco Mainas) 135
Retablo dell'Annunciazione (Juan Mates) 58
Retablo di Nostra Signora della Neve (Michele Cavaro) 58
Retablo di San Cristoforo 58
Retablo di San Martino (Ramon de Mur) 135
Retablo di Sant'Eligio (Maestro di Sanluri) 58
Rifugio Monte Maccione (Oliena) 103
Rinaggiu-Quelle (Tempio Pausania) 151
Risorgimento 31, 42
Riva, Gigi 44
Roccia dell'Elefante 165
Roccia Forata 87
Rockefeller Foundation 44
Römer 31, **34f**
Römische Bäder (Fordongianus) 137
Römisches Amphitheater (Cagliari) 54
Rothemden 41, 48

S
Sa Costa (Bosa) 126, 127
Sa Ena 'e Thomes 33
Sa Freigada (Pattada) 154
Sa Pedra Istampada 87
Sa Pedra Longa 81
Sa Perda Marcada *(agriturismo)* 171
Sa Testa 142
Sadali 93
Safran **63**
Sale Porcus 128
Salvatore Pruneddu (Laden, Tonara) 189
San Costantino a Sedilo 27
San Gavino 63
San Giovanni di Sinis 115, **131**
San Leonardo de Siete Fuentes 129
San Michele 33
San Nicola 150
San Pietro, Isola di
San Salvatore 130f
San Sperate 27, 34, 62, 106
San Teodoro 153
  Hotels 177
  Marschgebiet 153
  Restaurants 187
San Trano 150
San Vito 90
San Vittorio, Nuragher-Stätte 62
Sanluri 62
  Schlacht von 38
Sanna, Giovanni Antonio 163
Santa Barbara 33

Santa Caterina di Pittinuri 129
Santa Cristina (Paulilatino) 33
Santa Giusta **136**
  Marschgebiet 134
Santa Lucia 88
Santa Margherita di Pula
  Hotels 174
Santa Maria Navarrese **81**
Santa Reparata, Bucht 145
Santa Teresa di Gallura 49,
  140, **144f**
  Hotels 177
  Restaurants 187
Santa Vittoria (Serri) 33
Santadi **73**
Sant'Anna-Pass 87
Sant'Antioco 72
  Katakomben 73
Sant'Antioco siehe Inseln
Sant'Antonio di Gallura **150**
Sant'Elisio 13, 110
Santi Antine 48
Sant'Ignazio 108
Santissima Trinità di
  Saccargia 37, 139, 156,
  158f
Santo Stefano 149
  Festung 149
Santu Lussurgiu 27, **128f**
Santu Lussurgiu Su Concordu
  26
Sarcapos 90
S'Archittu 129
Sarda Affumicati 189
Sardara **63**
Sardartis (Laden, Olbia) 189
Sardeolica 45
Sardinia Cup 149
Sardus Pater 35, 68
Sarrabus 77
Sarule 96, **102**
Sas Conzas (Bosa) 126, 127
Sassari 27, 139, **160–163**
  Hotels 177
  Restaurants 187
  Zentrumskarte 161
Satta, Sebastiano 98
Savoyen, Haus 31, 39, 40
Savoyen, Herrscher 41
Schnorcheln 199
Sciola, Pinuccio 62, 68, 91,
  92, 106
  Madonna dei Fondali 91
Scopigno, Manlio 44
Scoprisardegna 201

Sedilo 124
Segeln 149, 198
Segelschulen und -clubs
  199
Segni, Antonio 44, 160
Selbstversorgung 170
Sella & Mosca (Laden,
  Alghero) 189
Sella del Diavolo 53, 54
Sella, Quintino 42
Selvaggio Blu, Wanderroute
  201
Seminario Tridentino
  (Oristano) 134
S'Ena 33
Senorbi 33
Serra Orrios 84
  Nuragher-Siedlung 33
Serri 62
Settimana delle Bocche 149
Seui 82, 92, 93
Sezione di Cagliari del Club
  Alpino Italiano 201
Shopping **188–191**
  Bezahlung 188
  Delikatessen 189
  Kaufhäuser 188
  Korbwaren 190
  Kork 190
  Kulinarisches 191
  Kunsthandwerk 188, 189
  Öffnungszeiten 189
  Schmuck 190
  Souvenirs 190
  Spitze 191
  Teppiche 191
  Töpferwaren 190
  Wandbehänge 191
Sicherheit und Notfälle 196f
  Feuer 196
  Kreditkarten 196
  Medizinische Versorgung
    196
  Notrufnummern 197
  Verhalten im Freien 197
Silanus 48
Simbirizzi 60
Simon Mossa, Antonio 99,
  143
Sindia 127
Siniscola 77, **88**
  La Caletta 88
Sinis-Halbinsel 131
Soccorso Alpino (Bergwacht)
  197

Soccorso Pubblico
  d'Emergenza (Medizinischer Notdienst) 197
Soccorso Stradale
  (Pannendienst) 197
Società Speleologica Italiana
  201
Solferino, Schlacht von
  149
Sommer auf Sardinien 27f
Sonnenscheindauer 27
Sorelle Piccioni (Laden,
  Quartu Sant'Elena) 189
Sorgono 108
Soru, Renato 45
Sos Flores (Campingplatz)
  171
Sos Rios *(agriturismo)* 171
Spalmatore di Terra 153
Spanische Herrschaft 38f
Spezialitäten *siehe* Essen und
  Trinken
Sport **200f**
Spotorno, Domenico 137
Stampace 54
Sternenritter (Oristano) 134
Stintino 113, **120**
Strände zum Windsurfen
  198
Strände
  Abbatoggia 148
  Baia di Cala Gavetta 148
  Baia di Porto Conte 119
  Baia di Stagno Torto 148
  Baia Trinità 148
  Berchida 21, 88
  Bosa Marina 21, 114
  Budelli 21
  Cala Corsara 149
  Cala di Volpe 144
  Cala d'Inferno 148
  Cala Domestica 21, 72
  Cala Fico 70
  Cala Goloritze 51, 78, 81
  Cala Gonone 81
  Cala Luna 21, 79, 81, 83
  Cala Moresca 81
  Cala Sinzias 90
  Cala Sisine 78, 81
  Cala Spalmatore 148
  Cala Trana 144
  Caletta 70
  Capo Comino 88
  Coccorocci 89
  Delle Bombarde 119

Strände *(Fortsetzung)*
  Fontanamare 69
  Is Arenas 114
  Is Arutas 21, 114
  La Cinta 21, 153
  Lazzaretto 119
  Liscia Ruja 144
  Orri 81
  Pedras Nieddas 127
  Pesce 149
  Piscinas 21
  Poetto 21
  Portixeddu 68
  Porto Corallo 90
  Porto Pollo 21
  Rena Bianca 145
  Stagno Torto 148
Straßen und Avenuen
  Corso Garibaldi (Nuoro) 98
  Corso Umberto (Olbia) 142
  Corso Umberto (Oristano) 134
  Corso Vittorio Emanuele (Sant'Antioco) 72
  Corso Vittorio Emanuele II (Bosa) 126
  Corso Vittorio Emanuele III (Oliena) 103
  Corso Vittorio Emanuele (Sassari) 162
  Sa Carrela 'e Nanti (Santu Lussurgiu) 128
  Via Amendola (La Maddalena) 148
  Via Carlo Alberto (Alghero) 117
  Via D'Annunzio (Olbia) 142
  Via Dritta *siehe* Corso Umberto
  Via Garibaldi (Alghero) 116
  Via Garibaldi (La Maddalena) 148
  Via La Marmora (Cagliari) 56
  Via Principe Umberto (Alghero) **119**
  Via Regina Margherita (Sant'Antioco) 72
  Via Roma (Cagliari) 51
  Via Roma (Santu Lussurgiu) 128
  Via San Gavino (Gavoi) 106

Su Bentu 105
Su Connuttu (Aufstand) 98
Su Gologone 82
  Karstquelle 103
Su Gorroppu 80, 83, 105, 200
Su Murru Mannu 132
Su Nuraxi
  Ruinen 64f
Su Tempiesu 100
Sulcis 17, 34, 42, 45, 51
  Minen **69**
Sulcis Iglesiente 52
Sulki 35, 72
Supramonte 82, 85

T

Tacco di Texile 110
Talana 82
Täler
  Codula di Luna 85
  Valle del Flumendosa 25
  Valle del Flumineddu 80
  Valle del Tirso 101
  Valle della Luna 139, 152
  Valle dell'Iscra 110
  Valle di Antas 28
  Valle di Lanaittu 103, 104
Tanit 74
Tanka Village (Hotelanlage, Villasimius) 173, 175, 199
Tauchen **198**, 199
Tauchzentren 199
Tavolara 142, **153**
Team Spakkaruote 205
Telis (Campingplatz) 171
Temo, Lago di 124
Temperaturen 29
Tempio Pausania 25, 27, 140, **151**
Tempio Punico Romano di Antas (Fluminimaggiore) **68**
Tenores de Bitti 16, 100
Tenute Dettori (Laden, Sennori) 189
Terme Centrali (Porto Torres) 120
Terranostra *(agriturismo)* 171
Terranova Escursioni 201
Terrazza Umberto I (Bastione San Remy, Cagliari) 54, 57

Tesoro del Duomo (Oristano) 134
Teti **107**
Teulada 74
  Restaurants 184
Tharros 34, 35, 48, 114, **132f**, 134
Theater und Amphitheater
  Alghero 41, 119
  Cagliari 41
  Nora, Römisches Theater 35
  Römisches Amphitheater 35, 54
  Sassari 41
  Teatro Civico (Alghero) 119
Tiberius, Kaiser 35
Tierwelt 18f, 22f, 60f, 66, 73, 77, 82f, 87, 121, 130, 153
Time in Jazz (Berchidda) **28**
Tirrenia (Fähren) 203
Tiscali **104f**
  Nuragher-Siedlung 33, **104f**
  Ruinen 82
Tomba del Guerriero (Cagliari) 58f
Tomba dell'Ureo (Cagliari) 59
Tomba di Garibaldi 147
Tonara 27, **111**
Tophet (Nekropole) 72, 73, 132
Torre Moresca (Hotel, Orosei) 175
Torre Salinas (Muravera) 90
Torres 36
Torrevecchia 136
Tortoli 79, 93
  Hotels 175
  Restaurants 185
Tratalias **73**
Trenino Verde 49, **92f**, 109, 127, 144
Trent Jones, Robert 201
Tresnuraghes 127
  Hotels 176
Trinità d'Agultu 165
Trittico dei Consiglieri (Cagliari) 54
Turismo Verde *(Agriturismo-Vereinigung)* 171

Türme
  Porta Manna *siehe* Torre di Mariano II
  Torre Civica (Carbonia) 71
  Torre del Coltelazzo 75
  Torre del Pozzo 129
  Torre dell'Aquila (Cagliari) 57
  Torre dell'Elefante (Cagliari) 57, 61
  Torre dello Sperone (Alghero) 117
  Torre di Bari (Bari Sardo) 89
  Torre di Chia (Baia Chia) 74
  Torre di Mariano II (Oristano) 134
  Torre di Porta Terra (Alghero) 118
  Torre di Portixedda (Oristano) 134
  Torre di San Cristoforo *siehe* Torre di Mariano II
  Torre di San Giacomo **118**
  Torre di San Giovanni (Alghero) 117
  Torre di San Pancrazio (Cagliari) 56
  Torre 'e Seu (San Giovanni di Sinis) 131
  Torre Longosardo (Santa Teresa di Gallura) 145

U

Uccaidu-Pass 100
Ugolino della Gherardesca 68
Ulassai 89
Unione Sarda 42
Universitäten 38, 40
Unterirdisches Cagliari 59
Unterwasserfischen 199
Urlaub auf dem Bauernhof *siehe* Agriturismo
Urzulei 80, 82

Ussassai 82
Uta **62**

V

Vaghi (Laden, Cagliari) 189
Vandalen 31, 36
Verin, Mario 201
Verkehrsregeln 204
Vertrag von London 38, 39
Vertrag von Utrecht 38
Vietti, Luigi 143
Villa Aymerich (Laconi) 45
Villa di Tigellio (Cagliari) **59**
Villacidro 27
Villaggio Arbatax Golf Club 201
Villaggio Cala Moresca (Feriendorf) 171
Villaggio Camping La Mandragola (Campingplatz) 171
Villaggio Cugnana Verde (Feriendorf) 171
Villaggio Valtur Baia di Conte (Feriendorf) 171
Villaggio Valtur di Colonna Beach (Feriendorf) 171
Villaggio Valtur di Santo Stefano (Feriendorf) 171
Villagrande 82
Villanova 54
Villanova Monteleone 27
Villanovaforru 63
Villanovatulo 92
Villaperuccio 73
Villasimius 20, 77, **90f**
  Hotels 175
  Restaurants 185
Visa (Kreditkarte) 196, 197
Visconti, Ubaldo 152
Vittorio Amedeo II. **38**
Vittorio Amedeo III. von Sardinien 41
Vittorio Emanuele I. 40
Vögel 16, 19, 23, 61, 62, 66, 73, 128, 130, 146, 153

W

Währung 197
Wandern 200
Wassersport 21, 198f
Wein
  Cannonau Rosso DOC (Jerzu) 89, 103, 108, **182**
  Turriga 182
  Vermentino 152
  Vermentino di Gallura 182
  Vernaccia 113, 182
  Vernaccia di Oristano 131
Westküste 11, **112–137**
  Hotels 176
  Regionalkarte 114f
  Restaurants 186
  Unterwegs 115
Windsurfen 198
Windsurfing Club Cagliari 199
Windsurfing Vela Club Portoscuso 199
Windsurfing-Zentren 199
Winter auf Sardinien 29
Winzer-Kooperativen
  Argiolas (Serdiana) 189
  Cantina Sociale (Quartu Sant'Elena) 189
  Cantina Sociale (Sant'Antioco) 189
  Cantina Sociale della Vernaccia 189
  Fratelli Dettori (Sassari) 189
WWF 73, 131

Y

Yachtclubs
  Cagliari 199
  Costa Smeralda 45, 149
  Porto Rotondo 199

Z

Zente 201
Zio Nicola (Restaurant, Palau) 187
Züge 205

Sprachführer Italienisch

NOTFÄLLE

Hilfe!	Aiuto!	[ai'u:to]
Halt!	Alt!	[alt]
Rufen Sie einen Arzt!	Chiami un medico!	['kia:mi un 'mɛ:diko]
Rufen Sie einen Krankenwagen!	Chiami un ambulanza!	['kia:mi un ambu'lantsa]
Rufen Sie die Polizei!	Chiami la polizia!	['kia:mi la poli'tsi:a]
Rufen Sie die Feuerwehr!	Chiami i pompieri!	['kia:mi i pom'pjɛ:ri]
Wo ist das Telefon?	Dov'è il telefono?	['do:vɛ il te'lɛ:fono]
Wo ist das Krankenhaus?	Dov'è l'ospedale?	['do:vɛ lospe'da:le]

GRUNDWORTSCHATZ

Ja/Nein	Sì/No	[si/nɔ]
Bitte	Per favore	[per fa'vo:re]
Danke	Grazie	['gra:tsie]
Entschuldigung!	Mi scusi!	[mi 'sku:zi]
Guten Tag	Buon giorno	[bu'ɔn 'dʒorno]
Auf Wiedersehen	Arrivederci	[arrive'dertʃi]
Guten Abend	Buona sera	['bu:na 'se:ra]
Morgen	la mattina	[mat'ti:na]
Vormittag	la mattinata	[matti'na:ta]
Nachmittag	il pomeriggio	[pome'riddʒo]
Abend	la sera	['se:ra]
gestern	ieri	[i'ɛ:ri]
heute	oggi	['ɔddʒi]
morgen	domani	[do'ma:ni]
hier	qui	[ku'i]
dort	là	[la]
Welche ...?	Quale ...?	[ku'a:le]
Was?	Che cosa?	[ke 'kɔ:za]
Wann?	Quando?	[ku'ando]
Warum?	Perché?	[per'ke]
Wo?	Dove?	['do:ve]

NÜTZLICHE REDEWENDUNGEN

Wie geht es Ihnen?	Come sta?	['ko:me sta]
Sehr gut, danke.	Molto bene, grazie.	['molto 'bɛ:ne, 'gra:tsie]
Freut mich, Sie kennenzulernen.	Piacere di conoscerla.	[pia'tʃɛ:re di ko'noʃʃerla]
Bis bald.	A più tardi.	[a pi'u 'tardi]
In Ordnung.	Va bene.	[va 'bɛ:ne]
Wo ist/Wo sind ...?	Dov'è/ Dove sono ...?	['do:vɛ/ 'do:ve 'so:no]
Sprechen Sie Deutsch?	Parla tedesco?	['parla te'desko]
Ich verstehe nicht.	Non capisco.	[non ka'pisko]
Wie lange braucht man bis nach ...?	Quanto tempo ci vuole per andare a ...?	[ku'anto 'tɛmpo tʃi vu'ɔle per an'da:re a]
Wie komme ich nach ...?	Come faccio per arrivare a ...?	['ko:me 'fattʃo per arri'va:re a]
Tut mir leid!	Mi dispiace!	[mi dis'pjatʃe]

NÜTZLICHE WÖRTER

groß	grande	['grande]
klein	piccolo	['pikkolo]
heiß/warm	caldo	['kaldo]
kalt	freddo	['freddo]
gut (Adjektiv)	buono	['bu:no]
schlecht	cattivo	[kat'ti:vo]
genug	basta	['basta]
gut (Adverb)	bene	['bɛ:ne]
offen	aperto	[a'pɛrto]
geschlossen	chiuso	[ki'u:so]
links	a sinistra	[a si'nistra]
rechts	a destra	[a 'dɛstra]
geradeaus	sempre diritto	['sempre di'ritto]
nah	vicino	[vi'tʃi:no]
fern	lontano	[lon'ta:no]
auf	su	[su]
über	giù	[dʒu]
früh	presto	['prɛsto]
spät	tardi	['tardi]
Eingang	l'entrata	[en'tra:ta]
Ausgang	l'uscita	[uʃ'ʃi:ta]
Toilette	il gabinetto	[gabi'netto]
frei	libero	['li:bero]
gratis	gratuito	[gra'tu:ito]

TELEFONIEREN

Ich möchte ein ... führen.	Vorrei fare una ...	[vor'rɛi 'fa:re 'u:na]
Ortsgespräch	telefonata urbana	[telefo'na:ta ur'ba:na]
Ferngespräch	telefonata interurbana	[telefo'na:ta interur'ba:na]
R-Gespräch	chiamata a carico del destinatario	[kia'ma:ta a 'ka:riko del destina'ta:rio]
Kann ich eine Nachricht hinterlassen?	Posso lasciare un messaggio?	['pɔsso laʃ'ʃa:re un mes'saddʒo]
Moment, bitte.	Un attimo, per favore	['un 'attimo, per fa'vo:re]
Könnten Sie etwas lauter sprechen?	Può parlare più forte, per favore?	[pu'ɔ par'la:re pi'u 'fɔrte, per fa'vo:re]

SHOPPING

Wie viel kostet das?	Quanto costa?	[ku'anto 'kɔsta]
Ich hätte gerne ...	Vorrei ...	[vor'rɛi]
Haben Sie ...?	Avete ...?	[a've:te]
Ich möchte mich nur umsehen.	Voglio solo dare un'occhiata.	['vɔʎo 'so:lo 'da:re unokki'a:ta]
Akzeptieren Sie Kreditkarten?	Accetate carte di credito?	[attʃet'ta:te 'karte di 'krɛ:dito]
Wann öffnen/ schließen Sie?	A che ora apre/ chiude?	[a ke 'o:ra 'apre/ki'u:de]
das hier	questo	[ku'esto]
das da	quello	[ku'ello]
preiswert	a buon prezzo	[a bu'ɔn 'prettso]
teuer	caro	['ka:ro]
Kleidergröße	la taglia	['ta:ʎa]

Schuhgröße	il numero	['nu:mero]
weiß	bianco	[bi'aŋko]
schwarz	nero	['ne:ro]
rot	rosso	['rosso]
gelb	giallo	['dʒallo]
grün	verde	['verde]
blau	blu	[blu]

LÄDEN

Antiquitätenladen	l'antiquariato	[antikuari'a:to]
Apotheke	la farmacia	[farma'tʃi:a]
Bäckerei	la panetteria	[panette'ri:a]
Bank	la banca	['baŋka]
Blumenhändler	il fioraio	[fio'ra:io]
Buchhandlung	la libreria	[libre'ri:a]
Delikatessen	la salumeria	[salume'ri:a]
Eisdiele	la gelateria	[dʒelate'ri:a]
Fischgeschäft	la pescheria	[peske'ri:a]
Friseur	il parrucchiere	[parrukki'ɛ:re]
Kaufhaus	il grande magazzino	['grande magad'dzi:no]
Konditorei	la pasticceria	[pastittʃe'ri:a]
Lebensmittelladen	il negozio di alimentari	[ne'gɔ:tsio di alimen'ta:ri]
Markt	il mercato	[mer'ka:to]
Metzgerei	la macelleria	[matʃelle'ri:a]
Obst-/Gemüsehändler	il fruttivendolo	[frutti'vendolo]
Postamt	l'ufficio postale	[uf'fi:tʃo pos'ta:le]
Reisebüro	l'agenzia di viaggi	[adʒen'tsi:a di vi'addʒi]
Schuhgeschäft	il negozio di calzature	[ne'gɔ:tsio di kaltsa'tu:re]
Supermarkt	il supermercato	[supermer'ka:to]
Tabakladen	la tabaccheria	[tabakke'ri:a]
Zeitungsstand	l'edicola	[e'di:kola]

SIGHTSEEING

Informationsbüro	l'ufficio turistico	[uf'fi:tʃo tu'ristico]
Bahnhof	la stazione	[statsi'o:ne]
Bibliothek	la biblioteca	[biblio'tɛ:ka]
Bushaltestelle	la fermata dell'autobus	[fer'ma:ta delauto'bus]
Garten	il giardino	[dʒar'di:no]
Kirche	la chiesa, la basilica	[kɪ'ɛ:za, ba'zi:lika]
Kunstgalerie	la pinacoteca	[pinako'tɛ:ka]
Museum	il museo	[mu'zɛ:o]
Wegen Feiertag geschlossen.	Chiuso per la festa.	[ki'u:so per la 'fɛsta]

IM HOTEL

Haben Sie Zimmer frei?	Avete camere libere?	[a've:te 'ka:mere 'li:bere]
Einzelzimmer	una camera singola	['ka:mera 'singola]
Doppelzimmer	una camera doppia	['ka:mera 'doppia]
Bad/Dusche	il bagno/la doccia	['ba:ɲo/'dottʃa]
Gepäckträger	il facchino	[fak'ki:no]
Schlüssel	la chiave	[ki'a:ve]
Reservierung	la prenotazione	[prenotatsi'o:ne]

IM RESTAURANT

Haben Sie einen Tisch für ...?	Avete un tavolo per ...?	[a've:te un 'ta:volo per]
Ich möchte einen Tisch reservieren.	Vorrei riservare un tavolo.	[vor'rɛi riser'va:re un 'ta:volo]
Frühstück	la colazione	[kolatsi'o:ne]
Mittagessen	il pranzo	['prandzo]
Abendessen	la cena	['tʃe:na]
Rechnung	il conto	['konto]
Vegetarier	il vegetariano	[vedʒetari'a:no]
Kellner	il cameriere	[kameri'ɛ:re]
Tagesmenü	il menù a prezzo fisso	[me'nu a 'prɛttso 'fisso]
Tagesgericht	il piatto del giorno	[pi'atto del 'dʒorno]
Vorspeise	l'antipasto	[anti'pasto]
Erster Gang	il primo	['pri:mo]
Hauptgang	il secondo	[se'kondo]
Beilagen	il contorno	[kon'torno]
Dessert	il dolce	['doltʃe]
Gedeck	il coperto	[ko'pɛrto]
Weinkarte	la lista dei vini	['lista dei 'vi:ni]
blutig	al sangue	[al 'sangue]
halb durch(gebraten)	a puntino	[a pun'ti:no]
durch(gebraten)	ben cotto	[bɛn 'kotto]
Glas	il bicchiere	[bikki'ɛ:re]
Flasche	la bottiglia	[bot'ti:ʎa]
Teller	il piatto	[pi'atto]
Serviette	la tovaglia	[to'va:ʎa]
Besteck	le posate	[po'za:te]
Messer	il coltello	[kol'tɛllo]
Gabel	la forchetta	[for'ketta]
Löffel	il cucchiaio	[kukki'a:io]

SPEISEKARTE

l'aceto	[a'tʃe:to]	Essig
l'acqua minerale gassata/naturale	['akkua mine'ra:le gas'sa:ta/natu'ra:le]	Mineralwasser mit/ohne Kohlensäure
l'aglio	['a:ʎo]	Knoblauch
l'agnello	[a'ɲɛllo]	Lamm
al forno	[al 'forno]	gebacken
alla griglia	['alla 'gri:ʎa]	gegrillt
l'anatra	['a:natra]	Ente
l'antipasto	[anti'pasto]	Vorspeise
l'aragosta	[ara'gosta]	Languste
l'arancia	[a'rantʃa]	Orange
arrosto	[ar'rɔsto]	gebraten
il baccalà	[bakka'la]	Stockfisch
la birra	['birra]	Bier
la bistecca	[bis'tekka]	Steak
il branzino	[bran'zi:no]	Seebarsch
il brasato	[bra'sa:to]	Schmorbraten
il brodo	['brɔ:do]	klare Brühe
il burro	['burro]	Butter
il caffè	[kaf'fɛ]	Kaffee, Espresso
il carciofo	[kar'tʃɔ:fo]	Artischocke
la carne	['karne]	Fleisch
carne di maiale	['karne di ma'ia:le]	Schwein
il cinghiale	[tʃiŋgi'a:le]	Wildschwein
la cipolla	[tʃi'polla]	Zwiebel

Italienisch	Aussprache	Deutsch
il coniglio	[ko'niːʎo]	Kaninchen
la cozza	['kɔttsa]	Miesmuschel
i fagioli	[fa'dʒɔːli]	Bohnen
il filetto	[fi'letto]	Filet
il formaggio	[for'maddʒo]	Käse
le fragole	['fraːgole]	Erdbeeren
la frittata	[frit'taːta]	Omelett
la frutta fresca	['frutta 'freska]	frisches Obst
i frutti di mare	['frutti di 'maːre]	Meeresfrüchte
i funghi	['fungi]	Pilze
il gamberetto	[gambe'retto]	Garnele
i gamberi	['gamberi]	Krebse
il gelato	[dʒe'laːto]	Eiscreme
l'insalata	[insa'laːta]	Salat
il latte	['latte]	Milch
la lattuga	[lat'tuːga]	Kopfsalat
i legumi	[le'guːmi]	Hülsenfrüchte
la lepre	['leːpre]	Hase
lesso	['lesso]	gekocht
il manzo	['mandzo]	Rind
la mela	['meːla]	Apfel
la melanzana	[melan'dzaːna]	Aubergine
la menta	['menta]	Minze
la minestra	[mi'nɛstra]	Suppe
la nocciola	[not'tʃɔːla]	Haselnuss
la noce	['noːtʃe]	(Wal)Nuss
la noce moscata	['noːtʃe mos'kaːta]	Muskatnuss
l'olio	['ɔlio]	Öl
l'oliva	[o'liːva]	Olive
l'orata	[o'raːta]	Goldbrasse
l'ostrica	['ɔstrika]	Auster
il pane	['paːne]	Brot
il panino	[pa'niːno]	Brötchen
la panna	['panna]	Sahne
il parmigiano	[parmi'dʒaːno]	Parmesankäse
le patate	[pa'taːte]	Kartoffeln
patatine fritte	[pata'tiːne 'fritte]	Pommes frites
il pecorino	[peko'riːno]	harter Schafskäse
il pepe	['peːpe]	Pfeffer
la pesca	['pɛska]	Pfirsich
il pesce	['peʃʃe]	Fisch
i piselli	[pi'sɛlli]	Erbsen
il pollo	['pollo]	Huhn
il pomodoro	[pomo'dɔːro]	Tomate
il prosciutto	[proʃ'ʃutto]	Schinken
il ragù	[ra'gu]	Hackfleischsauce
ripieno	[ripi'ɛːno]	gefüllt
il riso	['riːzo]	Reis
il sale	['saːle]	Salz
la salsiccia	[sal'sittʃa]	Wurst
la salvia	['salvia]	Salbei
la scaloppina	[skalop'piːna]	Kalbsschnitzel
la selvaggina	[selvad'dʒiːna]	Wild
la senape	['sɛːnape]	Senf
la spremuta	[spre'muːta]	frisch gepresster Saft
il succo	['sukko]	Saft
il tè	[tɛ]	Tee
il tonno	['tonno]	Thunfisch
la torta	['tɔrta]	Torte, Kuchen
la triglia	['triːʎa]	Meerbarbe
la trota	['trɔːta]	Forelle
l'uovo	[u'ɔːvo]	Ei
l'uva	['uːva]	Traube
la verdura	[ver'duːra]	Gemüse
il vino	['viːno]	Wein
il vitello	[vi'tɛllo]	Kalb
la vongola	['vongola]	Venusmuschel
lo zafferano	[dzaffe'raːno]	Safran
la zucca	['tsukka]	Kürbis
lo zucchero	['tsukkero]	Zucker
gli zucchini	[tsuk'kiːni]	Zucchini
la zuppa	['tsuppa]	Suppe

ZAHLEN

	Italienisch	Aussprache
1	uno	['uːno]
2	due	['duːe]
3	tre	[tre]
4	quattro	[ku'attro]
5	cinque	['tʃinkue]
6	sei	[sɛːi]
7	sette	['sɛtte]
8	otto	['ɔtto]
9	nove	['nɔːve]
10	dieci	[di'ɛːtʃi]
11	undici	['unditʃi]
12	dodici	['doːditʃi]
13	tredici	['treːditʃi]
14	quattordici	[kuat'torditʃi]
15	quindici	[ku'inditʃi]
16	sedici	['seːditʃi]
17	diciassette	[ditʃas'sɛtte]
18	diciotto	[di'tʃɔtto]
19	diciannove	[ditʃan'nɔːve]
20	venti	['venti]
30	trenta	['trenta]
40	quaranta	[kua'ranta]
50	cinquanta	[tʃinku'anta]
60	sessanta	[ses'santa]
70	settanta	[set'tanta]
80	ottanta	[ot'tanta]
90	novanta	[no'vanta]
100	cento	['tʃento]
1000	mille	['mille]
2000	duemila	[due'miːla]
5000	cinquemila	[tʃinkue'miːla]
1 000 000	un milione	[mili'oːne]

ZEIT

Deutsch	Italienisch	Aussprache
Minute	un minuto	[mi'nuːto]
Stunde	un'ora	['oːra]
halbe Stunde	mezz'ora	[med'dzoːra]
Tag	un giorno	['dʒorno]
Woche	una settimana	[setti'maːna]
Monat	un mese	['meːze]
Jahr	un anno	['anno]
Montag	il lunedì	[lune'di]
Dienstag	il martedì	[marte'di]
Mittwoch	il mercoledì	[merkole'di]
Donnerstag	il giovedì	[dʒove'di]
Freitag	il venerdì	[vener'di]
Samstag	il sabato	['saːbato]

Sonntag	la domenica	[do'me:nika]
Januar	gennaio	[dʒen'na:io]
Februar	febbraio	[feb'bra:io]
März	marzo	['martso]
April	aprile	[a'pri:le]
Mai	maggio	['maddʒo]
Juni	giugno	['dʒu:ɲo]
Juli	luglio	['lu:ʎo]
August	agosto	[a'gosto]
September	settembre	[set'tɛmbre]
Oktober	ottobre	[ot'to:bre]
November	novembre	[no'vɛmbre]
Dezember	dicembre	[di'tʃɛmbre]
Frühling	primavera	[prima'vɛ:ra]
Sommer	estate	[es'ta:te]
Herbst	autunno	[au'tunno]
Winter	inverno	[in'vɛrno]
Weihnachten	Natale	[na'ta:le]
Heiligabend	Vigilia di Natale	[vi'dʒi:lia di na'ta:le]
Karfreitag	Venerdì Santo	[vener'di 'santo]
Ostern	Pasqua	['paskua]
Neujahr	Capodanno	[kapo'danno]
Silvester	San Silvestro	[san sil'vestro]
Pfingsten	Pentecoste	[pente'kɔste]

UNTERWEGS

Aufpreis/Zuschlag	il supplemento	[supple'mento]
Bahnhof	la stazione	[statsi'o:ne]
Boot	la barca	['barka]
Bordkarte	la carta d'imbarco	['karta dim'barko]
Bus	l'autobus	[auto'bus]
Bushaltestelle	la fermata dell'autobus	[fer'ma:ta delauto'bus]
Einzelfahrschein	solo andata	['so:lo an'da:ta]
Eisenbahn	la ferrovia	[ferro'vi:a]
Erste Klasse	prima classe	['pri:ma 'klasse]
Erwachsener	l'adulto	[a'dulto]
Fähre	il traghetto	[tra'getto]
Fahrkarte	il biglietto	[biʎ'ʎetto]
Fahrkartenschalter	la biglietteria	[biʎʎette'ri:a]
Fahrplan	l'orario	[o'ra:rio]
Flug	il volo	['vo:lo]
Flughafen	l'aeroporto	[aɛro'pɔrto]
Flugsteig	l'uscita	[uʃ'ʃi:ta]
Fundbüro	l'ufficio oggetti smarriti	[uf'fi:tʃo od'dʒetti smar'ri:ti]
Gepäck	i bagagli	[ba'gaʎi]
Gepäckannahme	l'accettazione bagagli	[attʃettatsi'o:ne ba'ga:ʎi]
Gepäckausgabe	il ritiro bagagli	[ri'ti:ro ba'ga:ʎi]
Gleis	il binario	[bi'na:rio]
Hin- und Rückfahrt	andata e ritorno	[an'da:ta e ri'torno]
Kind (männlich)	il bambino	[bam'bi:no]
Kind (weiblich)	la bambina	[bam'bi:na]
Kofferkuli	il carrello	[ka'rɛllo]
Nichtraucher	non fumatori	[nonfuma'to:ri]
Pass	il passaporto	[passa'pɔrto]
Preis/Tarif	la tariffa	[ta'riffa]
Raucher	fumatori	[fuma'to:ri]
Reisebus	la corriera	[korri'ɛ:ra]
Reservierung	la prenotazione	[prenotatsi'o:ne]
Schlafwagen	il vagone letto	[va'go:ne 'lɛtto]
Sitzplatz	il posto	['posto]
Taxi	il tassì	[tas'si]
U-Bahn	la metropolitana	[metropoli'ta:na]
Verbindung	la coincidenza	[kointʃi'dɛntsa]
Verspätung	il ritardo	[ri'tardo]
Zoll	la dogana	[do'ga:na]
Zug	il treno	['trɛ:no]
Zweite Klasse	seconda classe	[se'konda 'klasse]

RUND UMS AUTO / STRASSENVERKEHR

Ampel	il semaforo	[se'ma:foro]
Auto	l'automobile, la macchina	[auto'mɔ:bile, 'makkina]
Autobahn	l'autostrada	[auto'stra:da]
Autofähre	il traghetto	[tra'getto]
Benzin	la benzina	[ben'dzi:na]
bleifrei	senza piombo	['sɛntsa pi'ombo]
Diesel	gasolio	[ga'zɔ:lio]
Einbahnstraße	il senso unico	['sɛnso 'u:niko]
Eis	il ghiaccio	[gi'attʃo]
Führerschein	la patente	[pa'tɛnte]
Fußgängerzone	la zona pedonale	['dzɔ:na pedo'na:le]
Gefahr	il pericolo	[pe'ri:kolo]
Halteverbot	il divieto di sosta	[divi'ɛ:to di 'sɔsta]
Ich möchte ein Auto mieten.	Vorrei noleggiare una macchina.	[vor'rɛi noled'dʒa:re 'u:na 'makkina]
Keine Zufahrt	il divieto d'accesso	[divi'ɛ:to dat'tʃɛsso]
Kofferraum	il bagagliaio	[baga'ʎa:io]
langsamer fahren	rallentare	[rallen'ta:re]
Licht einschalten	accendere le luci	[at'tʃɛndere le 'lu:tʃi]
Maut	il pedaggio	[pe'daddʒo]
Mechaniker	il meccanico	[mek'ka:niko]
Motorrad	la motocicletta	[mototʃi'kletta]
mit Automatik	con il cambio automatico	[kon il 'kambio auto'ma:tiko]
Nebel	la nebbia	['nebbia]
Nur für Anwohner	escluso residenti	[es'klu:zo resi'dɛnti]
Parkplatz (gebührenpflichtig)	il parcheggio a pagamento	[par'keddʒo a paga'mento]
Parkplatz (bewacht)	il parcheggio custodito	[par'keddʒo kus'tɔ:dito]
Reparieren Sie?	Effettua riparazioni?	[effet'tua riparat'tsio:ni]
Steinschlag	la caduta massi	[ka'du:ta 'massi]
Straße	la strada	['stra:da]
Straßenarbeiten	lavori in corso	[la'vo:ri in 'korso]
Superbenzin	benzina super	[ben'dzi:na 'super]
Tankstelle	la stazione di servizio	[statsi'o:ne di ser'vi:tsio]
Umgehungsstraße	raccordo anulare	[rak'kɔrdo anu'la:re]
Volltanken	il pieno	[pi'ɛ:no]

Danksagung und Bildnachweis

DORLING KINDERSLEY bedankt sich bei allen Organisationen und Mitwirkenden, die die Herstellung dieses Buchs ermöglicht haben.

Spezielle Beratung

Agriturismo di Lucia Sotgiu, Agriturismo Sa Perda Marcada, Hertz, Claire Littlejohn, Hotel Mediterraneo, Greca Mattan, Meridiana, Anna Chiara Montefusco, Filomena Rosato, Anna Sacripanti, Terranostra Sardegna.

Grafik- und Redaktionsassistenz

Zusätzliche Bildrecherche Ellen Root
Revisions Editor Anna Freiberger
Revisions Designer Conrad Van Dyk
Beverley Ager, Gillian Allen, Uma Bhattacharya, Emma Bird, Samantha Borland, Antonugo Cerletti, Michelle Clark, Michelle Crane, Cooling Brown, Felicity Crowe, Vivien Crump, Fay Franklin, Vinod Harish, Mohammad Hassan, Elinor Hodgson, Annette Jacobs, Jasneet Kaur, Vincent Kurien, Sarah Lane, Georgina Matthews, Gillian Price, Lee Redmond, Azeem Siddiqui, Ellie Smith, Tiziana Tuveri, Sylvia Tombesi-Walton, Helen Townsend, Ingrid Vienings.

Zusätzliche Fotografien Ian O'Leary

Bildnachweis

Legende: o = oben; ol = oben links; olm = oben links Mitte; om = oben Mitte; mro = Mitte rechts oben; or = oben rechts; mlo = Mitte links oben; mo = Mitte oben; mro = Mitte rechts oben; ml = Mitte links; m = Mitte; mr = Mitte rechts; mlu = Mitte links unten; mru = Mitte rechts unten; mu = Mitte unten; ul = unten links; ur = unten rechts; u = unten; um = unten Mitte; ulm = unten links Mitte; urm = unten rechts Mitte.

Alle Fotografien außer den im Folgenden aufgeführten stammen von der Fotoagentur Overseas S.r.l.

ALAMY IMAGES, London: Arco Images 11mlu; Claudio H. Artman 10m; Authors Image/Mickael David 180ml; bildagentur-online.com/th-foto 11ol; CuboImages srl/ Marco Casiraghi 146or, 179ml, 197or; Robert Harding Picture Library Ltd/J Lightfoot 11ur; Andrew Woodley 170ul; ALFIO ELIO QUATTROCCHI, Cagliari: 22or, 39o, 42ml, 53o, 62u, 70or, 106or, 109mr, 145o, 149o, 165u, 190ul, 191ur.

CORBIS: Owen Franken 181m; Michelle Garrett 181ol; Cristina Gambaro, Mailand: 25u, 70ml, 70m, 91m, 108o, 109ml, 140u.

EUROPÄISCHE KOMMISSION: 197u.

FABIO BRAIBANTI, Mailand: 139, 147or, 179m, 188ml, 191ul, 191or, 191mru; Fabio de Angelis, Mailand: 32or, 32mro, 143ul, 190m, 191mr; Fabrizio Ardito, Rom: 24or, 24ur, 25mr, 32mr, 33ul, 33ur, 37o, 59u, 82u, 83u, 85u, 85m, 96u, 99m, 99mr, 102u, 103ml, 104o, 104ul, 105o, 106ol, 106mr, 106u, 108m, 111ol, 111mr, 116or, 116ml, 119ml, 120o, 121o, 124l, 124u, 124u, 125o, 150o, 150u, 151or, 151mr, 151ur, 151ml, 152ol, 153ol, 155mr, 156ol, 156or, 156m, 156u, 157ol, 157or, 157m, 157u, 158or, 158m, 158u, 159ol, 159or, 159u, 164mr, 165o, 165m; Antonio Mannu, Sassari: 26or, 28om, 32ul, 41ur, 43mr, 48or, 52ml, 72ol, 95u, 102ml, 103ol, 113u, 117ol, 117mro, 117umr, 118ml, 118ul, 119ml, 121ol, 126or, 126mr, 126ul, 127mr, 128ol, 129mr. 129u, 134ml, 134ur, 135ol, 136o, 136ul, 154ur, 154ul, 157mr, 157ur, 160ol, 160ml, 160ur, 162or, 162ul, 163om, 163u, 189or; FOTO CARFAGNA & ASSOCIATI, Rom: 133ur; Francine Reculez, Mailand: 180, 181, 191um.

GRAZIA NERI: Remo Casilli 45mro.

HEMISPHERES IMAGES: Jean du Boisberranger 50.

IL DAGHERROTIPO: Marco Melodia 10mlo; Ilisso Edizioni, Nuoro: 159mro, 159mru; IMAGE BANK, Mailand: 51um, 127, 130o, 138.

MARKA, Mailand: Lorenzo Sechi 10om; MOBY LINES FERRY, Italien: 203mr.

RACCOLTA DELLE STAMPE ACHILLE BERTARELLI, Mailand: 30u, 36, 37m, 37ul, 38m, 38u.

STARWOOD HOTELS & RESORTS WORLDWIDE INC.: 173mr.

TIRRENIA DI NAVIGAZIONE S.P.A., Italien: 203ol.

UMSCHLAG:
Vorne: 4CORNERS IMAGES: Ripani Massimo Hauptmotiv; ALAMY IMAGES: Michael Grant mlu.
Hinten: 4CORNERS IMAGES: Fantuz Olimpio mlu; Spila Riccardo ol; DK IMAGES: John Heseltine mlo; HEMISPHERES IMAGES: Ingolf Pompe ul.
Rücken: 4CORNERS IMAGES: Ripani Massimo o; ALAMY IMAGES: Paul Carstairs u.

Alle anderen Bilder @ Dorling Kindersley.
Weitere Informationen unter
www.dkimages.com